못다 꿈
이룬 도
아름답다

못다 이룬 꿈도
아름답다

아직 끝나지 않은 꿈,
원풍모방노조
7인의 인생극장

원풍모방
노동운동사
발간위원회
· 김남일
기획

김영주
김이정
이재웅
장남수
쓈

삶창

　이 책은 1970년대 '민주노조의 전설'로 기억되는 원풍모방노동조합 조합원 일곱 명의 생애사다. 이들 일곱 명은 노동조합 활동을 나름대로 열심히 했지만 역사에는 특별히 이름이 기록된 바 없다. 독재정권은 이들을 포함한 당대의 노동자들을 산업 전사요 수출 역군으로 추켜세우다가도 하루아침에 불순한 노동자로 낙인을 찍어버리곤 했다. 많은 경우 이들의 이름은 '공순이'였고, 우호적인 기록에서도 이들은 다만 '조합원'일 뿐이었다.

　이 책은 이들의 이름을 정확히 불러주자는 의도에서 출발했다.

　어찌 보면 이들이 이제껏 꾸려온 생은 엇비슷하다. 찢어지게 가난한 농촌, 식구 많은 집의 딸, 가부장적인 아버지와 순종과 체념으로 살아가는 어머니, 초등학교조차 제대로 다니기 힘들었던 가정 형편, 배고픔, 상급학교에 진학한 친구들에 대한 부러움……. 결국 이들에게 주어진 길은 하나였다. 서울로 와서 공장에 들어가는 것. ─이들에게도 꿈이 있었다면, 공장은 이들이 꿈을 이루는 발판이었다. 하지만 현실은 냉혹했다. 경제 성장의 온갖 화려한 지표와 반비례하여 이들의 꿈은 자꾸만 오그라들 뿐이었다.

이들이 마침내 원풍모방을 만났다. 그것은 동시에 노동조합을 통해 이들이 전혀 새로운 세계로 진입하게 되었음을 뜻했다. 민주적인 노동조합은 이들에게 꿈을 다시 꿀 수 있는 계기를 마련해주었다. 노동조합은 태어나 한 번도 드러난 적이 없었던 이들의 '인격'을 호명했던 것이다.

이영자, 박순애, 양승화, 황선금, 김오순, 양태숙, 차언년.

이들 역시 원풍이 1970년대를 대표하는 민주노조로 성장하는 데 당당히 한몫을 한다. 물론 1982년 정권의 탄압으로 노동조합은 해체된다. 그와 더불어 이들이 노동조합을 통해 이루고자 했던 꿈도 사라진다.

이루지 못한 꿈, 그것이 무엇이었을까.

분명한 것은 비록 이루지 못했다손 치더라도 이들이 청춘의 시절에 꾸었던 그 꿈은 긴 세월이 흐른 지금도 여전히 아름답다는 사실이다.

힘든 시절을 기억해준 이들과 그들의 기억을 기록하는 작업에 기꺼이 동참한 작가들에게 새삼 감사의 뜻을 전한다.

2010년 9월 기록자를 대표하여 **김남일**

차 례

돌 틈 사이 풀잎처럼

01 황선금 이야기 장남수

황선금 1954년 강원도 철원에서 4남매 중 장녀로 태어났다. 기성회비 대신 아버지가 교장 사택에 나뭇단을 부려놓고서야 초등학교를 졸업할 수 있었던 가난은 그녀를 일찍 철들게 했다. 간난신고 끝에 1975년 원풍모방에 입사하게 되고 노동조합을 알게 되면서 '가장 행복했던' 한 시기를 보낸다. 노동조합의 소모임 활동을 열심히 하던 그녀는 1980년도에 대의원으로 선출되어 활동하다 1982년 9·27 사건으로 강제 해직된다. 그 후 이 공장 저 공장 쫓겨 다니다 (사)녹색환경운동의 사무국을 맡아 일했고, 현재는 이 단체의 운영위원장을 맡고 있다. 2008년 성공회대학교 사회과학부에 입학하여 사회복지학을 복수전공하고 있으며 성당과 환경단체 등을 통해 소박하게 생활 운동을 실천하고 있다. '베로니카'라는 영세명의 의미처럼 삶의 골고다 언덕을 힘겹게 오르는 사람들의 지친 땀방울을 닦아주는 사람으로 살고 싶어한다.

최초의 기억 속에 행복한 미소가 있다.

아버지는 나를 흙벽 담에 기대 세우고 하나 둘 셋을 외친다. 햇빛이 좋았던가. 눈이 부셨다. 나는 갓난쟁이 남동생을 안고 행복한 한순간을 만든다.

의정부 미군부대에서 군 생활을 보낸 아버지는 제대하면서 구입한 카메라로 내 어린 시절 최초의 기억을 담아낸 것이다.

'나의 살던 고향은'

내가 태어난 곳은 강원도 철원군 갈말면 토성리. 아버지와 어머니도 철원 출신인데, 그들의 고향은 전쟁 후 민통선 안으로 편입되어 민간인이 살 수 없는 땅이 되었다. 농사철에는 민통선 안에 들어가서 농사를 지을 수 있었는데 우리는 그곳에 작은 논밭을 가지고 있었다. 군부대의 통제 하에서 일을 하러 갈 때마다 사람들이 모여서 함께 산을 넘어갔다. 동막리 논으로 갈 때면 아버지는 지게를 지고 어머니는 아기를 업고 나는 쫄래쫄래

쫓아갔다. 밭두렁 옆 버드나무 밑 그늘이 내 차지였다.

부모님이 들일을 하는 동안 나는 그 그늘 아래서 동생을 돌봐야 했다. 아버지의 지게에 뎅그마니 실려 간 밥보자기에 언제나 젓가락은 없었다. 엄마는 버드나무 줄기를 꺾어 젓가락 길이만큼 잘라주셨는데 입에 닿으면 쌉싸름한 버드나무 맛이 묻어났다. 밭두렁 논두렁 근처에는 가시철망이 꽤 많았다. 탄피나 포탄도 흔했다. 아버지는 그것들을 주워서 고물로 팔았다. 소나무 새순이 나오면 껍질이나 벗겨 빨아 먹던 입이 엿이나 아이스께끼를 얻어먹는 호사를 누리기도 했다. 밭에는 늘 탄피나 포탄이 있었지만 신고하기보다는 엿장수에게 달려가는 게 빨랐다. 그러다 터지면 목숨을 잃기도 했는데 훗날 다른 누가 아닌 내 동생이 그 희생자가 될 줄은 꿈에도 생각해본 적이 없었다.

우리 마을은 120~130 가구가 되는 큰 동네였다. 뒤로는 산이 있고 앞에는 너른 토성벌판이 펼쳐져 있었다. 벌판은 넓었지만 땅주인은 몇 집에 불과했고, 대개는 우리처럼 지주의 땅을 부쳐 먹는 처지였다. 내 기억으로는 품엣쌀(품앗이로 받는 쌀) 한 말에 품이 세 개였다.

학교에 들어갔지만 농번기에는 수업을 빠지는 적이 잦았다. 그때마다 아버지는 선생님께 보내는 편지를 써 주었다. 엄마는 점심때쯤 아기 업고 논으로 오라고 하셨다. 아기를 업고 햇살 가득한 들로 가다 보면 또랑에 방게며 소금쟁이가 소리 없이 노는 게 그렇게 슬퍼 보일 수 없었다. 물 댄 논에서 바람결 따라 찰랑찰랑 일렁이는 물결에도 까닭 없이 슬펐다.

동네 뒤로는 병풍처럼 둘러친 덕령산 자락이 있었고 시야를 확 트이게 하는 너른 벌판이 펼쳐져 있었다. 그 벌판을 얼싸안은 듯 굽이쳐 큰물(강)이 흘렀다. 봄이 되면 뒷산에 진달래, 산벚꽃, 분홍색 꽃들이 피어 참 예뻤다. 〈고향의 봄〉 노래는 우리 동네를 보고 지었나 보다 하는 생각이 들었다.

엄마는 논두렁에서 아기 젖을 먹이고 나는 논 주인집에서 내온 밥을 먹었다.

"저녁에는 감자를 좀 캐서 깎아놔라."

아기를 내 등에 업히며 엄마가 말했다.

저녁에 엄마는 내가 깎아놓은 감자와 옥수수를 찌면서 낮에 일한 집으로 심부름을 보냈다. 그 집은 대문이 컸다. 계단이 몇 개 있고 거름 더미가 대문 밖에 있었다. 나는 차마 사람을 부르지는 못하고 고개를 수그린 채 마당에서 왔다 갔다 하는 게 고작이었다. 그러다가 주인네 식구 중에 누군가 자싯(설거지물)물을 거름 더미에 버리러 나왔다가 나를 발견하고 물었다.

"어쩐 일이니?"

"아버지가 집에서 진지 잡수신대요."

"그래? 알았다."

아주머니가 양푼에다 밥을 담아 주었다. 우리 집까지 오는 길은 길고 멀었다. 누가 볼까 봐 조마조마했다. 그렇게 해서 얻어온 밥을 식구들이 나누어 먹었다. 남의 집 일한 후 어머니가 보내는 심부름, 그게 그렇게 싫었지만 내색도 못했다. 먹어야 할 동생들 때문이었다. 그러나 늘 자존심이 상했다.

일곱 살 되던 해 아버지는 큰 사고를 당했다. 농협 쌀을 차에 싣고 가다가 전복 사고를 당한 것이다. 함께 타고 가던 내 친구 아버지는 돌아가셨지만 아버지는 다행히 목숨을 건졌다. 그때부터 아버지는 늘 편찮으셨다. 날이 갈수록 술도 늘었다. 술김에 툭 하면 동네 사람들을 붙잡고 시비를 벌였고 그때마다 싸움으로 이어졌다. 어머니는 늘 그 싸움의 뒤끝을 감당해야 했다. 우리 형제는 아버지가 술을 잡수시기만 하면 이불 속에 들어가 죽은 듯 누워 있었다. 아버지는 아무것도 아닌 것으로 어머니를 들들 볶았다. 밥상을 차려 와라. 치워라. 안 먹었으니 다시 차려 와라. 그러다가 엄마 미간이 살짝 찌푸려지기만 해도 밥상이 날아가고 문짝이 날아갔다.

초등학교 4학년 때 아버지가 미군부대에 취직을 하시려고 했다. 물론 쉬운 일이 아니었다. 뻔질나게 서울을 오가셨는데, 그때마다 어머니는 숯 다리미로 아버지의 하얀 와이셔츠를 다리곤 했다. 그해 큰물이 났다. 거둬들일 것도 별로 없는 논에서 엄마랑 둘이서 벼를 벴다. 밭에는 산사태로 밀려온 돌 더미들이 곡식을 깔아뭉개고 있었다. 이 밭 저 밭에서 찔끔찔끔 거둔 곡식을 모두 팔아 5만 원인가를 마련해 아버지를 드렸다. 그러나 설상가상으로 아버지는 몽땅 사기를 당하고 말았다. 상심한 아버지는 아예 방구들을 베고 드러누웠다.

"저러다 니네 아버지 죽겠다. 니들 어떡하냐?"

동네 어른들이 말했다. 아버지가 겨우 일어나자 동생을 가진 후 임신중독증이 생겨 고생하다 동생을 낳은 어머니가 앓아누웠다. 동네 사람들이 또 말했다.

"이제 니네 아버지가 나으니 엄마가 그러네."

아기는 항상 울었다. 그러면 아버지는 그 애가 밉다고 방구석으로 밀쳐놓고는 했다.

"업어라."

밀쳐놓은 아기를 엄마가 내 등에 업혔다. 밤새 업고 자면 아침에 무릎을 펴기 힘들었다. 길 가다가도 허리가 아파 길에 주저앉았고 동네에 젖 얻어먹이러 다니다가도 업은 채로 주저앉곤 했다. 아버지가 밥을 으깨어

곱게 밥물을 만들어주시면 애 엄마처럼 비스듬히 애를 안고 조금씩 떠먹였다. 잘 때도 애를 업은 채 베개를 높이 쌓아 올려 기대고 자기도 했다. 그렇게 늘 내 등에 있던 동생은 얼굴 한쪽이 없다시피 했다. 애를 업고 학교에 가면 아이들이 '니네 동생 짱구'라고 놀렸고 나는 애 얼굴을 만지며 울었다. 다행히 크니까 한쪽 얼굴이 살아났다.

아버지는 셋째만 세상에 둘도 없는 아들인 양했다. 그 애를 무릎에 앉히고 한 장짜리 달력에 들어 있는 국회의원의 얼굴을 가리키며 말했다.

"넌 나중에 커서 국회의원이 돼라."

장남이자 내 바로 밑의 동생을 향해서는 내뱉듯 말했다.

"너는 니 동생 비서나 해라."

셋째가 어쩌다 앵 하고 울기만 하면 무조건 둘째의 책임이었고, 그때마다 다짜고짜 따귀를 때렸다. 이유 없이 맞기만 하는 동생을 보며 아버지가 미웠다.

학교 다닐 때 공부는 중간쯤 했다. 키가 작아서 늘 맨 앞쪽에 앉았다. 나는 항상 기운이 없었다. 사방치기같이 팀 짜서 밀어내고 하는 놀이는 숨이 차서 못 했다. 운동회 때마다 달리기는 늘 꼴등을 했다. 그러니 늘 깍두기만 해야 했다. 고무줄놀이도 깍두기, 오재미나 십자가위생 등 아이들과 뛰어놀 때도 깍두기만 했다. 숨이 안 차는 공기놀이가 좋았다. 운동장 한쪽에 구덩이를 파서 가지고 놀던 공깃돌을 묻어놓았다가 다음 날 꺼내서 놀았다. 기운이 없어서 하늘이 하염없이 어지럽고 높았다.

학교 다니면서 가장 좋았던 것은 아이들과 어울려서 함께 숙제를 하거나 공부를 할 때였다. 3학년 때 특별활동 시간이 있었는데 나는 담임선생님이 맡아 한 문예반에 들었다. 글을 잘 썼다고 칭찬도 받았다. 글 쓰는 사람이 되고 싶다는 꿈도 꾸었다. 군대에서 나온 『자유의 벗』이라는 잡지가 있었다. 그 잡지에 실린 은행나무, 탱자나무, 감나무 등을 묘사한 시가 그렇게 예뻤다. 우리 동네에는 감나무도 탱자나무도 은행나무도 없어서 본 적이 없지만 시에 묘사된 풍경은 그렇게 예쁘고 좋았다. 나도 나중에 그런 시를 쓰고 싶었다.

꿈은 다시 간호사로 바뀌었다. 집안 통틀어 언니라고 부를 수 있는 유일한 친척 언니가 간호사였다. 중학교 나와서 동두천의 보건소에서 일한다고 했다. 그 언니가 왔는데 참 단아하고 예뻤다. 학교 선생님처럼 지적으로 느껴졌다. 간호사가 되면 저렇게 우아하고 예쁘겠구나! 그러나 금방 접었다. 간호사가 되려면 중학교는 나와야 한다는데 나는 중학교에 못 가니 안 되는 거였다.

4학년 때부터 집안 살림이 부쩍 어려워졌다.

상급반이 되어 수업 시간이 늘어나면서 점심 도시락을 싸갈 수 없었던 나는 학교 급식소에서 쑤어주던 강냉이죽과 우유죽을 타 먹으려고 줄을 섰다. 최대한 아이들과 반대편으로 얼굴을 돌렸지만 한쪽 뺨이 달아올랐다.

미군이 구호물자로 준 옷도 입었다. 그 옷은 아이들 옷인데도 정장 같았고 입어보면 팔이 길었다. 엄마가 긴팔을 가위로 잘라내고 꿰매주셨다. 군용 담요로 아기 포대기를 만들고 남은 천으로 만든 바지도 입고 다녔다. 군수물자 감시를 하던 헌병들은 군용 담요로 만든 아기 포대기를 빼앗아 가곤 했다. 친구랑 둘이서 똑같은 담요 바지를 입고 가다 헌병이 오는 바람에 또랑으로 내달려 숨었다. 가끔 미군 차가 지나다녔다. 신작로에는 군인들이 심어놓은 코스모스가 한들거렸고 군용 트럭이 지나가면 코스모스 잎에 하얗게 먼지가 앉았다. 먼지를 얼굴에 뒤집어쓰며 아이들은 "헬로 짭짭, 헬로 짭짭" 외치며 쫓아 달렸다.

6학년이 되니까 중학교 갈 사람 못 갈 사람 손들어보라 하더니 진학반과 비진학반으로 나누었다. 나는 당연히 비진학반이었다. 비진학반은 오전 수업만 마치고 귀가하고 진학반은 남아서 오후까지 수업을 했다. 1학기가 끝나자 평소 나보다 공부를 못하던 애가 나보다 훨씬 성적이 좋아지게 되었다. 그게 서러워서 펑펑 울었다.

큰집은 잘살았다. 큰집에 매달 들어 있는 제사 때면 아저씨가 학교에 다니는 아이들 성적표를 모두 가져오도록 했다. 큰집 동창과 나보다 한두 해 위였던 당숙들 모두 성적표를 내놓았다. 서울에서 학교 다니다 온 친척 딸이 제일 공부를 잘했고 그다음은 나였다. 그런데 진학, 비진학반으로 나뉜 후 나보다 못했던 아이들 성적이 더 높게 나왔다. 성적표 낼 때마다 항상 나를 칭찬해주시던 아저씨가 안쓰러운 표정을 지으셨다.

"선금이는 애기 보느라고 학교를 제대로 못 갔구나."

그 말에 목구멍이 아려왔다. '나도 공부 좀 가르쳐주면 좋을 텐데, 그러면 내가 나중에 은혜를 갚을 텐데.' 그러나 그 생각은 말이 되지 못한 채 목구멍 안에서만 뱅뱅 맴돌았다.

나는 기성회비조차 내지 못하는 형편이었다. 학년이 끝날 무렵이 되면 선생님은 기성회비를 내지 못하는 아이들을 집으로 돌려보냈다. 추운 겨울인데 나는 집으로 가지 않고 논두렁 밭두렁을 빙빙 돌다가 학교로 가서 말했다.

"집에 엄마가 안 계세요."

어떨 때는 기성회비를 못낸 아이들을 교실 앞으로 불러내서 무릎을 꿇고 벌을 세웠다. 너댓 명의 아이들이 무릎을 꿇고 앉아 있는 풍경, 나는 늘 그 속에 있었다. 기성회비를 안 내면 졸업장을 안 준다고도 했다. 처음으로 어머니께 말씀을 드렸다.

"기성회비를 안 내면 졸업장을 안 준대요."

그리고 학교를 가지 않았다. 아버지가 학교를 다녀오시더니 가도 된다고 하셨다. 아버지는 지게를 지고 험하고 높은 짝바위산에 올라가셨다. 아버지의 지게에는 싸리나무가 가득 담겨왔고 그 나무들은 교장선생님의 사택으로 옮겨졌다. 아버지의 싸리나뭇짐 덕에 초등학교 졸업 앨범에 내 사진도 들어갈 수 있었다.

크리스마스 때 트리를 만든 기억이 난다. 쓰레기통을 뒤져서 사탕 껍데기를 주워 모아 연필에다 감으면 예쁜 꽃이 되었다. 소나무 가지에 꽂아 크리스마스트리라고 멋을 부렸다. 그렇게 연필꽃 트리를 만들어 걸고 둘러앉아 노래를 불렀다. 친구들은 이미자, 김상희를 많이 좋아했는데 나는 항상 박재란의 노래를 불렀다. 어른들이 아이들의 귀를 잡아당기며 "서울 구경 시켜준다"던 서울, 하얀 구름 아래 높은 저 산 너머에는 서울이 있을 것 같았다.

산 너머 남촌에는 누가 살기에
해마다 봄바람이 남으로 오네
아~ 꽃 피는 사월이면 진달래 향기
밀 익는 오월이면 보리 내음새
어느 것 한 가진들 실어 안 오리
남촌서 남풍 불 제 나는 좋데나

동네 스피커를 통해 듣는 연속극은 또 얼마나 달콤하던지, 〈강화도령〉의 주인공이 불쌍해서 눈시울을 붉히기도 했다.

1968년 14살, 초등학교를 졸업했다. 중학교에 가지 못했지만 동네에서 중학교에 간 여자애들은 거의 없어서 한편으론 다행이었다. 그해 6월에 외할머니가 돌아가셨다. 평소 부모님들보다 나를 더 적극적으로 지지하고 믿어주신 외할머니께 돈을 벌면 따뜻한 스웨터를 사 드리려고 별렀더랬다. 외할머니는 내가 어릴 때 우리 집에 함께 사셨다. 외할머니가 아프셨고 외삼촌은 어렸기에 엄마의 결혼 조건은 '아무도 없는 사람'이었고 그게 우리 아버지였다. 그런데 무슨 일인가로 어느 날 아버지가 외삼촌과 다투셨고 할머니와 외삼촌은 동네의 다른 집을 얻어 나갔다.

외할머니가 동네에서 따로 살고 계시던 어느 날, 외할머니가 많이 아프시다고 엄마가 내게 할머니를 떠나지 말라고 당부하고 일을 나가셨다. 내가 잠시 정신을 딴 데 두고 놀다가 보니 할머니가 숨이 차서 엎드려 계셨는데 눈 주위가 좀 이상했다. 가슴에 손을 넣어보니 따뜻했다. 죽으면 차갑다는 소리는 들었는데……. 귀를 대보니 숨소리를 들을 수가 없어 오뉴월이지만 문을 닫고 동생들에게 떠들지 말라고 주의를 주고 귀를 대보았다. 할머니는 숨소리와 함께 사라져버린 걸까?

민통선 입구에 있는 군부대 초소로 뛰어가 우리 할머니 돌아가셨으니 우리 엄마한테 전화해달라고 소리쳤다. 벌판에 있는 검문소로 연락이 가서 부모님이 달려오셨다. 시신이 이미 굳어져 펴는 데 애를 먹었다고 했다. 내가 돈 많이 벌어 사 드리려고 한 스웨터를 못 받으신 채 외할머니는 그렇게 떠나버리셨다. 외할머니가 입고 계시던 낡은 저고리는 늘 추워 보였다. 외할머니가 안 계시는 텅 빈 마당에 서서 나중에 돈을 벌면 스웨터를 사서 산소에 갖다 드려야겠다고 생각했다. 나는 그렇게 늘 외할머니에게 빚을 지고 있다는 생각을 했다.

식모살이

그해 12월, 난생처음으로 서울 가는 버스를 탔다. 그야말로 돈을 벌기 위해 식모살이를 하러 가는 것이었다. 어머니는 어린 딸을 남의 집에 보내는 것이 안쓰러워 걱정을 하셨지만 가난한 집안 형편을 알고 있는 나는 기회를 놓치고 싶지 않았다. 그 집은 한동네에 살고 있는 친구네 친척 집이었다. 동네 아저씨를 따라 신길동의 어느 문방구 집에 가서 밥을 해주는 일이었다. 동네 어른하고 서울을 오는데 그때 기차를 처음 봤다. 철원의 벌판 한가운데 논두렁 옆에도 기찻길은 있었다. 어릴 때, 왜 기찻길이 있는데 기차가 다니지 않는지 이상했던 고향의 기찻길은 월정역에서 끊어진 분단의 녹슨 상처임을 나중에야 알았다. 기차도 다니지 않는 철길을 뛰어다니며 〈기찻길 옆 오막살이〉를 노래했다. 서울역에 내려 구름다리를 건너는데 아래로 기차가 지나갔다. '와 기차가 저렇게 생겼구나.' 잠시 넋을 잃고 기차를 내려다보았다. 내 서울 생활의 첫 시작은 12월의 찬바람 아래 길게 놓인 철로처럼 한없이 아득하기만 했다.

"애야, 떨어지면 큰일 난다. 빨리 가자."

떨어지지 않게 빨리 걸어야 하는 도시의 삶을 아저씨가 일깨웠다.

서울의 집은 클 거라는 내 기대를 배반하고 신길동의 그 집은 크지 않았다. 두 칸이 있었는데 한 칸은 그 집 식구들이 쓰고 나머지 한 칸을 내가 밥해주고 빨래해줄 아저씨와 함께 썼다. 방 안에는 아저씨가 월남에서 사왔다는 텔레비전이 있었다. 나는 윗목에, 아저씨는 아랫목에 요를 깔고 잤는데 자다 보면 어느새 내 요가 아랫목에 가 있었다. 아버지와 엄마가 항상 남자는 조심해야 한다고 했다. 어릴 때 열아홉 살인가 되었던 당고모가 연애를 해서 애를 뱄는데 아버지가 큰 막대기로 고모를 죽일 것 같이 패는 것을 보았다. 정말 죽일 것 같았다. 나는 벌벌 떨면서 연애를 하면 저렇게 맞아 죽겠구나, 공포가 내 어린 살갗으로 스며들었다. 아저씨는 열네 살짜리 어린아이가 식모살이하는 것이 측은해서 따뜻한 아랫목으로 옮겼던 것 같다. 그러나 아저씨와 거리가 좁혀지는 것이 내게는 어린 날의 공포와 연결되어 두려움을 일으켰다.

그 집 옆에는 작은 민둥산이 있었다. 밤에 산언덕에 앉아 반짝이는 불빛을 보면 집 생각이 간절했다. 나는 집에 가겠다고 했다. 엄마 아버지가 보고 싶어 가야겠다고 했다. 두 달 만에 집으로 돌아가니 어린것을 식모로 보낸 엄마는 잘 왔다고만 했을 뿐, 왜 왔느냐고 따져 묻지 않았다.

명절을 쇠고 미싱을 한다는 동네 언니를 따라 중부시장에 있는 요꼬공장으로 가게 되었다. 밑에서는 일하고 다락에서 잠자며 시다 일을 배우는데 그 집주인이 자기 집 아기를 좀 봐달라고 했다. 바보처럼 싫다는 말을 못 했다. 다시 아기 봐주고 밥해주는 식모가 되어버렸다. 나는 기술을 배우러 왔는데, 이게 아닌데, 라는 생각을 하는데 한약방에서 식모를 하던 친구가 한약방에 사람이 필요하니 오라고 했다. 내가 그만두겠다고 말하자 그 집 여자는 마음대로 못 나간다고 윽박질렀다. 그날 나는 많이 맞았다. 마당에서 집어 든 빗자루 대가 다 자라지도 못한 내 등과 다리를 휘감았다. 퉁퉁 부은 다리로 뛰쳐나와 어느 가겟집으로 들어가 전화를 빌렸다. 한약방에서 일하는 친구가 한약방 집 주인아주머니와 함께 달려왔다. 한약방 집에서 아버지께 편지를 썼다. 아버지가 오셔서 소지품을 찾으러 그 집으로 갔더니 그 여자는 오히려 아버지한테 마구 화를 냈다. 대체 무엇이 잘못일까?

한약방에서는 할아버지의 보조를 했다. 약을 골라주면 작은 작두로 썰기도 하고 봉투에 담기도 하는데 그게 좋았다. 할아버지는 무슨 대학교에 강의도 나가고 했는데 '너 여기서 잘 배우면 좋을 거다' 라며 약 이름이 나오는 한문도 가르쳐주고 약 짓는 걸 가르쳐주셨다. 한약을 짓는 일이 아무나 하는 게 아닌데 내가 그걸 하고 있는 게 어쩐지 으쓱해졌다.

정릉의 한약방 창 너머로 아카시아 향이 섞여 들던 어느 봄날, 아버지로부터 편지가 왔다. 고향 집에서 오는 소식은 항상 긴장을 일으켰다. 더구나 동생이 아닌 아버지 편지에 나는 잠깐 오싹했던 것 같다. 예감은 적중했다.

"네 동생이 죽었으니 오너라."

청천벽력!

나는 입술을 꼭 깨물었다. 눈물이 차올랐다. 읽고 또 읽고 차츰 가슴 한 구석이 아려오기 시작했다. 막내 동생 비서나 하라며 아버지한테 사랑을 받지 못했던 바로 밑의 남동생이었다. 내가 뭘 잘못하면 엄마에게 일러바치기도 잘했고 그래서 내가 촉새라고 부르긴 했지만, 여자애들처럼 언니, 언니 하며 나를 따르던 애였다. 아버지 때문에 늘 그애가 안됐고 마음 아파 애착이 더 갔는데……. 집을 떠나던 날 엄마가 내게 준 돈에서 5원을 그애에게 주며 언니가 돈 벌어 올 테니 열심히 공부하라고 했었다.

버스를 타고 집으로 가는데 동생이 죽은 개울이 나오고 6학년이었던 동생이 다닌 학교가 보이니 가슴이 쥐어뜯기는 것 같이 아프고 애통했다. 내가 들어서는 걸 보고 집 안에 있던 동생 친구들이 웅성웅성 모여들었다.

동생 친구들을 보니 눈물은 더 걷잡을 수 없이 줄줄 흘렀다. 그 와중에도 일하고 돌아오신 엄마 몰골은 차마 사람 같지가 않았다. 해골처럼 초췌한 엄마를 보는 순간 내가 슬픈 내색을 하면 안 되겠다는 생각이 들었다. 그 날 이후로 엄마 앞에서 울어서는 안 되겠구나, 엄마를 더 슬프게 하면 안 되겠구나, 라는 다짐을 새겼던 것 같다. 엄마는 식음을 전폐하고 일만 하셨다. 울지도 않으셨고 내색도 않으셨다. 그냥 해골처럼 말라만 갔다. 동생은 동네 앞 큰물가에서 굴러다니던 수류탄을 가지고 놀다 그것이 터져서 죽었다. 파편처럼 흩어진 시신은 다 찾지도 못했다. 동생을 어디에 묻었는지 아버지는 끝내 말해주지 않았다.

나의 식모살이는 끝나지 않았다. 가을걷이가 끝난 후 다시 간 집은 검사 집이었다. 나보다 한 살 아래의 딸, 두 살 위의 아들, 그 위에 또 아들이 있었고 큰딸은 대학생인 것 같은데 기숙사에 있는지 가끔 집에 왔다. 그 집 사람들은 사람이 좋았다. 무엇보다 혼자 쓸 수 있는 방이 있었고 중학생이었던 아이가 책을 주었는데 그게 참 좋았다. 그 집은 내가 살아온 것과는 전혀 다른 세상이었다. 누구 생일이었던 것 같은데 사모님이 신선로라는 궁중 음식을 만들면서 가르쳐주다. 그 집에서는 항상 소고기국을 끓였던 것 같다. 나는 나름대로 살림을 잘한다고 칭찬도 들었다.

'너, 우리 집에서 시집갈 때까지 있어라. 시집보내줄게.'

아마 계속 있었다면 그랬을 것이다. 나보다 앞에 일하던 언니도 우리 동네 사람이었는데 그 집에 있다가 시집을 갔다. 그러나 나중에 알고 보니 초등학교 동창의 외삼촌 집이었다. 알았으면 안 갔을지 모르겠다. 그 집에 오래 있으려고 했다. 그런데 그해가 다 가던 12월 세밑, 어머니가 나를 데리러 왔다. 식구들이 모두 서울로 이사 왔다고, 식구들이 다 왔으니 공장에 가는 게 낫다고.

크라운제과의 '산도'

바람이 불면, 코끝으로 달콤한 사탕 냄새가 묻어왔다. 맞은편에서 다시 바람이 불면, 구린 똥 냄새가 묻어왔다. 고개를 돌리면, 까만 바람이 불어왔다.

식구들이 자리를 잡은 중랑천 뚝방촌의 바람이었다. 중랑천은 양쪽으로 줄을 댄 배가 떠다니고 있었고 크고 작은 공장들과 하꼬방 같은 집들이 붙어 있었다. 건너편 이문동은 삼천리연탄공장 등 연탄공장 두 개가 있어서 늘 새카맸고 중화동까지 연탄가루가 날아왔다. 무엇보다 끔찍했던 것은 공중화장실이었다. 수십 수백 가구가 다닥다닥 붙어 사는데 화장실은 중랑천변의 재래식 변소 몇 개가 고작이었다. 그러다 보니 중랑천에서는 늘 똥 냄새가 났다. 화장실은 이른 아침부터 줄을 서서 기다려야 겨우 차지가 돌아올 정도였다. 화장실 가는 것은 말 그대로 고역이었고 수돗가도 늘 바글바글 전쟁터 같았다.

뚝방 끝에는 늘 맛 좋은 과자 냄새를 풍기는 크라운제과가 있었다.

1970년 1월, 나는 크라운제과에 취직했다. 열일곱 살인 내 나이가 많다고 느껴질 만큼 공장에는 초등학교도 다니다 말다 한 열네 살짜리도 많았다. 나는 산도(크라운 산도)를 포장하는 곳에 배치되었다. 크림에 찍어진 과자가 컨베이어 벨트로 내려오면 포장을 하는 일이었다. 아침에 출근하면 드럼통에 쑤어온 밀가루 풀을 각자 쓸 만큼씩 덜어 곱게 으깨놓은 후 습자지같이 얇은 포장지를 쓸 만큼 준비하는 것으로 작업은 시작된다. 일은 도급제로, 한 만큼 월급이 주어진다고 했다. 고참들이나 일을 잘하는 사람은 첫 번째 위치에 앉아서 유리했고 끝에 앉게 되는 사람은 앞에서 일하고 흘려보내는 나머지를 받아서 하기 때문에 불리했다. 그런데 앞자리에 앉은 일 잘하는 고참들의 등은 모두 새우처럼 굽어져 있었다.

평소에는 10시쯤 퇴근했지만 명절 때는 스물네 시간 철야근무를 했다. 하루 종일 컨베이어 벨트를 잡고 일하다 보면 화요일까지는 괜찮은데 수요일부터는 손에 피가 배었다. 공장에는 항상 반창고가 준비되어 있었고 수요일이 되면 모두 손에 반창고를 감았다. 반창고가 닳아서 떨어져 나가고 손가락도 닳아서 나달나달했다. 컨베이어에도 벌겋게 피가 배이고 토요일쯤 되면 손가락이 아파서 잡을 수도 없을 지경이었는데도 돈을 번다는 사실에 힘든 줄도 몰랐다.

그래도 가끔 일요일에 배드민턴도 치고 봄, 가을 야유회에 간 기억도 있다. 같이 다녔던 아이들은 옷도 똑같이 맞춰 입고 고고장에도 다녔는데 나는 아버지가 무서워 엄두도 못 낼 일이었다. 그래도 나팔바지는 맞춰 입었고 봉화산에 올라가 이유 없이 깔깔대고 웃기도 했다. 바야흐로 열일곱 청춘이었다.

좌절된 저항

"야, 우리 월급 너무 적게 나왔다. 노동청에 가서 고발하자."

남묘호렌계교에 다니는 언니였다. 우리는 모두 언니 주변에 모여 들었다. 2년 넘게 일한 어느 날이었다. 며칠 철야를 했는데 모두 월급이 생각보다 적게 나온 것이다. 어떻게 해야 할까. 이름이라도 아는 곳은 노동청뿐이었고 다른 방법은 알지도 듣지도 못했다. 모두 마음이 통했다. 내일 출근하지 말고 중랑교에서 만나 노동청에 가서 고발하기로 했다. 다음 날

상당히 많은 숫자가 나와 있어서 놀라기도 하고 고무되기도 했다. 신설동에 있는 노동부를 향해 걸어가는데 휘경동 앞에서 회사 간부들이 쫙 깔려서서 막았다.

"니네 여기서 더 가면 경찰에 신고한다."

경찰에 신고한다는 말에 우리는 우리의 죄가 무엇인지도 모른 채 당황했고 두려웠다. 모두 겁먹은 표정으로 주춤주춤했고 결국 발길을 돌릴 수밖에 없었다. 그 길로 어느 자취 집에 가서 모였다. 어떡할 거냐, 출근하지 말고 어떻게 하자, 그러나 어떻게? 답이 나오지 않는데 거기에도 어느새 회사 간부가 들이닥쳤다.

"니네 안 나오면 다 자른다. 경찰에 신고한다."

결국 우리는 회사로 들어갔고 컨베이어 벨트 앞에 앉았다. 다음 날 우리 라인 두 사람을 해고시킨다는 말에 누가 시킨 것도 아닌데 모두가 욱해서 그러면 우리 일 안 한다고 한꺼번에 자리에서 일어섰다. 그 순간 컨베이어 벨트를 타고 흘러가던 산도들이 파지가 되어 떨어지는 걸 보는데 가슴속으로 시원한 바람 한 줄기가 지나갔다, 참으로 고소한 맛이었다. 회사는 예상치 못한 우리의 기세에 놀랐는지 해고시키지는 않겠다고 했다. 그러나 분위기가 좀 가라앉자 기어이 그 두 친구를 자진사표 형식으로 내쫓았다. 이 일로 또래 친구들이 이 회사에 더 다니기 싫다며 웅성거렸다. 한 번 마음이 떠나니 컨베이어 벨트도 허공에서 놀고 고소하던 산도도 보기 싫어졌다.

밤마다 타이밍 한 알, 대한모방 시절

그럴 즈음 평화시장에서 미싱사로 일하던 친구가 찾아왔다. 일요일도 쉬는 날 없이 일을 하던 친구였다. 멀쩡한 날 왜 일을 안 나갔느냐고 했더니 재단사가 떨어져 죽었는데 그 일로 출근하지 말라고 했다는 것이다. 재단사가 왜 죽었느냐니까 잘 모르겠다고 했다. 뒤늦게 돌아보니 그 재단사가 바로 전태일이었다.

얼마 후 평화시장 미싱사 일을 그만두고 대한모방으로 간 그 친구가 희소식을 날려왔다.

"야, 대한모방에는 학교 다니는 애들이 있어. 교복 입고 다니는 한강학교도 있고 학원도 다니고 그래. 그러니 너도 대한모방으로 와."

귀가 솔깃해지는 소식이었다. 친구는 직포 기술을 배워 오면 월급이 많으니까 기술을 배워두라고, 뽑을 때 연락하겠다고 했다. 공부하는 방법이 다른 방식으로도 있다는 것을 몰랐던 나는 그 소식만으로도 날아갈 것 같았고 어떻게든 거길 가야겠다고 마음먹었다.

엄마한테 나, 과자 공장 그만두고 기술 배우는데 가야겠다고 했다. 내 말에 반대하는 적이 별로 없는 엄마는 동네에 직포 기술 배울 수 있는 데를 알아보셨다. 기술을 배우기 위해 들어간 조그만 공장은 12시간 맞교대로 일을 시켰다. 도무지 졸려서 견딜 수가 없었다. 그런데 한 친구가 타이밍이라는 조그만 알약을 주면서 먹으면 졸리지 않다고 했다. 먹어보니 기분이 괜찮았다. 기술을 배우는 밤 근무 때면 타이밍을 먹었다. 그러나 생각보다 직포 기술을 배우는 게 쉽지 않았다. 일단 들어가고 보자 싶어 대한모방의 양성공으로 입사하려니 5000원은 들여야 된다는 것이다. 5000원으로 소위 빽을 써서 보무도 당당히 대한모방에 입사했다. 대한모방이 있던 양평동 주변은 굴뚝이 많았다. 와 이게 진짜 회사구나, 라는 생각에 살짝 어깨에 힘이 들어가는 기분이었다.

나는 방적과에 배치되었다. 청소하고, 지도공 따라다니며 배우고, 코마라는 기계를 보는 일에 재미를 붙였다. 기계를 통해 양모 원료의 모양이 다듬어지고 다른 공정을 거쳐 완성되어가는 것을 볼 때마다 새로운 창조의 어떤 순간처럼 신비로운 느낌마저 들었다. 산수 문제가 풀려갈 때의 느낌 같은 것, 무언가 명쾌하고 정교하게 딱 떨어지는 상쾌함 같은 것.

그러나 내가 대한모방에 오고 싶었던 근본 이유는 공부를 할 수 있다는 희망 때문이었다. 공부도 해야 하고 집에 돈도 줘야 했다. 사람들이 많이 다니는 한림학원을 놓고 망설였다. 내 걱정을 꿰뚫기라도 했을까, 회사에 공고가 붙었다. 회사에서 공부를 가르쳐준다는 것이었다. 영어는 노무과장이, 국어는 총무과장이, 수학은 담임이 가르친다고 했다. 배울 수 있는데 망설일 이유가 없었다. 회사 간부들을 스승으로 만나니 친밀감도 커지고 우쭐해지기도 했다. 노무과장은 인자한 표정으로 말했다.

"여러분들을 위해서 회사가 이렇게 공부도 시켜주고 하니까 이상한 데 가지 말고 열심히 공부해라. 이상한 교회 같은 데 가면 큰일 난다."

이상한 교회가 뭔지 의아했다. 교회에 다니고 싶은 사람을 위해 이상하지 않은 교회도 소개했다. 교회에 가려면 영은교회, 성결교회, 협성교회로 가라고 했다. 회사 간부가 소개해준 영은교회를 가보니 회사 간부들이 많아서 높은 사람들만 가는 곳처럼 느껴져 거북했다. 협성교회를 택했다. 부흥회를 할 때면 회사는 특별히 배려했다. 일주일에 두 번이던 기숙사생의 외출을 무제한으로 허용했고 새벽기도회도 갈 수 있게 했다. 그 교회들은 돌아가면서 부흥회를 했다. 그러나 나는 부흥회장의 열광적인 분위기가 영 거북하고 마음에 들지 않았다. 교회는 다니고 싶은데 그런 분위기는 싫었다.

회사에서 하던 공부는 연말에 졸업을 했다. 졸업식 날은 회사 간부들과 사진도 찍고 나름 뿌듯했다. 욕구는 드러낼수록 더 커지는가, 공부의 맛을 보니 더 공부하고 싶었다. 결국 엄마한테 말했다.

"학원 다니면 집에 갖다 드릴 돈이 줄어들어요."

"괜찮다, 그렇게 해라."

영등포에 있는 한림학원에 등록했다. 국어, 영어, 한문, 주산, 음악을 가르쳤고 과목을 바꿔가며 하루에 두 시간 정도 공부했다. 나는 늘 국어가 재미있었다. 주산급수시험을 볼 때는 밤을 새워 연습을 했다. 음악 시간에는 〈마이웨이〉, 〈아, 목동아〉 같은 노래를 배웠다. 버스 탈 때는 대학생 버스표를 냈다. 학원에서 만든 교재는 표 나지 않게 달력으로 씌워 옆구리에 딱 끼고 다녔다. 버스비도 아까워 양평동 공장에서 영등포로터리까지 뛰어다닌 적이 더 많았다. 퇴근하면 벼락치기로 밥을 먹고 달리는데 영등포로터리의 신호등을 건널 때면 숨이 턱밑에 찼다. 학원에 다니다 보니 늘 잠이 부족했다. 잠을 자면서 가위에 눌리고 몸이 마르기 시작했다.

"공부도 좋지만 몸이 무리이니 학원을 그만두면 좋겠다."

엄마도 조심스레 걱정을 내비쳤다.

엄마가 걱정하실 만큼 살이 5킬로그램이나 빠진 나를 부서에서 친하게 지내던 언니도 걱정했다. 눈치 봐가며 기계 틈에서 살짝살짝 재워주던 부서 언니가 원풍으로 가라고 했다. 원풍모방은 여덟 시간 근무니 훨씬 낫다고. 그 언니는 한국모방(원풍모방의 전신)에 다니다가 한국모방의 부도 사태 때 대한모방으로 온 사람이었다. 그때 회사 이름이 바뀐 원풍모방은 정상화되어 잘 운영되고 있었다.

원풍모방

1975년, 원풍모방의 기능공 시험을 거쳐 당당히 입사했다. 대한모방의 언니는 원풍에 입사할 때 경력을 물어보면 3년 됐다고 하라고 귀띔해줬다. 월급이 더 많아진다는 것이었다. 면접을 보는데 노무과 담당이 물었다.

"대한모방에서 몇 년 일했어요?"

순간, 거짓말이 나오지 않았다. 3년이 조금 못 되었는데 3년 됐다는 소리를 못 해서 기능공으로 들어간 사람들 중 월급이 제일 적었다. 그것도 애석했지만 문제는 기능공이 많이 모자란다고 열두 시간 근무를 시키는 것이었다. 입사 동기들보다 월급도 적고, 여덟 시간 일하려고 갔는데 열두 시간 일해야 하고, 대한모방에서는 양성공으로 들어가서 보살핌을 받으며 일하다가 주도적으로 해야 하는 환경도 낯설고 사람들도 낯설고 몸이 더 무거워졌다. 체력이 버틸 수가 없어 학원도 그만두었다. 3교대 근무하게 될 때 다시 다니면 된다고 생각했다. 기숙사도 왠지 마음에 안 들어서 중화동 집에서 원풍모방까지 한 시간이 넘게 걸리는 거리를 버스로 다녔다. 집에서 다니자니 아버지로부터의 속박이 조여왔다.

아버지는 내게 가족의 따뜻함과 든든함을 주기보다는 무섭고 원망스러운 존재였다. 아버지는 한국전쟁의 와중에 창궐한 장티푸스로 부모와 형제 다섯을 다 잃고 열일곱 나이에 가족 장례를 다 치렀다. 하나 남은 일곱 살 아래 남동생 손목을 잡고 피난길을 떠나야 했다. 우여곡절 끝에 미군 트럭에 실렸다가 허허벌판 광나루에서 피난살이를 했다. 미군들이 가마니 두 장과 내복 한 벌, 쌀 한 됫박을 주었다. 하루아침에 천애고아가 되었다. 훗날 혈혈단신의 처지가 결혼의 조건이던 엄마와 결혼했다. 아이들이 태어나 가족의 울타리가 넓어져갔지만 보여줄 부모도 형제도 없어져버린 마음이 갈피를 잡지 못했을까.

　"할머니가 계시면 너희들 예뻐했을 텐데……."

　술을 드시면 늘 울었다. 우리는 얼굴도 못 본 할머니 얘기를 귀가 따갑도록 듣는 게 지겨웠다. 생사를 넘나드는 사고까지 겪으며 아버지는 더욱 술독에 빠졌다. 아버지는 법이었고 칼이었고 성벽이었다. 엄마도 자식들도 단 한마디 아버지를 거역할 수 없었다. 아버지에 반하는 표정 한 점, 말 한마디면 그날은 온 집안이 쑥대밭이 되었다. 무력해진 당신의 존재감과 권위를 엄마를 못살게 학대하는 것으로 세우려는 사람, 자식을 두고 예쁜 자식 미운 자식으로 보란 듯이 갈라 노골적으로 감정 표출을 하는 사람, 아무 이유 없이 동생을 때리던 사람, 그래서 아버지로부터 매 맞은 상처의 기억만 지니고 가엾게 죽은 그 아이를 생각하면 두고두고 더 마음 아프게 하는 사람. 내게 아버지는 그런 존재였다. 그런데도 이상하게 나는 돈이 생기면 늘 아버지가 좋아하는 음식을 사 들고 갔고 아버지 옷을 샀다.

　"누나는 아버지가 좋아하는 것만 하네."

　어느 날 동생의 말을 듣고 내가 그렇다는 걸 알았다.

　엄마가 늘 아버지를 받들고 시니끼 당연히 그렇게 되었넌 것일까? 아버지가 좋은 건 아닌데 아버지는 권력이니 그 권력의 인정을 받고 싶었던 것일까? 늘 도사리고 있던 불안에 대처하는 방어기제였을까?

　열여섯 살 때 처음으로 "아버지"라고 불렀다. 그날, 술에 취한 아버지가 동네 사람들하고 싸우다 밑에 깔려 있었다. 동네 사람은 바위같이 큰 돌을 들고 있었다. 나는 달려들어 그 사람의 팔을 물어뜯었다. 돌은 바닥으로 떨어졌고 나는 아버지를 일으켰다.

　"아버지, 집에 가요."

긴박한 상황에서 처음 내 입 밖으로 나온 아버지, 라는 말에 아버지는 아무 말 않고 따라오셨다. 어머니가 밥을 지어놓고 "아버지 모시고 와라" 하면 그냥 옆으로 가서 "엄마가 진지 잡수시래요"라고 했다. 언제나 집안을 공포로 만드는 아버지가 두려웠다.

아버지가 나에게 잘못하신 것은 딱히 없다. 문제는 어떤 일을 상의할 때면 "나는 니 의견에 따른다" 해놓고도 아버지 뜻대로 진행했고, 한마디 이의를 제기하면 집안이 뒤집혔다. 고등학교를 갓 졸업한 동생에게 돈을 안 벌어 온다고 하도 야단을 하기에 "아버지는 돈 버셨냐?"고 했다가 "떨어져 죽겠다"고 난리가 났었다.

아버지와 같은 공간에 있으면서 평화로움을 느꼈던 기억이 뭐 있을까?

아버지가 막내 동생을 업고 있던 어느 날의 모습, 낯설고도 포근한 광경에 가슴이 울렁거릴 정도로 좋았다. 그리고 마치 꿈속처럼 아련한 어린 날, 햇살 내리쬐는 흙벽에 기대선 채 아버지가 눌러주었던 사진 한 컷, 그것뿐이다. 문득 궁금해진다. 사진기 속 작은 공간을 통해 자식의 눈을 바라보며 아버지는 무엇을 생각하셨을까? 살짝 찡그린 내 이마는 보이지 않는 아버지의 시선에 차마 눈이 부셨을까, 막힘없이 쏟아지는 노란 햇살 때문이었을까?

중화동에서 대림동까지의 출퇴근길 고생보다는 아버지의 시선 안에 매이는 것이 싫어서 나는 다시 기숙사로 들어갔다. 기숙사는 열 명에서 열두 명 정도가 같은 방 식구가 되었다. 3층으로 된 기숙사는 각 층마다 출근 시간이 달라서 한 층이 통째로 고요해지거나 시끄러워진다. 출근 때면 똑같은 작업복을 입은 행렬이 언덕을 내려가 공장 마당까지 줄을 이은 후 운동장에서부터 각각의 부서를 찾아 부채처럼 펼쳐져 들어간다. 퇴근 때는 갈라진 부채꼴이 모여들듯 모아진 행렬이 다시 기숙사 언덕을 오른다. 출퇴근 시간 외에도 식당에 가기 위해, 외출하기 위해 몇 번씩 오르내리는 기숙사 언덕길은 철마다 꽃이 피어 예뻤다. 노란 개나리, 영산홍, 장미가 고왔고 작은 단풍나무 잎도 한들거렸다. 계단을 오가다 아는 얼굴을 만나면 그 자리에 서서 수다를 떨기도 하고 뭉쳐서 과자 들고 옥상으로 올라가기도 했다. 그렇게 조금씩 정이 들었다.

나는 누구인가

'노동조합에서 교육을 시킨다고?'

의아했다.

대한모방에도 노동조합은 있었지만 퇴사할 때 딱 한 번 가는 곳이었다. 당시 노동조합은 유니온 숍 제도여서 노동조합이 있는 회사에 입사하면 자동으로 조합원이 되는 것이었다. 대한모방노동조합은 이름만 노동조합으로 두고 아무런 활동을 하지 않으면서 퇴직 절차는 노동조합을 거쳐 도장을 받아야 하는 것이었음을 먼 나중에야 알았다. 그런데 원풍모방노동조합에서는 신입생 교육부터 한다는 것이다.

강사는 키는 작지만 당당한 표정의 여자였다. 노조 부지부장이고 이름은 박순희라고 했다. 그때 교육의 내용은 뭔 소린지 잘 몰랐지만 노동조합이 노동자 편이라는 느낌은 어렴풋이 들었다. 그 언니에 대해 알 수 없는 친근감도 들었다. 더구나 교육장에는 현장의 반장도 와 있었다. 반장은 상집간부라 했다. 그 점이 참 마음에 들었고 현장에서는 무섭게 느껴졌던 반장이 교육장에서 정답게 미소를 지어주는 모습에 거리가 좁혀지면서 동등한 느낌의 친밀감이 들었다.

몇 개월쯤 지났을 것이다. 노동조합에서 또 교육을 한다고 했다. 노동조합 강의하는 여자 분들은 그렇게 다 키가 작으신지, 이번의 강사도 작고 단정했다. 곤색의 얇은 잠바를 걸치고 안경을 쓴 모범생 소녀 같은 모습으로 온 강사, 신인령 선생이었다. 강의 제목은 '나는 누구인가' 였다. 그날 나는 적지 않은 충격을 받았다. 그분은 카랑카랑한 목소리로 재미있고도 쉽게 나를 들여다보고 해부해서 밝은 태양 아래 쫘악 펼치는 것 같았다. 내가 열심히 일하고 동생들 공부 가르친다고 부자가 되는 게 아니구나, 아버지가 술 드시고 실직하고 이래서 못사는 게 아니구나, 우리가 가난한 것이 우리가 열심히 일을 안 해서가 아니라 일한 대가를 제대로 돌려받지 못한 탓이고 사회가 구조적으로 우리에게 불리하게 되어 있구나, 그러니 나 하나 죽도록 일해서 돈 번다고 해도 그 돈으로 동생들 공부를 시킬 수 없구나 하는 것을 알게 되었다. 노동조합 활동을 열심히 해서 임금도 올리고 조건도 개선하고 사회도 변화시켜나가야 되는 거구나, 확 깨여 눈이 번쩍 뜨이는 느낌, 나를 덮어씌웠던 두꺼운 막이 걷어지는 것 같은 신선한 충격이었다. 점점 노동조합이 좋아졌다.

"선금아, 너도 산업선교회 그룹 활동 같이 안 할래?"
어느 날 기숙사 같은 방의 동갑 친구가 권했다. 어디서 듣던 소리 같기는 한데…….
"그게 뭐하는 데야?"
"꽃꽂이도 하고 기타도 배우고 요리도 배울 수 있어. 같이 놀러도 다니고."
꽃꽂이나 기타는 그렇고 다른 건 뭐 있냐 했더니 무슨 봉사활동 같은 것도 한다고 했다. 괜찮은 것 같아 해보자고 했고 '에델바이스'라는 이름의 그룹에 들어갔다. 그런데 이게 재미있는 것이다. 그룹 인원은 여덟 명, 일주일에 한 번 정례 모임을 했다.

영등포산업선교회는 낡고 작은 아파트였다. 두 분의 남자가 목사라는데 한 사람은 매우 지적이고 얌전해 보였는데 또 한 사람은 목사라기엔 좀 뭣한 무서운 인상이었다. 다른 한 사람의 여자는 전도사라는데 지적이고 다정다감했다. 나는 그런 사람들과 이야기한다는 것만으로도 좋았다. 생김새와 달리 말을 재미있게 하고 웃음소리도 호탕하여 우리를 많이 웃게 했던 사람은 주로 인명진 목사였고 다른 두 분은 자상하고 따뜻했다. 인명진 목사는 경제, 조지송 목사는 조직, 명노선 전도사는 꽃꽂이 등으로 역할을 두고 우리를 만났다. 산수도 잘 모르는데 경제를 어찌 알았겠는가, 잘 알아듣지는 못해도 기분은 뿌듯했다. 더구나 그들은 우리를 존중해주었고 인정해주었다. 재미를 붙인 나는 일주일에 한 번만 가는 것이 아니라 퇴근만 하면 달려갔다. 아예 집처럼 들락거렸다. 소귀에 읽는 경도 쌓이면 축적될 것이다. 끝없이 가동되던 노동조합의 교육과 산업선교회의 작은 활동들이 조금씩 조금씩 켜를 더해 눈을 밝히고 굽은 몸을 곧추세우게 했다.

낯선 사람 앞에서 말도 잘 못하고 소심하던 내가, 교육할 때 사람들 앞에서 느낀 점을 말하고 내가 어디서 태어난 누구인지를 말하기도 하면서 나도 이런 면이 있구나, 사람들 앞에서 생각보다 말을 잘하는구나 하는 자신감도 생겼다. 노조나 산선 활동에 빠짐없이 참여하면서 그룹 자치회 임원도 맡게 되었다. 자신감은 자존을 키웠다. 진정한 자존심은 자신을 있는 그대로 당당히 드러낼 수 있을 때 발현되는 것이리라. 내 존재가 부끄럽고 감추고 싶고, 덮어씌우고 싶다면 그건 자존심이 아니라 위선일 것이다. 지지리도 가난해서 밥을 얻으러 다녔던 어린 시절도, 식모살이로 겪었던 학대도, 단지 돈이 없어서 배우지 못했던 한도, 남들이 공순이라 부르는 노동자로서의 내 위치도, 내 잘못이거나 죄가 아니었다. 그것 모두가 내가 살아온 삶이고 찬란한 햇살 아래 한 점 부끄러울 것 없는 노동자의 삶이었다.

특히 원풍모방에서는 마음이 편했다. 대한모방에서는 입사할 때 5000원을 들이면서 소위 빽을 써서 입사를 했고 입사에 영향을 준 그 사람은 만날 때마다 일 잘해야 한다는 등 심리적으로 부담을 주었다. 그런데 원풍모방은 순전히 내가 익힌 기술로 당당히 입사하고 보니 짐을 벗어던진 것처럼 홀가분했다.

그룹 모임이 재미있어지고 여덟 명이 어울려 다니며 깔깔거리는 것도 즐거웠다. 휴일에는 조금씩 돈을 걷어 철따라 딸기밭이나 포도밭도 가고, 대림동 시장의 떡라면 집에도 몰려다녔다. 각자 생일이 돌아오면 그룹에서 18K 실반지를 해줬는데 나는 그때 처음 껴보는 반지가 얼마나 좋던지 손가락을 하늘 높이 치켜들고 다니고 싶은 심정이었다.

노동자!

원풍노조는 내 인생을 갈래지은 사건이자, 또 다른 고향이다.

입사한 지 2년여 되어가던 1976년도인가, 정보부에서 방용석 지부장을 연행해갔다. 노조 사무실에는 원풍에 드나들던 정보과 형사가 와 있었다. 그는 날을 잘못 잡았다. 원풍노조 조합원들의 분노를 감당하기에는 역부족이었던 것이다.

"내놓아라, 내놓아라, 죄 없는 우리 지부장 내놓아라."

둘러 서 있던 회사 관리자들도 조합원들에게 곤욕을 치르고 있었다. 사색이 된 형사와 회사 관리자, 악을 쓰는 우리는 당당했고 그들은 쩔쩔맸다. 그것은 단지 숫자의 문제만이 아닌 부당함과 정당함의 대결이었다. 그들은 초라해 보였다. '야, 우리가 뭉치니 저 사람들 아무것도 아니구나, 단결해야 하는구나.' 조합원들과 한 덩어리가 되어 외치면서 나는 확신의 희열을 느꼈다. 다음 날, 지부장은 풀려 나왔다. 경찰서에서 나오자마자 지부장이 현장을 한 바퀴 도는데 조합원들이 우리 지부장님 오셨다고 달려가 끌어안고 난리가 났다. 말만 한 처녀들이 거침없이 그를 안고 반기는데 마치 이산가족 상봉이라도 하는 것 같았다.

원풍노조에는 기라성 같은 간부들이 있었다. 탁월한 리더십을 지닌 지부장과 작은 체구로 사람들 사이사이를 세심하게 관리하던 부지부장과 감히 말도 붙이기 어렵게 카리스마를 지녔던 현장간부이면서 상집간부였던 언니들의 의연한 정신들이 나날이 현장의 조합원들을 단련시켰다. 미처 닿지 않는 현장의 구석구석은 대의원들이 버티고 서 있었다. 회사의 어떤 관리자도 그 틈을 벌릴 수 없었다. 그렇게 강고한 단결력으로 노동조합은 성장했고 우리는 행복했다. 경제적으로 부자는 아니어도 이렇게 일하고 활동하고 어울려 살면 족했다.

하나 아쉬운 것은 공부였다. 학원을 다녀야겠다고 준비하는데 아버지가 또 아팠다. 다행히 그때 직장의료보험이 만들어져 시행되던 때라 도움은 되었지만 큰 병원에서 수술을 받아야 하는데 돈이 많이 들어 이러지도 저러지도 못하는 상황이었다. 더구나 셋째가 중학생이 되면서 참고서도 사야 하고 이렇게 저렇게 돈 들어갈 일 투성이였다. '내 공부는 또 어려운

가?' 마음에 파장이 일어나던 때 계기가 생겼다. 기숙사 115호 방 식구들과 남이섬에 놀러 간다고 성북역에 줄을 서 있는데 옆에 서 있던 30대 아줌마가 공부를 한다는 이야기를 하고 있었다. 그 아줌마를 보며 속으로 계산해보았다. 내가 저 나이쯤 되면 동생도 다 졸업할 것이고 그럼 나도 그때 공부하면 되겠구나, 희망이 생기는 것이었다. 그날 나는 동생들 공부가 끝날 때까지 내 공부는 생각지 말자고 깨끗이 포기했다. 그때 원풍노조에는 책이 많았고 교육도 받고 산선의 활동도 있었기에 열망의 한 줄기는 채워지기도 했다.

아버지의 병환은 잘 낫지 않았고 엄마가 어디서 물어보니 굿을 하라고 했다는데 굿할 자금이 문제였다. 탄탄대로로 진전하던 원풍노조는 그때 신협을 만들었고 최 저리로 조합원들에게 필요한 긴급자금을 대출해주거나 저축을 할 수 있도록 했다. 나는 신협에서 돈을 빌려 아버지 병을 낫게 하는 굿을 하라고 줬다. 원풍노조는 매해 단체교섭 때마다 조합원의 복지를 늘려갔다. 신협에 이어 시중가보다 30퍼센트 저렴하게 구매 가능한 공동구매가 생겼고, 기숙사 외에 통근자들도 사용 가능한 목욕탕과 미용실이 만들어지고 기숙사 외출도 자유로워졌다. 그 모든 것이 회사의 선심에 의해 이루어진 것이 아니고 매해 강고하게 단련한 우리의 단결력을 통해 이루어진 것들이기에 훨씬 자랑스럽고 당당했다. 좀 폼이 나는 듯해 '회사 다닌다'고 했던 것도 정확하게 '공장 다닌다'고 말하게 되었다. 그러면서 누구에게든 당당히 '노동자'로서 나를 소개했다.

1980년, 나는 자랑스럽게 노동조합 대의원이 되었다. 상집간부가 '전국구'라면 대의원은 각 부서의 조합원들이 투표로 선출하는 것이기 때문에 '지역구'로서 자부심이 있었다. 노동조합의 허리가 된 것이고 많은 역할을 해야 했다. 그때 나는 현장의 지도공이었기 때문에 나름대로 권위도 있었다. 지도공은 완장에 띠가 하나, 부반장은 두 개, 반장은 세 개가 있었고 경력에 따라 주어졌다. 그러나 1980년도의 대의원에게 주어진 역할은 슬프고 불운했다.

그 전 해 연말, 우리는 '유신의 심장에 총을 쏘았다'는 김재규의 거사에 환호하며 민주주의가 꽃피면 노동조합은 훨씬 재미있을 거라고 기대했다. 이제야말로 산선의 리더 교육 때 다짐한 대로 원풍을 떠나 열악한 다른 공장에 들어가 노동조합을 만들어갈 수 있겠다는 생각도 했다.

당시 상집간부를 비롯한 활동가들은 누가 강요한 것도 아닌데 '운동에 몸 바칠' 각오들을 하고 있었다. 그것이 정의를 위한 헌신이라는 생각들을 했던 것 같다. 연애는 뒷전이었지만 꽃다운 나이에 왜 연정이 발동하지 않았겠는가, 그럴 때마다 공연히 조합원들에게 미안해지는 분위기였다. 마치 독립을 위해 내 한 몸 불사르듯, 전태일이 그랬고, 식민지시대 강주룡이 그랬듯 작은 몸짓으로라도 정의의 대열에 함께해야 한다는 생각이었다. 무식하면 용감하기도 하지만 따지고 재고 사릴 그 무엇도 없기에 온전히 몸과 마음을 다 바쳤던 것 같다. 인간답게 살고 싶었던 것이다. 그런데 평생 떠나지 않을 것 같이 우뚝 서 있던 어떤 상집간부 언니가 결혼을 한다고 선언했다. 대의원 교육이 끝난 뒤풀이에서였다. 이 교육이 마지막 참석 자리라고 했다. 나이 들고 남자 만나면 결혼하는 것은 당연한 일인데도 나는 왜 그리 놀랐던지! 언니가 지금 결혼하면 어떡하느냐고 왜 결혼하느냐고 감히 따지듯 했다. 언니는 "외로워서"라고 했다. 외롭다니, 우리가 이렇게 함께 있는데, 이렇게 많은 사람들이 언니를 존경하고 지지하는데 왜 외로울까?

노동조합에 닥친 먹구름

5월의 꽃들은 주저 없이 만개하고 산천이 연둣빛 향기를 뿜어내고 있었다.

1980년 5월 13일, 여의도 노총회관에서는 궐기대회가 열렸다. 그동안 어용노조로 악명이 높았던 한국노동조합총연맹은 유신정권이 무너지자 약빠른 처신으로 노동악법철폐 궐기대회를 개최하는 제스처를 취했다. 혼 없이 허수아비처럼 너풀거리는 카멜레온들의 궐기대회장에 유신 치하에서 노총의 폭압까지 겪어야 했던 민주노조들이 차고 들어갔다. 방용석 지부장이 단상으로 뛰어올라가 대회장의 마이크를 거머쥐었다.

"형식적인 대회가 아니라 실질적으로 노동 기본권이 보장될 수 있도록 헌법 개정을 해야 하고 어용노총 간부들이 퇴진해야 하지 않겠습니까? 그렇게 될 때까지 농성할 것을 제안하는데 여러분들은 어떻습니까? 대회 아닙니까, 대회!"

"와~."

함성이 대회장을 떠나갈 듯했다. 그동안의 행적에 부끄러움은 있는지 허수아비 위원장은 쩔쩔매며 진땀을 흘렸다. 마치 노동자들의 세상이 오는 것 같았다. 대의원이었던 나는 부서의 조합원들을 몇 명씩 모둠 지어 궐기대회에 참석했다.

그러나 노동자들의 봄은 짧았다. 우리의 희망은 곧 좌절되었다. 해산을 선언하고 되돌아오는 도보행진 위로 암울한 예감이 먹구름처럼 덮였다. 먹구름은 비가 되어 우산 없는 행렬을 적셨다. 지부장을 필두로 한 긴 행렬은 여의도를 지나 대방동 굴다리를 건넜다. 누구의 입으로부터 시작되었을까, "오~ 자유! 오~ 자유! 나는 자유하리라~" 노래가 시작되었다. 우리의 노래가 어두운 굴다리 안에서 메아리로 나지막이 울렸다. 순간, 전율처럼 깨달았다. 운동하면서의 외로움을 말하던 선배 언니의 마음을. 억울하기도 하고 서럽기도 하고 막막하기도 한, 가없이 밀려드는 어떤 외로움. 추적추적 내리는 빗속의 행렬은 그렇게 외로웠다.

그리고 만개하던 5월의 봄은 군홧발에 짓이겨지고 배반당했다. 역사는 힘을 장악하는 자에 의해 되새김되는가, 사람은 달라져도 상황은 반복되는 열패감으로 쓸쓸해졌다. 계엄령이 선포되고 노동조합에는 회오리가 몰아쳤다. 군인들이 무시로 공장을 들락거렸다. 수배되고, 끌려가고, 간부들은 몽땅 증발해버렸다. 노조 사무실은 X 자 각목으로 봉쇄되어버렸다. 십자가를 지고 골고다를 올라가는 예수처럼, 못 박히고 피 흘리고 있었다.

무엇을 해야 할까, 배반할 유다조차 남아 있지 않은 채 다 끌려가 버린 노조 사무실 문을 두드리며 손등은 피멍이 들었다. 주저앉아 우는 조합원, 문을 부여잡고 몸부림치는 조합원, 싸워야 한다며 계엄사로 쳐들어가자는 조합원까지 모두 울분으로 몸을 가눌 수가 없었다. 노잡이가 없는 배는 방향을 잡을 수가 없었다. 대의원 선에서도 뭐라노 해보자고 모였지만 할 수 있는 게 없었다. 기껏 한다는 것이 지오세(JOC, 가톨릭노동청년회)와 관련 있는 대의원은 가톨릭으로, 산선과 관련있는 대의원은 산선으로 찾아가 도대체 어떻게 돌아가는지 알아보고 호소라도 해보자는 것이었다.

밤 근무를 마치고 6시에 작업복만 갈아입고 영등포산업선교회로 달려갔다. 산선도 비상대기였던가, 그 시간에 목사님들, 실무자들이 다 있었다.

"목사님, 우리가 이렇게 눈만 멀뚱거리고 있어야 하나요? 싸워야 되지 않겠어요?"

"지금은 절대로 안 돼."

평소에 그렇게 시원하고 거침없던 목사는 단호했다.

"우리가 싸우면 아무리 수배 중이라도 지부장님 들어오시지 않을까요? 지부장님 연결 좀 해주세요."

"방 지부장, 연결 안 된다. 어젯밤 꿈에 방 지부장을 봤는데 절대 싸우면 안 된다더라."

나는 지부장만 들어오면 어떻게든 길이 있을 것 같았다. 참새가 죽어도 짹 소리는 낸다지 않는가? 그런데 인명진 목사가 정색을 하면서 어젯밤 꿈에 지부장을 만났다 하니, 그것은 계엄 상황을 고려한 암시였다고 생각했다. 아, 인 목사가 만나셨구나. 그런데 절대 무슨 행동을 취하면 안 된다고 말했구나. 답답했지만 도리가 없었다.

매일 눈 번히 뜨고 내 안방이 봉쇄된 것을 바라보아야 하는 것처럼 속앓이를 했다. 숨이 막힐 듯 답답하고 암담했다. 내 인생살이에서, 그 어떤 경우보다 그때가 막막했다. 간부들이 해고되고 심지어 삼청교육까지 보내지면서 원풍노조는 무너져내렸다. 피로 장악한 권력이 못 할 짓은 없었다. 여린 손 부여잡고 함께해왔던 민주노조들도 하나하나 격파당했다. 그리고 원풍노조에도 마수가 뻗쳐왔다.

1982년 9월 27일 나는 오후 2시 출근반이었다. 출근길에 노조 사무실 옆 공동구매에서 추석에 들고 갈 몇 가지 물건을 구입했다. 아버지의 내복, 엄마와 동생들의 양말, 설탕도 한 봉지 샀다. 가족들과의 명절 해후를 봉지에 담아 들고 며칠 전 해고 공고가 붙은 박순애 부지부장과 이옥순 총무 일로 걱정이 되어 노조 사무실로 갔다. 조합원들이 많이 모여 이야기를 나누고 있었다. 추석을 며칠 남겨두고 노조 간부의 해고 공고가 붙고 남자들은 떼로 몰려다니고 어수선한 날들이었다. 불길한 예감은 급작스럽게 현실이 되었다.

가을 대낮 햇살을 가리고 야수 떼처럼 한 무리의 남자들이 노조 사무실 문을 박차고 들이닥쳤다. 그들은 다짜고짜 사무실에 있던 조합원들을 밖으로 끌어내 내동댕이쳤다. 억센 팔이 내 어깨에도 꽂혔고 반짝 들려 내팽개쳐졌다. 집기는 짓밟히고 전화선은 끊어졌다. 우리를 다 몰아낸 그들은 정선순 조합장을 감금한 채 사무실 문에 못질을 하고 그 주변을 몇 겹으로 에워쌌다.

"이 쌍년아, 얼른 사표 써!"

작은 체구에 심성이 여린 조합장이지만, '매운 고추' 같은 저력이 있었다. 조합장은 죽을힘을 다했다. 폭력에 굴해 수백 명 조합원들의 자존심을 난자당할 수는 없었다.

"차라리 날 죽여라."

죽이라며 버티는 조합장에게 그들은 발악을 했다.

"제발 사표 좀 써라, 사표 좀!"

조합원들은 문밖에서 발을 구르고 문을 차며 항의했지만 종수먹이었다. '법'은 멀었고, '주먹'은 눈앞에서 활개 쳤다.

다음 날 끝내 사표를 쓰지 않고 새벽까지 버티던 조합장은 마대 자루에 담겨 화곡동의 쓰레기장 옆에 팽개쳐졌다. 뒤늦게 사실을 알게 된 간부들은 비상회의를 열었고 전 조합원이 단식 농성에 들어갔다. 낮이면 덥고, 밤이면 서늘한 9월의 한 귀퉁이에서 조합원들은 빼앗긴 노동조합을 되찾으려고 사활을 걸었다. '사흘 굶어 담 안 넘을 자가 없다'지만, 닷새가 되었다. 쓰러지면 남자 조합원들이 업고 병원으로 달렸다. 그렇게 한 번 나간 조합원들은 다시 들어올 수가 없었다. 그러나 병원에서 정신만 차리면 링거 줄을 뽑아 던지고 공장 앞으로 달려왔고 공장 뒤 개구멍을 찾아 농성장으로 합류하기도 했다. 나도 노금순, 박혜숙, 신정례와 함께 쓰러진 조합원들을 부축해 병원으로 갔다가, 조합장이 정문 앞에서 필사적으로 싸우며 시선을 돌린 상황을 타 '007작전' 하듯 농성장으로 합류했다. 쓰러져서 업혀가는 조합원을 보면 안쓰러워 가슴이 미어지고 개구멍을 뚫고 농성장에 들어오면 죽은 전사 살아온 듯 얼싸안고들 울었다.

도대체 세상은 무얼 하는지, 우리가 이렇게 뎅그마니 공장 바닥에 누워 죽을힘을 다해 싸우는데 세상은 알기나 하는지, 휴대전화도 없던 시절, 적막감은 배고픔보다 더 고통스러웠다. 폭력배들은 맹수가 양 떼를 습격하듯 틈을 벌리며 수차례 공격을 시도했고 그럴 때마다 수십 명씩 끌려나갔다. 자구책으로 마대 자루를 꼬아 모두 몸을 묶자는 이야기도 나왔다.

공장 밖에는 스피커가 울려 퍼졌다. 〈고향의 봄〉이 울려 퍼졌고, "뜻깊은 추석을 맞이하여 고향으로 내려가셔야 하지 않겠습니까"라고 속삭였다. 농성장으로 전보도 날아들었다. 10년 전에 돌아가신 '아버지가 위독'하다고 했다. '당신 딸이 불순분자들에게 감금되어 있다, 혼숙으로 임신할 우려가 있으니 속히 데려가라'는 전보를 받고 혼비백산하여 달려온 부모들은 아연실색했다. 그러나 그 어떤 술수와 압박에도 조합원들은 단 한 명도 제 발로 이탈하지 않았다. 코앞에 닥쳐온 추석 귀성표를 사 두었던 조합원들은 눈물을 머금고 열차표를 찢어버렸다.

농성 4일째, 그들은 농성 현장의 출입문을 떼어냈고 입구를 지키던 남자 조합원들을 끌어냈다. 단 두 명의 남자 간부가 남았다. 그렇지 않아도 탈진해 있는 농성장에 갑자기 열기가 확 퍼졌다. 회사가 스팀을 틀어대기 시작한 것이다. 굶고 지쳐 있는 공간에 기온이 치솟자 조합원들은 픽픽 쓰러지기 시작했다. 졸도한 사람들을 업고 갈 여력도 남아 있지 않은 농성지도부는 쓰러지면 농성장 입구로 밀어 놓았고 폭력배들이 병원으로 업고 가는 웃지 못할 상황이 연출되었다.

이날 오후 2시경, 무전기 하나를 조달받아 바깥과 교신을 하던 우리는 회사 밖에 기동경찰이 증원되고 사복경찰과 낯선 남자들이 늘어나고 있다는 상황을 알았다. 아니나 다를까 200여 명이 각목을 휘두르며 농성장으로 진격했다. 우리는 현장의 실 꾸러미, 작업 도구, 신발까지 벗어 던지며 필사적으로 저항했다. 한차례 소동이 벌어졌다.

이때 나는 끌려나왔다. 맨발로 미친년처럼 누더기가 된 행색으로 28명이 대방동의 한 성당을 찾았다. 생각보다 신부님과의 면회는 어려웠다. 당연히 신부님은 우리를 도와주시리라 믿었기에 의아함이 스쳤고 뒤늦게 신부님이 모습을 보이자 모두 반가워했지만 불안한 예감은 적중했다.

"성당에 온다고 노동 문제가 해결되느냐."

신부님은 냉정했고 우리는 가슴이 무너져 내렸다. 신부님은 끝내 우리에게 잠깐의 휴식도 제공하지 않았다. 사랑했던 사람의 차가운 뒷모습 앞에 선 듯 마음이 처절했다. 우리가 다시 갈 곳은 공장 앞뿐이었다.

추석날 새벽 5시, 최후의 작전은 개시되었다. 700여 명으로 불어나 있던 폭력배들이 야수처럼 농성장으로 진입했다. 농성장은 아비규환의 전쟁터가 되었고 그들은 마치 개라도 패듯 몽둥이를 휘두르며 조합원들을 몰아냈다. 대림동 바닥은 때 아닌 아수라장이 되었다. 휘영청 달빛 아래 한 무리의 양 떼가 쫓기고 있었다. 작전은 순식간에 종료되고 우리들의 통곡 위로 태양은 무심히 떠올랐다. 간밤 무슨 일이 있었단 말인가, 추석을 맞이한 세상은 고요하고 평화로웠다. 사람들은 명절 귀성길에 올랐다.

설상가상으로 얼마 후에는 내 집처럼 드나들던 영등포산업선교회 활동도 접어야 했다. "한 건물에 두 개의 조직을 두고 활동할 수 없다"는 산업선교회의 주장에 따라 결별을 했기 때문이다. 권력이 거부하는 노동자는 세상 모두에게 거부당하는 것 같아 서러웠다. 거리마다 나부끼던 '선진조국'은 우리의 것이 아니었다.

공장 떠돌이

1983년 1월, 가죽잠바 만드는 공장에 시다로 들어갔다. 50명밖에 안 되는 곳이기에 블랙리스트의 '조회'를 피할 수 있었다. 이곳의 노동자들은 시키는 대로 일하고 욕하고 반말해도 아무도 저항하지 않았다. 퇴근 준비를 하는데 빵 하나 툭 던져주며 '잔업'이라고 말하면 모두 말없이 다시 자리에 앉았다. 아무도 나갈 수 없게 철문은 자물쇠를 채워버렸다. '천지차이'라는 말은 이런 때 쓰는가. 원풍이 그립고 구속된 간부들이 그립고, 어린 나이에 감옥에 갇혀 있는 언년이를 생각하면 마음 아프고, 이 모양의 공장 현실이 분해서 울었다.

사람들을 의식화해야 했다. 소통이 될 만한 아이들을 점찍어 자취방에서 부침개도 해주며 '작업'을 했다. 이렇게 살면 안 되는 거였다, 사람이 기계가 아니잖아, 생각도 있고 감정도 있고 사생활도 있잖아, 왜 인격을 빼앗기며 사니, 진심을 다해 나와 그들이 인간으로 살기 위해 설득하고 설득했지만 돌아오는 것은 힘없는 한마디였다.

"언니, 나는 그냥 이대로 살래, 나 돈 벌어야 돼."

참으로 요지부동이었다. 잘살기 위해서 참지 않아야 함을 어떻게 전달

해야 할지…… 원풍에서는 소그룹을 세 개나 만들어서 활동했는데 여기서는 단 한 명도 묶을 수 없었다. 사람 하나를 변화시킨다는 게 얼마나 힘든 일인지 절감했다. 여기 비하면 원풍노조는 천국이었다. 원풍노조의 풍토는 비굴한 것이 이상한 것이었다. 회사 간부가 동의 없이 잔업을 시키다니, 잔업 시간에 공장 문을 잠그다니, 노동자를 욕하다니, 있을 수 없는 일이었다. 더구나 때리기까지 하다니.

어느 날 관리자가 몸도 가늘고 작은 여자아이를 때렸다. 그 순간 나는 자리를 박차고 달려가 그의 손을 확 잡아챘다.

"사람을 왜 때려! 근로기준법에 사람 때리면서 일 시키라고 했어요?"

50명의 시선이 내 얼굴에 꽂혔다. 더는 참을 수 없었다. 이미 내친김이었다. 그 남자도 너무 놀라 벙벙한 표정으로 말도 못 하고 서 있었다.

"이렇게 맞으면서 잔업 못 합니다. 문 열어요."

나는 악을 쓰며 울고 있는 그 아이를 잡아 일으켰다. 그날 전체 잔업이 취소되었다.

공장 문밖으로 나오자 아이들이 모여들었다.

"언니 되게 무섭더라. 그런데 진짜 잘했어. 속이 후련해."

다음 날 사장이 옥상으로 좀 올라오라고 했다.

"황선금 씨를 조사해보니 우리랑 같이 일할 사람이 못 됩니다."

올 것이 온 것이다.

"사람을 때리면서 일하면 됩니까?"

"앞으로는 그렇게 안 하겠습니다."

그나마 사장은 점잖은 편이었다. 해고 수당을 받아 들고 벌건 대낮에 공장 밖으로 나왔다.

그날부터 공장 떠돌이가 되어 이 공장 저 공장 옮겨 다녔다. 큰 공장은 못 가니 맨 30~40명 규모의 작은 공장들이었다. 가는 곳마다 월급을 한두 달씩 미루는 일이 다반사였고 가는 곳마다 월급 내놓으라고 싸워야 했다. 노동청에 고발도 하고 싸우면서 내 월급도 받고 다른 사람들 월급도 받을 수 있게 했으니 그나마 보람이라고 해야 할지……

　그중 동양실크는 500명 규모의 제법 큰 공장이었다. 미싱사는 우대를 했기에 미싱사라고 속이고 갔는데 이게 맘대로 안 되는 것이었다. 작은 공장들에서 미싱을 해봤고 연습도 많이 하고 갔는데 실크로 완제품을 만들어내는 게 간단치 않았다. 망신만 당하고 시다 자리로 보내졌다. 그러다 쫓겨나면 전봇대를 훑고 다녔다. 동네 전봇대 위치를 엮어 지도를 그리래도 능히 그렸을 것이다.

　원풍 해고자들은 모두 처지가 똑같았다. 박현순, 장순자와 셋이서 전봇대를 훑고 다니다 일당이 엄청 센 광고를 발견했다. 도시락 공장이었다. 전화하니 오라고 해서 셋이 함께 다니기로 했다. 그러나 하루 만에 우리는 두 손 두 발 다 들었다. 아침부터 다음 날 새벽까지 잠시 허리도 못 펴는 일이었다. 새벽에 공장 문을 나와서 달도 없는 가로등 아래 서 있는 서로의 모습을 바라보니 이건 사람 꼴이 아니었다. 맨 정신으로는 서로 눈을 마주볼 수도 없었다. 그 새벽에 4홉들이 소주를 사 들고 자취방에 가서 마개를 깠다. 유리컵에 부어 들이마시며 어떤 놈들 땜에 원풍에서 해고되어 우리가 이 고생을 한다며 펑펑 울었다.

가족

사는 게 참 힘들었다. 혼자였다면 결코 버티지 못했으리라.

정기적으로나 부정기적으로 만나 털어놓고 공감하는 원풍 식구들이 있었기에 견딜 수 있었다. 특히 이제는 나의 자매나 마찬가지인 산업선교회에서 만난 아우, 문옥순이 있었다.

내 삶이나 그녀의 삶이나 오십보백보이니 서로 다독이고 격려하며 의지가 되었다. 옥순이와 함께 그녀의 형부가 운영하던 작은 호프집을 인수해 운영하기도 했고 좋은 일, 궂은 일 나누며 살다 보니 그 집이나 우리 집도 다 가족처럼 되었다.

내 삶에서 가족은 무엇이었을까?

조카까지 다 합해야 아홉밖에 안 되는 가족이 시한폭탄 같은 갈등을 끌어안고 산다. 갈등의 근원은 아버지에게서 발현되고 화해의 봉합은 엄마가 했다. 그런데도 엄마의 가슴은 용광로인지 그저 박꽃처럼 웃기만 했다.

엄마의 어린 시절은 유복했다. 집 안에는 늘 일꾼들이 있었고 사랑을 독차지하며 거침없이 자랐다. 꽃고무신을 신고 다니다 남들이 신은 짚신이 부러워서 바꿔 신기도 했다. 전쟁으로 집안이 풍비박산되면서 홀어머니와 남동생 하나만 남은 후 아버지와 결혼했다. 병환이 있는 외할머니와 어린 외삼촌을 건사해야 했기에 혈혈단신인 아버지가 결혼 상대로 적합하다고 생각했다. 그러나 엄마의 기대는 어긋났다. 아버지의 끝간데 없는 포악을 엄마는 순응했다. 외할머니가 돌아가시고, 내 밑의 남동생이 죽고, 결혼도 않고 살던 외삼촌도 불운하게 죽었는데도 어느 날 보면 웃고 계셨다. 작은 기쁨에도 환하게 웃었다. 자식들에게도 화를 내지 않았고 늘 낙천적으로 긍정했다. 울고 살아도 시원찮을 인생인데도 늘 웃었다. 동네사람들이 잘 찾아왔고 '편하고 좋은 사람'이라고 말했다. 몇 년 전 추석에 가족들이 찍은 사진에도 엄마는 해바라기처럼 환히 웃고 계셨다.

남동생이 일본에서 공부하던 2001년, 평생 처음으로 가족들이 함께 일본으로 여행 갔던 밤, 엄마가 말했다.

"인생은 내일이면 더 좋아지겠지, 좋아지겠지 하며 속고 사는 것이더라."

그리고 덧붙이셨다.

"내가 아직까지 말 안 했는데 내가 잘못했다. 어떻게든 너를 결혼시켰어야 했는데, 인생은 살아보니까 다 그렇게 속고 사는 건데."

내가 결혼을 안 한 것이 엄마 탓은 아니다. 남자의 상은 아버지였고 참고 살아야 되는 것은 엄마의 상이었다. 그런 삶을 살고 싶지는 않았다.

"네 복은 따로 있는 거다. 너는 복이 있다고 했으니 시집가라."

"선금이년 시집 안 보낼 거야?"고 닦달하는 아버지를 견디다 못해 언젠가 기숙사로 나를 만나러 오셨던 엄마에게 "나는 시집 안 갈 거야" 한마디로 잘랐고 엄마는 아무 말 없이 되돌아서셨지만 그것도 아버지의 닦달에 마지못해 오신 거였다.

아버지가 편애했던 둘째 남동생은 내면에 상처가 많다. 그 상처는 때로는 폭력으로 나타났다. 자랄 때는 고집 세고 말을 안 들어 편애에 비례하여 죽을 만큼 맞았다. '세상에 둘도 없는 자식' 인 양 무릎 위에서 놀리다 말을 잘 듣지 않는다며 심하게 맞았으니 아이는 또 얼마나 혼란했을까? 묘하게도 이 아이는 돌맹이를 하나 던져도 남의 집 장독을 깨고 유리를 깼다. 저는 맞아 터져도 욕만 먹는데 손이라도 댄 애는 치료비까지 물어줘야 했다. 그러나 그림에 소질이 있었다. 공을 그리면 날아가는 듯이 그렸다. 결혼해서도 어지간히 불화하고 속을 썩였다. 약빠르지 못하고 자기 욕심도 못 부리는 심성을 지녔지만 하는 일이 자꾸 뒤틀렸다. 그게 다 아버지 탓인 것만 같아 화가 났다. 내가 아버지와 싸운 까닭은 항상 동생들 때문이었다.

가엾은 막내······.

막내 동생은 어릴 때 역사 선생님이 되고 싶어했다.

"우리 식구들은 대학교에 합격해도 좋아하는 사람이 아무도 없어."

외국어대학교 사학과에 합격한 후 막내 동생이 했던 말이다.

그때는 원풍에서 해고된 후 척박하게 살던 때라 동생의 공부에 관심이 덜했다. 동생은 등록 마감일 몇 시간을 남겨두고 형과 함께 나를 찾아왔다. 이상하게 화가 났다. 급하게 마련하여 보낸 후 두고두고 마음이 편치 않았다. 좋게 해줄 걸. 어차피 달리 방법도 없는데.

그런데 동생이 대학 가더니 데모를 하는 것 같았다. 속으로는 안 했으면 싶었다. 하나라도 제대로 자리 잡아야 우리가 살지. 그러더니 1학년 말에 학교를 그만두고 싶어했다. 전공을 사학에서 일어로 바꾸어 공부하고 싶어했다. 나는 등록금이 아까워, 또 1년이 지나는 게 아까워 그냥 다니라고 했다. 누나가 그러라면 다녀야지, 동생은 포기했다. 졸업한 후 동생은 일본으로 유학 가서 다시 일본어학 전공을 선택해 대학 1학년부터 시작했다. 그때 땅을 치고 후회했다. 내 몰이해와 이기심이 4년을 허송세월 만든 것이었다. 동생은 스스로 벌어서 유학을 마쳤고 식구들 일에 보태기도 했다. 엄마가 임신중독이었던 탓에 낳은 후 돌보지도 못했고 아버지에게는 천덕꾸러기로 자랐지만 가장 성실하고 이성적으로 사고하는 동생의 어깨를 보면 듬직하지만 돌덩이가 얹힌 것처럼 무거워도 보인다.

암 수술

1987년, 민주화투쟁의 골목길에서 어지간히 최루탄가스도 들이켰고 전국 노동자대투쟁의 열기 속에 하는 일 없이 무지 바쁘기도 했다. 그러나 골목길을 달리며 무수히 흘렸던 눈물과 열정은 12월의 대통령 선거로 싸늘히 식었다. 다음 해, 그토록 종식시키고 싶었던 5월 광주 진압 주역인 군인의 정치는 계속되었고 서울올림픽을 개최한다고 부산하던 때였다.

원래 건강 체질은 못 되었지만 나쁜 바이러스가 내 작은 몸을 그리도 갉아먹고 있으리라고는 어찌 상상이나 했겠는가.

병은 사람을 가리지 않는다는 것을. 착한 사람, 나쁜 사람, 죽고 싶은 사람, 살고 싶은 사람 가리지 않는 것을. 사람에게 죽어도 될 만한 때라는 게 있는지 모르겠지만 적어도 부모 앞에 먼저 죽는 죽음은 안 되는 것이었다.

그런데 내가 암이라니? 외할머니, 동생……. 생채기가 난 가슴에 딱지도 앉기 전에 소중했던 사람들의 죽음을 연이어 겪었던 터였다.

입원을 앞두고 옥순이와 미용실에 갔다.

"좀 짧게 깎아주세요."

"왜 니 맘대로 짧게 자르라 그래?"

"원래 병원 입원하고 그럴 때는 단출한 게 좋아, 머리 감기도 성가시지 않을 거여."

"지 맘대로여."

옥순이 말이 일리가 있는 것 같아 미용사에게 머리를 맡겼다. 병원 검진할 때 옥순이와 함께 갔었고 보호자 역할로 의사의 진단을 들은 옥순이가 3기나 진행된 것을 감췄다.

원풍노조에서는 회의를 했다. 원풍노조 사건 때 대책위원을 맡으셨고 원풍노조와 인연이 많았던 이창복 선생님이 가톨릭병원의 도움을 구해 비싼 병원비를 해결해주었다. 원풍노조의 임태송이 간병을 하기로 정했다. 부모님께는 알리지도 못했다. 제발 부모보다 먼저 죽게만 하지 말아 달라고, 교회도 안 나가던 내가 간곡히 기도를 했다.

수술 후 캄캄한 중환자실에서 비몽사몽 중인데 방 지부장의 음성이 들렸다.

"선금아, 힘내, 〈평화신문〉이 나왔어. 김근태, 이해찬이 국회의원도 됐어."

그 와중에, 그 말이 위로가 되고 안정을 주었다. 김근태 씨와 이해찬 씨는 노동 문제에 관심을 많이 보여주었던 민주 인사였다. 그런 분들이 국회의원이 됐다니, 세상이 좀 좋아질 것 같아 그렇게 좋았다.

수술 후 회복 기간에 아버지 생일이 들어 있었다. 이상하게 생각할까 봐 외출을 해서 집에 다녀오는데 심정이 처량해졌다. 한 달 이상 입원해 있는데도 부모는 자식이 어떤 상태인지 알지도 못했다. 가족은 가엾고도 안타까운 관계, 애증이 교차되는 질곡이었다. 내가 아팠을 때도, 어려움이 생길 때도, 늘 나를 일으켜 세우고 보듬어준 것은 혈연 밖에 있는 또 다른 가족들이었다.

퇴원하는 날 봄바람이 부는 병원을 나오는데 콘크리트 바닥 틈에 풀이 파랗게 돋아나고 있었다. 나는 쭈그리고 앉아 작은 풀을 가만히 쓰다듬었다. 내 생명도, 풀 한 포기의 생명도 한없이 귀하고 소중했다. 어쩌면 이 체험은 내가 이후 노동운동하던 사람들이 모여 만든 녹색환경운동의 상근자로 활동하는 정신의 기초가 되었는지도 모르겠다. 사람도 자연도 소중해서 내 혼신의 힘을 끌어내어 최선을 다했고 애착을 지니는 운동이 되었다.

병원에 있는 동안 박순희 언니가 준 묵주를 돌리며 기도를 하던 나는 퇴원 후 성당에서 영세를 받았다. 내가 받은 영세명은 '베로니카'다. 예수가 골고다를 오를 때 손수건으로 예수 이마의 땀을 닦아준 여인, 그 순간 손수건에 예수의 얼굴이 새겨졌다는 이야기가 전해오는 이름이다. 나도 삶의 골고다 언덕을 힘겹게 오르는 사람들의 지친 땀방울을 닦아주는 사람으로 살고 싶다. 성당 활동으로 새로운 사람들도 만나며 동네에서의 삶에도 따뜻한 애착이 생겨났다.

쉰네 살에 새내기 대학생

나는 지금 대학 3학년이다.

삶이 지치고 고단해서 방향을 잡지 못하고 휘청거리던 2006년 가을, 공부를 좀 해보면 어떻겠느냐고 말하는 사람들이 있었고 수십 년 억제했던 배움에의 욕구가 되살아났다. 인터넷으로 공부하는 검정고시 준비는 재미있었다. 이청준의 소설 『눈길』을 읽고 해석을 들으며 원망만 잠재된 채 꼬여 있던 부모에 대한 내 마음이 반추되어 많이 울기도 했다. 다음 해 4월에 대방동에 있는 어느 중학교에서 고입 검정고시를 보는데 봄 햇살은 포근하고 기분이 좋았다. 병원에서 퇴원할 때 봄기운 받아 피어나는 풀잎이 경이로웠는데 나는 봄과 인연이 많은 것 같고 좋은 일이 있을 것 같았다. 검정고시 학원 차로 와서 도시락을 먹으며 부산한 사람들 속에 혼자 우두커니 있는데도 기분이 좋았다. 8월에 대입 자격 검정고시도 통과했다.

그러나 대학을 결정하는 것은 쉽지 않았다. 비싼 등록금을 내려면 가족들을 돌아볼 수가 없다. 번민을 거듭하는데 막내 동생은 적극적으로 지지했고 옥순이도 "언니가 행복해지는 것을 선택하라"고 했다. 가난한 집안의 맏딸로서 어렸을 때부터 습관적으로 나보다 가족을 먼저 생각하다 보니 나만 생각하는 게 마치 죄짓는 것 같았다. 쉽사리 결정하지 못하고 갈 팡질팡했지만 억눌렸던 욕구는 비어져 나왔다. NGO 활동 전형을 택해 서류를 내고 논술이라는 것도 봤는데 합격했다. 한 해 동안에 세 개의 시험을 합격했으니 '운수대통'한 것이다. 내 인생에 이럴 때도 있구나, 살아볼 만하구나, 새 세상이 열리는 것 같았다. 동생들과 조카들도 대단하다고 무척 기뻐했다. 가끔 "부모가 배운 사람들이면 어떻게든 너를 공부시켰을 텐데"라고 혼잣말처럼 하시던 엄마는 말이 없으셨다. 아버지는 헛기침만 하셨다.

2008년 3월에 쉰두 살 나이로 대학생이 되었다. 나는 자식이 없지만, 자식 같은 열아홉 살 아이들과 강의실을 옮겨 다니며 강의를 듣고 조별 발제를 위해 과제를 분담하고 앞에 나가 발표도 한다. 교수들은 따뜻하게 배려해주고 학생들도 따르며 지지해준다.

학교 뒷산 아래에 앉아 막걸리를 마시기도 하고 조별 팀 아이들과 홍대 앞 까페도 간다. 내가 철이 든 건지 안 든 건지, 스무 살인지 쉰 살인지 때때로 잊어버리며 원풍시절 이후 수십 년 만에 반짝이는 자긍을 느낀다.

"우리 엄마도 이모처럼 공부하시면 좋겠어요."

나같이 못 배워 마음 아픈 엄마를 둔 아이들은 특별한 친밀감으로 다가온다. 아이들이 예뻐서 끼어들어 웃고 배우기도 한다.

사회학을 주 전공으로 하고 사회복지학을 복수전공으로 선택했다. 사람들은 나에게 사회복지가 참 잘 어울린다고 말한다. 내가 사람을 좋아하고 잘 융화한다는 것이다. 사람을 존중하는 태도는 노동조합의 근본정신이다. 노동조합 활동을 통한 공동체적 가치의 훈련과 실천이 토대가 되었기 때문일 것이다. 그때의 삶은 내 몸 구석구석에 녹아들어 만나는 모든 관계의 기준이 되고 잣대가 되었다. 그로 인해 정당하지 않다고 생각되는 것에는 지나치게 경직되고 날카로워지기도 하지만 늘 약한 사람, 어려운 사람들에게 시선이 향하고 감싸 안게 된다.

성당에서 신앙생활을 하면서 소 공동체, 레지오마리아 등의 신심 단체에서 병환으로 누워 있는 사람, 궁핍한 생활로 어려움을 겪는 사람들을 찾아다니며 위로와 기도하는 활동을 했다. 성당 사람들은 내가 만나는 사람들을 보며 "베로니카 주변 사람들은 참 잘 사는 것 같다"고 말한다. 사람들과 관계를 맺으면서 언제나 원풍이라는 긴 끈이 연결되어 있다는 느낌을 받는다. 아마 원풍노조나 산업선교회 활동이 없었다면 나는 그저 남한테 해는 끼치지 않는 사람 정도로 살았을 것이다.

공부를 하면서는 내 안으로 시선이 향했다. 내가 살아온 게 무엇인지, 내가 서 있는 것이 어느 지점인지, 무엇이 나를 행복하게 하고 불행하게 하는지, 내가 정당하다고 생각한 것들은 왜 그런지, 부당한 것들은 또 왜 그런지, 하나하나 나를 중심으로 바라보게 했다. 보이지 않던 많은 것들이 새롭게 보였다. 배운다는 것은 결국 자신을 성찰하는 것이었다.

또 다른 나, 한국으로 온 '누이'들

지난 학기에 다문화사회와 관련한 수업 과정에서 필리핀에서 온 여성 노동자를 만났다. 직장에 다니는 아버지와 야채 장사를 하는 어머니 밑에서 고등학교를 다니던 그녀는 아버지의 실직으로 빈곤 상태가 되었다고 했다. 일자리를 찾던 그녀는 어머니 친구의 딸이 한국 남성과 국제결혼을 했는데 잘 살고 있다는 정보를 듣고 결심했다.

"한국 남성과 결혼하면 결혼할 때 용돈도 주고 서류 준비할 돈도 주고 결혼하면 또 돈을 준다기에……. 살 길이 생긴 것 같아 뛸 듯이 기뻤어요."

스물여덟 살인 그녀의 한국인 남편은 쉰네 살이었다. 그는 시멘트공장에서 왼팔을 잃고 하반신이 마비된 1급 장애인이었고 산재연금으로 어머니와 함께 생활하고 있었다. 결혼중개업자가 "팔이 없어도 괜찮니?"라고 물었을 때 무조건 "괜찮다"고 말했고 남자가 그녀를 '찍었고, 당첨' 되었다. "그런데 마구 눈물이 흘러내리더라"고 했다. 그녀는 딱 6개월만 살고 도망가려고 작정했었다. 그러나 그녀는 도망가지 못하고 안산의 어느 식당에서 일하며 월급을 받아 일부를 필리핀의 집으로 보내며 살고 있다.

"내가 돈을 부쳐줘서 부모님이 살아갈 수 있고 동생이 대학 공부를 할 수 있으니 갈 수가 없어요."

그녀의 말은 어린 날 식모살이를 떠났던 나의 말이었다. 내 형상을 되받아 낯설고 냉정한 사회에 발 딛고 서 있는 그녀를 보며 파장이 일었다.

아버지가 실직하면 어머니나 딸이 나서야 했다. '나라가 구제하지 않는' 빈곤의 희생물은 일차적으로 여성이었고 국가를 초월하고 시대를 초월하는 견고한 현실로 내 앞에 서 있었다. 건널 수 없는 강처럼 아득하게 기득권의 강고한 카르텔로 형성된 도대의 불병등은 강산이 몇 번이 바뀌고, 정권이 수차례 바뀌고, 목청껏 민주주의를 외쳤어도 여전히 견고히 불평등하다. '도망가지 못한' 채, 자신의 인생은 없이 사는 그녀와 나는 다를 것도 없었다.

내 삶에서 자유로웠던 적이 얼마나 있었을까.

식모살이 할 때 부당하게 나를 때렸던 폭력, 노동조합을 파괴하고 길거리로 내쫓았던 폭력, 블랙리스트를 만들어 취업도 못 하게 방해한 국가권력의 폭력, 아버지란 이름의 폭력, 이 모든 폭력들은 얼굴만 바꾼 채 여전히 나를 옭아매고 있다. 행복하기 위해 살아야 하는데, 자본의 거대한 시스템에 동화되지 않으면 불안하고 밀려날까 두려워하며 산다. 순간순간 컨베이어 벨트의 나사를 조이며 기계 속에 휘말려 들어가는 찰리 채플린처럼 그렇게 허덕거리며 살고 있는 자신을 보게 되는 것이다.

부자유와 억압의 순간마다 아버지를 떠올렸다. 아버지는 원하는 방식으로 자식을 교정하고 싶어하고, 국가는 국민을 원하는 방식으로 '개조'하고 싶어한다. 아버지는 당신 삶의 억압된 욕망과 좌절을 위악으로 표출하고, 항변할 길이 없는 자식들은 무력하게 적응해간다. '정당성'의 문제는 논할 수도 없이 습관처럼 익숙해지고 '당연'해져버린다.

나는 산업선교회에서 그룹 모임 하던 날들이 좋았고, 원풍노조에서 자존으로 빛나던 날들이 좋았다. 그 날들은 엄마의 박꽃 같은 웃음에 포근히 스며드는 것 같은 날들이었다. 그런데도 나는 매순간 엄마의 웃음을 빼앗는 아버지의 옷을 사고 아버지가 좋아하는 음식을 챙긴다. '평화'라는 이름으로, '가족'이라는 이름으로, '국가'라는 이름으로 내게 순응을 요구하는 많은 것들과 '적절히' 타협한다. 엄마처럼, 필리핀에서 온 여성처럼, 나도 떠날 수가 없다. 그래서 폭력은 더욱 폭력의 자리를 든든히 한다.

문제는 자신을 깨는 것이었다. 엄마의 웃음을 더욱 환하게 하기 위해, '새도 알을 깨고' 날아오르듯, 내 신경의 '평형 상태'를 깨야 한다. '정상'으로, '규범'으로, '질서'로, '도덕'으로 강제되어 어느 장관의 망언처럼 '세뇌'되어 갇혀 있는 내 본질의 자유로움을 당당히 사유하려면 나를 깨야 한다. 그러나 나를 강제해온 이 두꺼운 벽들을 깰 연장은 무엇이어야 할까. 나는 숨이 차고 버겁다.

나는 좌절된 욕망의 통로를 종교의 품과 대학 공부로 타협한다.

무엇을 생각하며 남은 인생을 살아야 할까.

긴 여름이 갔다.

2010년의 여름은 길고도 더웠다. 입추, 처서 다 지났건만 9월 초까지도 더위가 기승을 부릴 것이라 한다. 예전에 없던 계절의 반란이다.

기관지천식을 달고 사는 나는 계절의 변화에 민감하다. 여름에는 에어컨이 고통스럽고 겨울에는 찬바람이 힘겹다. 인위적으로 계절을 압제하는 장치들이 건강 때문에도 싫은데 그게 또한 지구의 재앙을 부추기니 마치 세상의 구원자라도 되어야 하는 양 조바심을 내기도 한다. 가을이 무르익는 10월에는 해마다 만나는 원풍의 벗들이 모여들 것이다. 제주도의 명화, 강원도의 춘자, 전라도의 영희, 경상도의 정숙, 충청도 순댓국집 아줌마, 선호, 순옥, 순자…….

벌써, 가슴이 뛴다.

아버지의 카메라에 담긴 채 긴 여행을 했다.

여전히 나는 아버지의 렌즈 안에 담겨 있다.

아버지는 나를 흙벽 담에 기대 세우고 하나 둘 셋을 외친다. 햇빛이 좋았던가, 눈이 부셨다.

아카시아 꽃, 어느 여자

02 차언년 이야기 김이정

차언년 1963년 충남 공주군 장기면의 산으로 둘러싸인 산골에서 3남2녀의 맏딸로 태어났다. 지독한 가난으로 초등학교만 졸업한 후 상경하여 1976년 2월 4일, 열네 살의 어린 나이로 원풍 모방에 입사하였다. 소모과 선별실에서 6개월 근무 후 정사과로 옮겼으며, 일하면서 삼성실업중학교를 졸업했다. 백마그룹이라는 소그룹과 탈춤반 활동에 빠져 신명나고 행복한 회사 생활을 했다. 1982년 노동조합 대의원이 된지 얼마 되지 않아 9·27 사건이 일어났고 2차 출근투쟁 때 플래카드를 만들어 시위를 하다가 연행돼 10개월 형을 받고 복역하던 교도소에서 성년을 맞았다. 1983년 8월 14일, 만기출소 하루를 앞두고 광복절 특사로 풀려났다. 그 후로도 톰보이, 시대 샤쓰에서 일했으며 안양의 노동회관에서 탈춤을 가르치기도 했다. 지금도 원풍이 가장 좋은 학교였다고 생각하며 여전히 노동자로 살아가고 있다.

1

저물녘 산길은 고적하기 이를 데 없다. 아직도 연둣빛을 벗어나지 못한 어린잎들이 종일 뛰어놀다 잠든 아이들처럼 조용하다. 혼자 걷는 발자국 소리가 검은등뻐꾸기 울음소리와 엇갈려 낮은 드럼 소리처럼 규칙적으로 들린다. 굽잇길을 도니 문득 낯익은 향기가 번져온다. 아카시아 꽃 향이다. 오른쪽 비탈길에 아카시아가 군락을 이루고 있다. 흰 꽃들이 검푸른 하늘에 주렴처럼 촘촘히 매달려 있다. 문득 속에서 들척지근한 물이 울컥 솟구치는 기분이다. 몸이 기억하고 있는 감각이다. 언년은 옛이야기 속의 한 장면처럼 오래된 기억을 떠올린다.

"보리쌀 닦아놨응게 소 빨리 뜯기고 와서 저녁밥 지어라. 저번처럼 또 심판 없이 놀다 오면 안 되야. 도환이 띠어놓고 가지 말고."

삶은 고구마 몇 개로 점심을 때운 엄마는 곡괭이를 짊어진 아버지를 따라 산에 가면서 언년에게 일렀다. 산을 개간하러 가는 길이다. 계룡산 자락 봉우리들이 병풍처럼 둘러쳐, 사방을 둘러보아도 오직 하늘만 보자기만 하게 보이는 동네였다. 논은커녕 밭뙈기조차 손바닥만 해 농사지을 땅이 턱없이 부족했다. 봄 내내 엄마 아버지는 눈만 뜨면 산을 개간하러 비탈을 올랐다. 두 사람이 한시도 쉬지 않고 삽과 곡괭이로 산을 파고, 나무를 캐고, 돌을 치워도 밭은 좀처럼 늘어나지 않았다.

"댕겨오셔유."

언년은 일찍 돌아와 저녁밥 지을 생각을 하니 벌써부터 입이 튀어나왔다. 오늘은 동네 친구들 전부 몰판댕이(문중 묘지)로 소 풀 뜯기러 가는 날이다. 단짝 친구 경옥은 물론 동갑내기 남자아이들도 같이 묏등에서 미끄럼도 타고, 말타기도 하고, 시영풀도 뜯어 먹고 늦게까지 놀기로 했는데 저녁밥을 지으라니, 아무래도 지난번 송아지를 잃어버리고 온 날 때문인 것 같았다.

그날도 아이들은 끌고 온 소를 칡넝쿨이 많은 산에 일제히 풀어놓고 몰판댕이서 놀고 있었다. 묏등이 반질반질하도록 미끄럼을 타느라 날이 어둑해지는 것도 몰랐다. 하늘색이 검푸르게 변해서야 소를 찾으니 소가 한 마리도 보이지 않았다. 현수네 소도, 경옥이네 소도, 철호네 소도 모두 사라져버렸다. 아이들은 그제야 흩어져서 소를 찾기 시작했다. 목청껏 소 울음소리를 냈지만 어디서도 대답은 들려오지 않았다. 날이 완전히 어두워서야 언년을 비롯한 일곱 명의 아이들은 죽을상을 하고 집으로 돌아왔다. 장남인 오빠보다 더 신주처럼 모시는 소를 잃어버린 언년은 맞아 죽을 각오를 하고 돌아왔다. 토담 구멍으로 집 안을 살폈다. 그런데 뜻밖에도 집 안에서 소 울음소리가 들려왔다. 언년은 조그만 토담 구멍에 눈을 박고 다시 한 번 안을 살폈다. 잃어버린 송아지가 우리에서 여물을 먹고 있었다.

"이때꺼정 워디서 뭘 했기로 소가 혼자서 집을 다 찾아오냐!"

집 안으로 들어가자마자 엄마의 새된 목소리와 함께 빗자루가 날아왔다.

"소들이 한꺼번에 동네로 오는디 내 참, 사람보다 낫어."

소를 발견하고 데려온 사람이 오빠인 모양이었다. 오빠는 잘난 척을 하며 엄마의 눈치를 살폈다. 언년은 얼른 달려가 송아지의 머리를 끌어안 았다.

'돌아와줘서 정말 고맙다, 소야.'

언년은 송아지에게 속으로 중얼거렸다. 엄마의 빗자루 세례야 하루에 도 몇 번씩 있는 일이니 서러울 것도 없었다.

오늘도 아이들과 소 풀 뜯기러 가기로 했는데 저녁을 하려면 혼자 일찍 돌아와야 할 것이다. 밥을 하지 않는 아이들은 어두워질 때까지 신나게 놀 텐데……. 게다가 도환이까지 업고 가라니 재밌게 놀기는 틀렸다.

"도환이나 델꼬 가지……."

언년은 엄마에게 들리지도 않게 중얼거렸지만 차마 큰 소리로 말하진 못했다. 그렇다고 엄마 아버지가 저 어린 동생을 데리고 산으로 갈 수는 없는 노릇이니 자신이 봐야 한다는 걸 언년은 잘 알고 있었다. 그래도 아 이를 업고 말타기를 할 생각하니 다시 동생 도환이 밉기만 했다.

언년은 부엌으로 들어갔다. 지난달 내내 오빠와 해 나른 나뭇단이 아직 은 좀 남아 있었다. 겨울이면 나뭇단을 키만큼 지고 팔러 나가는 부지런한 엄마 아버지 덕분에 집안에서 그나마 제일 칠칠한 게 나무였다. 나뭇단이 쌓인 맞은편 시렁 위, 귀퉁이가 깨져 기운 바가지에 보리쌀 한 줌이 담겨 있었다. 말 그대로 한 줌이다. 일곱 살 언년이의 두 손에 담으면 겨우 차고 남지도 않을 만큼이다. 오늘은 밥에 넣을 고구마도 없는지 보이지 않는 다. 아침에 쪄 먹은 게 마지막인 모양이었다. 봄까지 먹어야 할 고구마를 방으로 하나 가득 찰 만큼 해도 봄이 채 가기도 전에 바닥이 났다. 늘 밥 대신 먹기도 했지만 할아버지가 오가는 사람들을 불러서 쪄 먹인 탓이기도 했다.

언년은 엄마가 씻어놓은 바가지 속 보리쌀을 보니 저절로 배가 고파왔다. 아니, 속이 쓰렸다. 지난달에 꾸어온 장리 보리쌀이 그새 바닥이 난 모양인지 항아리가 텅 비어 있었다. 햇보리는 아직도 밭에서 초록 바람에 한들거리며 게으름을 피우고 있었다. 할 수만 있다면 밭에 가서 느려터진 보리이삭들을 때려서라도 누렇게 만들고 싶었다. 보리가 누렇게 익으면 타작을 해서 보리밥이나마 배가 차게 먹을 수 있으련만 게을러터진 보리는 아직도 초록색 가는 몸을 하늘거리며 익을 줄 몰랐다. 저 한 줌 보리쌀로 밥을 해봤자 다섯 식구에게 돌아갈 몫은 반 그릇도 되지 않을 것이다. 언년은 엄마가 씻어놓은 보리쌀을 쳐다보다가 다시 마당으로 나왔다.

"할아버지, 도환이 좀 잠깐만 봐줘유."

마루에 앉아 맞은편 산언덕을 희게 물들이고 있는 아카시아 숲을 한참 동안 쳐다보던 언년이 갑자기 제 몸보다 큰 소쿠리를 들고 나서며 소리 질렀다. 노름에 손을 댄 데다 돌아가신 할머니 대신 들인 여자가 강경의 집과 땅문서를 모두 갖고 달아나는 바람에 고향을 떠나 이 산골짜기로 들어왔다는 할아버지는 곰방대에 봉초 담배를 밀어 넣고 있었다.

검은 무쇠솥에 하얀 아카시아 꽃이 가득했다. 이 하얀 꽃들이 꽃이 아니라 쌀이라면 얼마나 좋을까. 언년은 솥 가득한 아카시아 꽃들을 두 손에 담아본다. 그래도 다행이었다. 꽃으로라도 이 큰 솥을 가득 채울 수 있어서. 언년은 솥바닥에 깔린 한 줌 보리쌀이 몇 배로 부풀어 허기진 배를 채

울 수 있길 간절히 바라며 솥뚜껑을 닫았다. 소나무 삭정이들이 오늘따라 유난히 불땀이 좋은지 타다닥, 소리를 내며 기세좋게 불꽃을 일으켰다. 일곱 살 언년은 어느덧 능숙하게 밥을 하기 시작했다.

"이게 뭐냐?"

밥상에 둘러앉아 모두들 침묵하고 있는데 제일 먼저 입을 연 것은 할아버지였다. 아카시아 꽃이 너무 푹 삶아져 꽃의 형체는 온데간데없고 꼬투리만 남아 흐물거렸다.

"왜들 안 먹어? 엄마 밥 먹어."

엄마는 수저도 들지 못한 채 고개를 숙이고 있었다. 아버지는 고개를 돌려 종이도 바르지 못한 흙바람 벽만 쳐다보았다. 까불이 오빠도 어른들의 침묵에 눌려 차마 밥숟가락을 뜨지 못한 채 눈치만 보고 있었다. 상 위에서 나는 들큰한 향내가 보리의 구수한 냄새와 섞여 묘했다.

"어린 게……. 어떻게 이걸로 밥을 할 생각을 다……."

엄마가 끝내 울음을 터트렸다.

"애비가 못나서……."

아버지도 결국 울먹였다. 오빠도 딩달아 두 눈에서 눈물방울을 뚝뚝 떨어뜨렸다. 할아버지는 빈 수저만 든 채 헛기침을 하고 있었다.

"우리 언년이가 식구들 멕일라고 아카시아 꽃을 이만큼이나 따서 밥 했는디 먹어야지. 당신도 어여 들어유."

엄마가 소매 끝으로 눈물을 훔치며 밥숟가락을 떴다. 밥그릇을 반도 채우지 못한 '아카시아꽃보리밥'이 누런 보리 사이에서 희끗희끗했다.

엄마가 아버지와 함께 일을 나가면 언년은 소쿠리에 밥을 담아 머리에 이고 엄마와 아버지가 일하는 밭으로 날랐다. 꽁보리에 고구마나 무, 감자, 쑥 따위를 섞은 밥에 반찬이라곤 풋고추나 양념도 제대로 못 넣은 신짠지가 다였다. 어떤 날은 오빠마저 놀러 나가고 없으면 동생 도환이를 광목 끈으로 허리에 묶어 업고 소쿠리를 이고 갔다. 반도 못 가서 처지기 시작하는 도환이가 곧 흙바닥에 닿을 듯 위태로웠다. 한 손으로 아이를 추켜올리며 한 손으로 머리에 인 소쿠리를 붙잡고 걷노라면 언년의 몸은 온통 끌리고 눌려 제대로 자랄 겨를도 없었다.

"아이고, 언년이 오늘도 핵교 못 가고 밥해 가는구먼. 기특도 허지, 어린 것이."

동네 아주머니들은 칭찬 반, 안쓰러움 반으로 언년을 쳐다보며 혀를 찼다. 하지만 언년은 그 아주머니들만 보면 온몸이 긴장됐다.

담배밭을 매던 날이었다. 동네 여자들이 모여 품앗이로 돌아가며 밭을 매는 날은 언년이 어김없이 학교 대신 밥을 해야 하는 날이었다. 그날따라 엄마는 외할머니가 아파서 외가에 간 지 사흘째가 됐지만 돌아오지 않았다. 아침부터 언년은 보리쌀을 씻느라 정신이 없었다. 혹시라도 어린아이가 해주는 밥이라고 타박이라도 들을까 봐 언년은 무릎 꿇고 앉아 보리쌀을 씻고 또 씻었다. 얼마나 문질러 씻었는지 손바닥이 얼얼했다. 엄마가 해놓은 열무김치와 풋고추를 따서 된장과 함께 차리느라 분주했다. 비록 반찬은 두 가지밖에 없지만 정성만은 차고 넘치는 밥을 채반에 담아 밭으로 이고 갔다.

"아이고, 언년아 넘어질라. 조심혀라."

친구인 경옥이 엄마가 뛰어와 채반을 받아 들고 간다. 그제야 뻣뻣하던 목이 가벼워졌다.

"이리들 와. 언년이가 점심 차려왔네."

경옥이 엄마가 담배밭에 벌레처럼 엎드려 호미질을 멈추지 않는 여자들을 향해 소리를 질렀다. 그제야 여자들이 하나둘 허리를 펴고 일어나 밭가로 나왔다. 늦은 봄 땡볕에 담뱃잎들이 분수처럼 치솟아 오르고 있었다. 땅이 척박해 제일 잘되는 작물이 그나마 잎담배여서 집집마다 담배 농사를 주로 지었다. 당연히 먹을 것이 부족했다.

"우리 경옥이 년은 동생 좀 보라고 혀도 밥만 먹으면 도망가서 해가 져야 오는디 언년이는 이 어린것이 이렇게 동생도 보고 밥하느라 핵교도 못 가고 이러니 참."

경옥이 엄마가 밥이 담긴 양푼을 사람들 앞으로 내밀며 혀를 찼다. 경옥이 엄마까지 네 명의 아줌마들이 둘러앉았다. 그런데 아줌마들이 선뜻 숟가락을 들지 않았다. 경옥이 엄마도 먼저 숟가락을 들고 앉았지만 밥은 뜨지 않고 앞산 봉우리를 보고 있었다. 나머지 세 아줌마들도 머리에 쓴 누런 베수건을 벗어 얼굴의 땀만 닦으며 돌아앉아 좀처럼 숟가락을 들지 않았다. 언년은 불안해졌다. 아줌마들이 왜 밥을 먹지 않는 걸까. 어린아이가 한 밥이라고, 보리쌀을 제대로 씻지 않았다고 생각하는 걸까, 아니면 밥이 제대로 되지 않은 걸까. 언년은 죄라도 지은 양 채반을 외면하고 서서 등에 매달린 동생의 엉덩이를 토닥이며 안절부절못했다. 도환은 어느새 잠이 들어 있었다.

아줌마들은 밥을 반만 먹고 남겼다. 경옥이 엄마의 재촉에 하는 수 없이 숟가락을 뜨긴 했지만 겨우 몇 번, 수저질을 하다가 끝내 손을 놓았다. 둘만 모여 앉아도 귀청이 아프도록 웃고 떠들던 아줌마들은 오늘따라 말없이 몇 번 수저질을 하더니 급히 밭 매던 고랑으로 돌아가버렸다.

"언년아, 잘 먹었다. 남은 밥은 가서 오빠랑 나눠 먹어라이."

경옥이 엄마가 채반을 머리에 이어주며 땡볕 아래서 난데없이 젖은 목소리로 말했다. 언년은 남은 밥을 다시 머리에 이고 집으로 가면서 다짐했다. 다음부터는 보리쌀을 더 깨끗이 닦아야겠다고. 아무래도 아줌마들이 아이가 닦은 보리쌀이라고 더럽다 생각해서 안 먹은 것만 같았다. 그날 이후 언년은 보리쌀을 씻을 때마다 손바닥에 온힘을 주고 씻고 또 씻었다. 얼마나 보리쌀을 비벼댔는지, 1년도 되지 않아 손바닥의 지문이 모두 닳아 없어지고 말았다.

"이 바보 같은 년아, 그 아짐씨들이 그날 밥 안 먹은 건 드러워서가 아녀. 하도 어린것이 밥을 해 옹께 그 밥이 차마 목구녕으로 안 넘어가더란다. 다들 애 키우는 에미들이니 맴이 짠해 못 먹은 걸 모르고 그렇게 죽어라고 보리쌀을 비벼댔단 말이여?"

엄마는 다 닳아 반질반질해진 언년의 손가락을 어루만지며 눈가에 이슬이 맺혔다. 언년은 그제야 안심하고 보리쌀 닦을 때마다 바가지가 뚫어질 만큼 비벼 닦는 습관을 버렸다. 이제는 밥하는 일이 공부하는 것보다 훨씬 익숙해져버렸다.

언년은 벗어나고 싶었다. 등에 매달린 동생도 떼버리고 머리에 인 밥그릇들도 버리고 동네 양지터에서 놀고 있는 아이들 틈에 섞여 집에서 엄마가 부를 때까지 흙바닥에서 종일 뒹굴며 놀고 싶었다. 아니 학교에 가고 싶었다. 해마다 새 학년이 되면 한 며칠 빠끔하게 학교에 나가다가 농번기가 시작되기 무섭게 밥을 하고 동생들을 돌보느라 절반도 다니지 못하는 학교에 가고 싶었다.

6학년 1학기였다. 담임선생님이 집으로 찾아왔다.

"언년이가 너무 학교를 안 나와서요."

집안 형편을 모르지 않는 담임선생은 그래도 학기 초에 일주일쯤 다니고 나선 계속 결석하는 학생을 지도해야 하므로 어려운 걸음을 한 참이었다.

"죄송해유. 핵교를 댕길 형편이 아닌디 그만두라고 헐 수도 없어서 애를 그냥 이러고 있네유. 몸집은 작아도 워낙 어려서부터 어른 몫을 하는 애라서유."

언년은 이제 집안에선 없어선 안 되는 일꾼이 돼 있었다. 겨울이면 오빠와 함께 산에 가서 삭정이를 한 아름씩 해왔고 여름이면 담배 일도 어른 못지않게 해냈다. 담배를 수확하면 담뱃잎을 열두 가지 색깔로 구분해서 꼭지를 지어야 하는데 언년은 어른보다 눈이 더 정확하고 손도 더 빨랐다. 늘 일이 우선이다 보니 학교보다 담배 작업을 하거나 밥을 지어 나르거나 동생들 거둬야 하는 날이 더 많아졌다.

지난해에는 동네 사람의 소개로 대전에 아기보기로 갔다가 돌아온 적도 있었다. 처음엔 아기만 봐달라고 했던 낯선 집은 가자마자 기저귀 빨래와 밥까지 시켰다. 집 떠나 있는 깃도 서러웠던 언년은 일주일 만에 집으로 돌아와버렸다. 그러는 사이 학교는 같은 반 아이들의 이름도 다 모를 정도로 드문드문 나갔다.

"그래도 아직 어리니 학교를 먼저 보내주세요. 아직은 공부를 해야 할 때잖아요."

교대를 졸업한 지 얼마 되지 않은 총각 선생은 언년의 머리를 쓰다듬으며 안타까워했다.

"슨상님, 지발 시간 나는 대루 언년이 핵교 보낼탱게 국민핵교 졸업장은 받게 해주셔유."

졸업장은 무엇에 쓰라고, 엄마와 아버지는 죄지은 사람처럼 고개를 조아리고 선생님에게 사정했다. 언년은 부모들이 말한 졸업장보다, 다른 아이들처럼 학교에 가서 교실에서 책상에 낙서도 해가며 친구들과 놀고 싶을 뿐이었다. 하지만 부모들의 사정 덕인지, 그 후로도 여전히 학교를 제대로 못 다닌 언년은 초등학교 졸업장은 무사히 받을 수 있었다. 부모는 그것이 처음이자 마지막 졸업장이 될 거라는 걸 알았던 걸까, 그렇게 선생님에게 졸업장을 받게 해달라고 사정을 한 이유가.

"정환이 핵교도 보낼 수 있을지 모르는디 어떻게 언년이를 중핵교 보내?"

초등학교 졸업 무렵이었다. 고구마가 절반을 차지한 방 한구석에 누워 미처 잠이 들지 못한 몽롱한 잠귀 속으로 아버지의 목소리가 들려왔다. 엄마와 옥신각신, 말다툼하는 모양이었다. 동갑내기 동네 친구 일곱 명 중 혼자만 중학교에 진학하지 못하게 된 언년이 중학교 보내달라고 부엌 찬장 뒤에서 일주일을 운 끝이었다. 형편을 모르지 않지만 그래도 중학교는 꼭 가고 싶었다. 교복을 입고 가방을 들고 면소재지까지 다니는 동네 언니들을 볼 때마다 언년은 늘 미래의 자신의 모습으로 상상해보곤 했었다. 그런데 교복 한 번 입어보지 못한 채 학교생활을 여기서 끝내야 한다니 너무 억울했다.

"그래도 저렇게 가고 싶어하는디……."

엄마의 한숨 같은 목소리가 또 울컥하게 만들었다.

"둘 다 공부시키면 을마나 좋겠어. 다 부모 잘못 만난 지들 팔자지 어쩌졌어. 그려도 장남이 우선 중핵교라도 지대로 졸업해야지, 지지배야 공부 안 혀도 나중에 시집만 잘 가면 되잖여."

엄마의 말은 씨도 안 먹히는 아버지의 태도에 결국 또 눈물이 삐져나와 언년은 머리맡에 모셔놓은 빨간 가방을 끌어안았다. 중학교 못 보내주니 이거라도 사 주겠다며 엄마가 지난 장날 사 온 중학교 가방이었다. 언년은 그 빨간 가방을 들고 학교에 다니고 싶었다. 중학교에 가서 영어라는 혀 꼬부라지는 공부도 하고 싶었고, 교복 입은 채 자전거도 타고 싶었다. 그러나 언년에겐 그 모두가 그림의 떡이었다. 어려서부터 공부를 잘한 한 살 많은 오빠 정환도 중학교를 더 다니지 못할 형편이라 했다. 엄마와 아버지가 하루 종일 따개비처럼 땅에 엎드려 일을 했지만 밥 먹는 것도 힘이 들었다. 아니 낮으로도 모자라 캄캄한 밤에도 엄마와 아버지는 일을 했다. 밤에 잠에서 깨어 엄마가 보이지 않으면 언년은 호야등을 들고 밭으로 갔다. 그때까지 엄마와 아버지는 밭에서 돌을 골라내고 있었다. 언년은 캄캄한 밤에도 밭 개간 일을 놓지 못하는 부모를 위해 팔이 아프도록 등을 들고 서 있기도 했다. 하지만 온 식구가 잠을 아껴가며 아무리 일을 해도 보리밥조차 넉넉히 먹지 못하는 사정은 나아지지 않았다.

"엄니, 나 서울로 좀 보내줘유. 돈 벌어 오빠 공부 내가 시킬텡게."

다음 날 아침, 언년은 밤새 울어 퉁퉁 부은 눈으로 엉뚱한 말을 내뱉고 말았다. 다시 한 번 중학교 보내달라고 떼를 써보자고 내내 다짐했던 지난 밤의 결심이 아침이 되자 전혀 엉뚱하게 튀어나와버렸다.

2

처음 타는 기차였다. 설 다음 날인 1976년 2월 3일, 열네 살의 언년은 서울행 기차를 탔다. 가방을 가슴에 품은 언년은 아직도 눈물이 가시지 않은 얼굴이었다. 기차역에서 끝내 눈물을 보인 엄마와 아버지 그리고 오빠의 얼굴이 차창에 번갈아가며 떠올랐다.

"첫째도 조심, 둘째도 조심혀야 혀. 언니들 말 잘 듣고."

엄마는 아직 젊은 나이에 갈퀴가 돼버린 손으로 언년의 머리칼을 넘겨주며 당부했다. 옆 동네의 낯선 언니 둘이 일행이었다. 열일곱, 열여덟 살이라는 언니들은 제법 키가 커서 그렇잖아도 작은 언년을 더 작고 어려 보이게 했다.

"너, 구두 처음 신지?"

세 발짝 가다 넘어지고 또 세 발짝도 못 가 다시 넘어지는 언년을 부축하며 열일곱 살 명숙 언니가 깔깔거렸다. 엄마가 사 준 구두가 너무 높아 도무지 걸음을 걸을 수가 없었다. 높은 구두에 가방까지 들고 걸으려니 생전 처음 온 서울 구경은커녕 땅만 보고 걷기도 힘들었다.

"거기가 열일곱 살부터 받아준다니께 이거라도 신고 가서 열일곱 살이라고 혀."

엄마는 자신도 신어보지 않은, 굽이 5센티도 넘는 빨간 통굽 구두를 사주며 단단히 일렀다. 가방 안에는 이경순이라는, 친구 경옥이 언니의 주민등록등본이 들어 있었다. 언년보다 세 살이 많은 언니였다. 동네 사람의 친척 되는 사람이 언년이 갈 공장 식당에서 일한다고 했다.

"그나저나 너 그 한자 단단히 외워 써야 돼. 여기까지 와서 떨어지면 어쩌냐."

소개받은 공장이란 데는 시험도 본다고 했다. 소개해준 사람이 알려준 바에 의하면 '공장'이라는 글자와 자기 이름을 한자로 쓰는 문제가 나온다고 했다. 알고 보니 엄마가 소개비 조로 식당 아줌마에게 돈을 준 모양이었다. 3만 원이라는 거금을 받은 노무과장이 미리 알려준 문제였다. 장인 공(工), 마당 장(場). 식당 아줌마 집의 작은 방에 셋이 앉아서 '工場'을 50번도 더 써봤다. 언년은 미리 경옥이 아버지에게서 배워온 '이경순'이라는 이름도 쉰 번쯤 써보았다. 아무리 여러 번 써도 자신의 이름 같지는 않았다. 평소에는 누가 부를 때마다 부끄럽고 창피한 이름이었지만, 그때만큼은 자신의 이름인 언년을 쓰고 싶었다. 이경순이라니, 자기 이름을 버리고 남의 이름으로 살아가야 할 서울 생활이 더 두려워졌다.

6학년 때 선생님 말로는 '언년'은 '어느 년'이라는 뜻이라고 했다. 할머니나 엄마들처럼 나이가 많거나 아니면 옛날부터 여자들에게 함부로 쓰던 언년이란 이름이 그녀에게 붙은 이유는 면서기 때문이었다. 할아버지가 지어준 차경환이라는 이름으로 출생신고를 부탁받은 면서기는 그걸 잊었고 나중에 마음대로 여자아이니 언년이라고 하라며 호적을 차언년으로 올려버렸다고 했다. 정환, 도환, 이환이라는 형제들의 항렬을 따라 지은 경환이란 이름 대신 언년이라니, 남들이 부를 때마다 언년은 대답도 하기 싫었다. 하지만 그 이름마저 이제 쓰지 못하고 경순이란 이름으로 살아가야 한다니, 낯선 서울 땅이 더 서먹서먹했다.

"경순아, 밥 먹으러 가자."

같이 입사한 명숙 언니가 언년의 방으로 왔다. 경순이 언년의 본명이 아니란 걸 알면서도 명숙 언니는 천연스레 잘도 불렀다. 입사하고도 일주일이 넘게 구두를 신고 다닌 언년을 틈만 나면 부축해준 언니였다. 혹 나이가 들통 날까 봐 구두를 벗지도 못하고 계속 신고 다니느라 생고생이었다. 그동안 공장사람들 앞에서 넘어지기도 여러 번 했다.

"너, 그거 안 벗어던질래? 쪼그만 게 무슨 멋은 그리 부리는지……."

조장의 한마디에 언년은 그 길로 통굽 구두를 벗어 던졌다. 늘 공중에 떠 있는 것 같다가 비로소 땅에 내려온 기분이었다. 더 이상 나이 어리다고 잘릴 것 같지는 않았다.

공장 생활은 생각보다 어렵지 않았다. 대방동의 원풍모방이라는 공장에 들어온 지 한 달도 되지 않았지만 언년은 두렵고 무서웠던 서울 생활이 생각보다 훨씬 쉽다는 걸 얼마 되지 않아 깨달았다. 종일 귀가 먹먹해지는 기계 앞에 서서 똥오줌이 묻은 양털을 골라내며 먼지를 마시더라도 지문이 다 닳도록 보리쌀을 씻어 열 명, 스무 명의 밥을 해 나르고 동생들 돌보며 밭 매고 담배를 짓는 일에 비하면 훨씬 수월했다. 아침부터 저녁까지 일이 끊이지 않았고, 밤이 되어도 떨어지려 하지 않던 동생을 등에 매달고 자던 고향에 비하면, 일하는 동안은 내내 서서 잠시도 한눈을 팔 수가 없지만 그래도 여덟 시간만 일하고 나면 쉴 수 있는 공장 일이 훨씬 견딜 만했다. 게다가 기숙사에 가면 뜨거운 물이 펑펑 나오고 저녁 먹고는 강당에 가면 시골엔 두 대밖에 없던 귀한 텔레비전을 실컷 볼 수도 있었다. 아니 무엇보다 좋은 것은 밥을 배불리, 실컷 먹을 수 있다는 것이었다.

공장에 들어온 첫날, 점심시간에 식판에 담긴 뜨겁고 노란 밀쌀밥을 보자 언년은 정신없이 먹기 시작했다. 누가 먹는지 안 먹는지, 살필 겨를도 없이 밥을 퍼먹었다. 마파람에 게 눈 감추듯 먹어치운 식판을 들고 배식에 가면 밥을 더 주었다. 언년은 밥을 몇 번이나 다시 타 먹었는지 기억도 나지 않았다. 옆에 있는 명숙 언니와 말 한마디 나눌 겨를도 없이 밥만 먹었다. 일할 때도 하루 세 끼, 밥 먹는 시간만 기다려졌다. 그렇게 일주일 동안 미친 듯이 밥을 먹었다. 일주일이 지난 저녁, 식판 앞에 앉아 밥을 먹으려던 언년은 갑자기 왈칵 눈물을 쏟았다. 감자 섞인 보리밥마저도 양껏 못 담은 집 식구들의 밥상이 그제야 떠올랐다. 엄마와 아버지는 지금도 아이들에게 한 숟갈이라도 더 먹이려고 밥을 굶고 있을 것이고 오빠와 동생들은 모자라는 허기를 말린 고구마나 무로 달래고 있을 것이다. 그날 언년은 터져 나온 울음을 멈추지 못한 채 끝내 수저를 놓고 말았다. 집에선 한 번도 먹어보지 못한 세 끼 밥을, 혼자 배불리 먹는 게 꼭 죄짓는 것만 같았다.

"우리 딸 어디 갔어?"

박씨 아줌마 목소리였다. 언년은 더러운 양털 더미 너머로 몸을 숨겼다.

"우리 딸, 아직도 밥 먹고 있나?"

아줌마는 언년이 숨은 곳을 알면서도 일부러 늘 언년을 찾는 척하곤 했다. 중학교 1학년이라는 막내딸과 동갑인 언년에게 늘 '우리 딸'이라고 하며 엄마처럼 대해주는 동료였다. 한창 학교 나닐 나이에 공장에 들어온 언년을 안쓰럽게 쳐다보며 늘 웃어주는 아줌마들 덕에 언년은 첫 직장 생활이 덜 외로웠다. 공장 2층에 있는 소모과 선별실은 언년처럼 갓 입사한 신입들도 있지만 박씨 아줌마처럼 나이 든 사람들도 있었다. 여기서 6개월만 일하고 나면 양성공 신세를 벗어나 원공이 된다고 했다. 원공이 되면 월급도 오를 것이고 그 월급은 오빠의 학비가 될 터였다. 그 생각만 하면 언년은 가슴이 뿌듯했다. 가끔 식당에서 중학교 교복을 입고 밥을 먹은 후 급히 가방을 들고 학교로 가는 동료들을 볼 때마다 부러움에 가슴이 쓰렸지만 언년이 일해서 번 돈으로 오빠가 학교를 계속 다닐 수 있다는 생각을 하면 그 부러움이 좀 가라앉았다.

"어떡하든 장남이 잘돼야 집안이 일어슨단다. 거기다 늬 오빠가 공부를 좀 잘혀야 말이지."

기차역에서 언년을 떠나보내며 엄마가 탄식처럼 내뱉은 말이 늘 메아리처럼 울렸다. 오빠는 항상 공부를 하고 있었다. 겨울날 언년과 함께 삭정이를 주우러 산에 갈 때 외에는 더운 여름에도 작은 방에 앉아 종일 주산과 산수 문제만 풀었다. 때론 밥도 쪽문으로 넣어주는 걸 받아먹고 나오지 않았다. 그런 오빠가 더 이상 공부를 할 수 없다는 걸 생각하니 언년은 자신의 중학교 진학이 어렵지 않게 포기되었다.

돈을 벌어야 한다. 언년은 한시도 그 생각을 잊은 적이 없었다. 집을 떠나 낯선 이곳까지 와서 일을 하는 목적은 오로지 하나였다. 언년은 잔업이 있다면 언제든 가장 먼저 손을 들었다.

"난 돈 벌러 왔응게 일을 시켜주셔유."

키 작은 언년은 그토록 좋아하는 텔레비전도 포기하고 잔업을 했다. 어떤 날은 열여덟 시간 동안 작업을 하기도 했다. 회사가 호황이어서 사원도 2000명이 넘었고 일감도 넘쳤다. 텔레비전을 못 보는 것이 아쉬웠지만 하는 수 없었다. 언년은 늘 애국가가 끝날 때까지 강당에 앉아 텔레비전을 본 덕에 드라마는 물론 시엠송까지 모조리 외웠다.

하늘에서 별을 따다 하늘에서 달을 따다 두 손에 담아 드려요.

시엠송이 흘러나올 때마다 언년은 토씨 하나 안 틀리고 따라 불렀다.

그런 때는 영락없는 열네 살 소녀였다. 작은 상자 안의 세상은 정말 하늘에서 달과 별을 따다 주기라도 할 것 같았다. 어디든 갈 수 있고, 무엇이든 될 수 있을 것만 같은 요술 상자 속 세상. 언년은 언젠가 자신도 저 상자 속 사람들처럼 화사하게 웃으며 살아갈 수 있을까, 텔레비전을 보면서 꿈꾸곤 했다.

저 푸른 초원 위에 그림 같은 집을 짓고 사랑하는 우리 님과 한평생 살고 싶어.

가수 남진이 언년의 꿈에 풍선을 매달아 부추겼다. 언년은 노래 속의 그림 같은 집에서 엄마와 아버지, 오빠, 동생들과 함께 사는 꿈을 매일 밤 꾸었다. 그날을 위해 언년은 허튼 돈은 한 푼도 쓰지 않았다.

"어린 것이 지독하기도 하지. 첫 달에 4만 원 넘게 받더니 다음 달엔 금세 6만 원 넘게 받네. 두 달 동안 빨랫비누 산 거 말곤 내가 차언년이 돈 쓰는 걸 본 적이 없다니까."

기숙사 같은 방 언니들이 혀를 내둘렀다. 기숙사 언니들은 야근이 끝나면 자주 군것질을 했다. 언니들이 돈을 추렴해서 회사 밖 시장에서 만두나 떡볶이, 순대 같은 것들을 사다 먹을 때마다 언년은 옥상으로 올라갔다. 서울의 매캐한 공기가 공복 속으로 스며들어 더 허기지게 했다. 그때마다 언년은 별빛처럼 반짝이는 공장 주변 주택의 불빛들을 내려다보았다. 오빠가 공부를 다 마치고 나면 우리 식구들도 언젠가 저렇게 환한 불빛 아래 모여서 따뜻한 밥을 나눠 먹을 수 있겠지. 그렇게 생각하고 나면 언젠가 같은 방 선금 언니가 억지로 한 입 넣어준 매콤한 떡볶이와 시원한 오뎅국

물의 유혹을 이겨낼 수 있었다. 한번은 야식으로 만두를 사 먹던 날이었다. 같은 방 언니들이 만두를 사러 간 사이 언년은 또 슬며시 일어나 화장실로 갔다. 텔레비전도 다 끝난 시간이라 갈 데가 없었다. 잠시 후 선금 언니가 언년을 부르러 왔다.

"만두 먹자니까."

선금 언니가 소리 지르며 화장실 문을 두드렸다. 언년은 화장실 문을 잠그고 잠이라도 든 듯 아무 소리도 내지 않았다. 좁은 화장실에 쪼그리고 앉아 있자니 다리가 저렸지만 연신 코에 침을 바르며 참았다. 어린 언년은 얻어먹으면 자신도 사야 한다는 걸 잘 알고 있었다.

입사 후 열흘 째 되는 날이었다. 한 남자가 소모과 작업실로 들어오자 사람들이 저마다 활짝 웃으며 인사를 했다. 남자는 인사를 하는 영숙 언니의 등을 두들겨주었다. 언니는 입사한 지 1년도 넘은 사람이었다. 남자가 지나가는 곳마다 사람들이 몰려가 인사하거나 심지어 한 언니는 남자의 팔짱을 끼며 매달리기도 했다. 저 남자가 도대체 누군데 저리들 반가워하는 걸까. 언년은 남자를 유심히 보았다. 보통 키에 눈매가 순해 보이는 흰 얼굴의 남자는 특별히 높은 사람 같아 보이지도 않았다.

"누구래유?"

언년은 옆 자리의 박씨 아줌마에게 물었다.

"응, 지부장이여."

언년은 그러냐고 고개를 끄덕였다. 부장이면 높은 사람인데 이렇게 인기가 있는 걸 보면 좋은 사람인 모양이라고 생각했다.

다음 날 언년은 입사 동기인 명숙 언니와 함께 한 사무실로 불려갔다. 문

앞엔 원풍모방노동조합 사무실이란 나무 팻말이 붙어 있었다. 사무실 안은 책상 몇 개와 소파, 책꽂이 여러 개가 있었다. 책꽂이엔 책이 가득했다.

"너, 몇 살이나 먹었냐?"

명숙 언니 옆에 쭈뼛거리며 서 있는 언년을 쳐다보며 한 남자가 물었다. 어제 작업장에 오자 사람들이 저마다 웃으며 인사했던 남자였다.

"……."

언년은 대답하지 않았다. 입사하고 사람들이 나이를 물을 때마다 외워둔 대로 열일곱이라고 꼬박꼬박 대답했지만 남자 앞에선 쉽게 입이 떨어지지 않았다. 거짓말을 하느니 차라리 대답을 안 하는 편이 나을 것 같았다. 부장이라고 들었는데 나이가 어리다는 걸 알면 쫓아낼지도 모를 일이었다. 엄마가 사 준 통굽 구두를 괜히 벗었다는 후회가 밀려왔다.

"몇 살이냐니까?"

남자가 다시 부드럽게 물어왔다. 그래도 언년은 대답하지 않았다.

"아직 젖도 안 떨어졌겠는데 뭘. 엄마 젖 더 먹어야겠다 너."

남자가 사람 좋은 웃음을 흘리며 언년에게 말했다. 말하지 않아도 네가 몇 살인지 다 안다는 표정이었다.

"젖 다 먹고 왔슈."

꼭 다물고 있던 언년의 입이 터졌다.

"어이구, 그러셨어요?"

남자가 이젠 대놓고 놀리듯 웃어젖혔다. 옆에 있던 명숙 언니는 물론, 남자와 언년을 쳐다보고 있던 낯선 언니들도 따라 웃었다. 처음 간 노동조합이었다.

3

오후 작업이 끝나고 언년은 곧바로 노동조합 사무실로 향했다. 어느새 발이 알아서 저절로 가는 곳이 돼버렸다. 사무실에는 양승화 교육선전부 장이 책을 읽고 있었다. 정사과에서 함께 일하는 언니였다.

"언년이 일 끝났구나. 힘들었지?"

승화 언니는 친언니처럼 다정했다. 잔업으로 졸릴 때면 승화 언니는 양 털 뭉치가 쌓여 있는 틈에서 잠시라도 잠잘 수 있게 언년을 숨겨주곤 했 다. 언년은 승화 언니가 때론 엄마처럼 여겨지기도 했다.

"오늘 산선에 가는 날이지?"

"응. 오늘 도너츠 해 먹는 날이야."

몸은 무거웠지만 도넛 먹을 생각을 하니 벌써부터 고소하고 달콤한 맛 이 입안에 감돌았다. 도시산업선교회에 나간 지 다섯 달이 넘어가고 있었 다. 오늘은 입사 연도가 비슷한 또래 동료들과 함께하는 '백마'라는 소그 룹 모임이 있는 날이다. 처음엔 꽃꽂이를 했고, 다음은 한문 공부를 했다. 요즘은 케이크와 도넛을 만들어 먹기로 했다. 재료비만 내면 얼마든지 원 하는 것들을 만들어 먹을 수도 있었다. 다음 달에는 레크레이션과 노래를 배우기로 했다.

"시간될 때 이 책도 좀 읽어봐."

승화 언니가 내민 것은 『여공애사』라는 책이다. 저자 이름을 보니 일본 사람인 것 같다. 언년은 산업선교회를 오가는 버스 안에서, 그리고 기숙 사 한구석에서 시간 나는 대로 그 책을 읽을 것이다.

노동조합을 드나들면서 언년은 책을 읽기 시작했다. 책을 읽으며 언년 은 마치 다른 세상에 들어온 듯 놀라웠다. 세상에는 힘세고, 공부 많이 하고, 돈 많은 사람들만 사람대접을 해주는 게 아니라 자신과 같은 처지의 힘없고, 못 배우고, 돈 없는, 하찮은 사람들을 위해 일을 하는 사람들이 있고 이렇게 책도 나온다는 사실이 놀라웠다. 무엇보다 돈이 없고, 못 배우고, 힘없는 사람들도 돈 있고, 많이 배우고, 힘 있는 사람들과 똑같은 인간이고 똑같은 대접을 받으며 살 권리가 있다는 말이 언년은 하나님이나 부처님의 말씀처럼 들려왔다.

"다녀올게요."

언년은 책을 받아들고 서둘러 식당으로 향했다. 빨리 밥을 먹고 산업선교회에 가야 했다. 원풍에 들어온 지 아직 1년도 되지 않았지만 언년은 자신의 키가 훌쩍 큰 기분이 들었다. 모두가 노동조합 덕분이었다. 노동조합은 많은 것을 가르쳐주기도 하지만 세상에 대한 무서움도 없애주었다.

한 달 전이었다. 퇴근해서 기숙사에 올라갔는데 아무도 방으로 오지 않았다. 언년은 무슨 일인지는 모르지만 사람들이 많이 모여 있던 노무과 사무실로 가던 중이었다. 작업을 마치고 나오자 어디선가 사람들의 새된 목소리가 들려왔다. 한 여자의 날카로운 음성이 날아왔다.

"우리 아버지 내놔. 우리 아버지 내놔."

언년은 의아해 발길을 서둘렀다. 아버지라니, 자기 아버지는 집에 가서 찾지 왜 여기서 찾는 담. 발길이 노무과 사무실 앞에서 멈춰졌다.

"우리 아버지 내놓으라고!"

한 여자가 울부짖고 있었다. 자세히 보니 박광숙 언니였다. 친하지는 않지만 가끔 노동조합을 오가며 이름과 얼굴은 익힌 사이였다.

"저 언니 아버지가 누구래유?"

언년은 옆에 있던 사람에게 물었다.

"지부장님요."

지부장이라면 언년에게 엄마 젖 더 먹고 오라던 그 남자가 아니던가.

"그럼, 저 언니가 그 지부장님 딸이래유?"

언년의 말에 옆에 있던 사람들이 쿡, 웃음을 터트렸다.

"딸이 아니고."

언년은 그제야 지부장이 지씨 성을 가진 부장이 아니라 노동조합 지부장을 일컫는 말이란 걸 알았다. 그의 성은 지씨가 아니라 방씨였고 작업장에 올 때마다 그가 등 한 번 두드려주는 걸로 큰 힘을 얻는 조합원들은 그를 아버지처럼 따르고 있었다. 알고 보니 조합원들은 총무과의 민 계장과 김 차장이 고발해서 경찰서에 끌려간 지부장을 석방하라고 농성을 하는 중이었다. 회사 직원과 언쟁을 하던 방 지부장의 말을 총무과 직원들이 경찰에 고발해 회사 앞에서 신원 미상의 남자들에 의해 승용차에 태워진 뒤 소식이 두절된 상태라 했다.

잠도 안 자고 식당에 모인 여공들이 처음엔 돌아가며 하나씩 노래를 하기 시작하더니 이젠 합창이 되었다.

아침에 솟는 해는 우리의 동맥

여명의 종 울려서 지축을 돌린다

쉬지 않고 생산하는 영원한 건설자

〈노총가〉였다. 〈노총가〉에 이어 〈큰 힘 주는 조합〉이란 노래도 언년은 함께 앉아 배웠다. 낯설지만 어쩐지 힘이 솟는 것 같은 노래들에 이어 이필남 언니가 벌떡 일어나 노래를 부르기 시작했다.

노란 샤쓰 입은 말없는 그 사내가⋯⋯

　함께 박수 치며 노래하는 얼굴들로 햇살이 쏟아지는 것 같았다. 노래 중간 중간에 구호를 외쳤다. '방용석 지부장을 석방하라!' 누군가 흰 종이에 '우리를 도와주세요!' 라고 써 문에 붙여놓기도 했다. 노동조합 간부들과 일찍 일이 끝난 조합원들은 남부경찰서로 몰려가 항의하거나 사회 원로들을 만나 탄원하기도 했다. 모두들 아버지를 잃은 딸들 같았다.

　며칠 후 방 지부장이 돌아왔다. 그가 잡혀간 이후 하루도 빠짐없이 조합원들이 모여 기다리며 노래 부르고 있는 강당으로 지부장이 들어오자 조합원들은 일어나 펄쩍펄쩍 뛰었다. 죽은 아버지가 살아 돌아온 것처럼 큰 환호였다. 그들 속에 서먹하게 끼어 있던 언년은 놀랐다. 저 연약하기 짝이 없는 사람들이 모여 그를 돌아오게 했다니, 믿어지지 않았다.

　언년은 이제 노동조합 사무실을 기숙사 방보다 더 자주 드나들었다. 주말 오후, 온몸에 바람이 들어간 듯 몸이 부풀어 오르는 기분이다. 탈춤 연습이 있는 날이다.

　"충청도 꼬맹이, 잘 지냈어?"

　탈춤 선생, 상훈 형이다.

　"응, 형도 잘 지냈쥬?"

　만날 때마다 꼬맹이라고 놀리는 형이다. 대학교 3학년 학생인데 일주일에 한두 번씩 와서 탈춤반을 지도했다. 노동조합에서 가장 비중이 큰 탈춤반의 지도를 위해 모셔온 대학생 선생들은 언제든 회사에 드나들 수 있었고 특별 대우를 받을 만큼 인기도 좋았다.

"다른 형들은?"

"곧 올 거야."

처음엔 생전 처음 만난 대학생들이라 부끄럽고 기가 죽었지만 언년은 이제 더 이상 기죽지 않았다. 그들은 탈춤은 물론 때론 학교에서 배웠어야 할 어려운 역사를 가르쳐주기도 했지만 가까이서 보니 언년과 같은 공장 노동자들이나 크게 다를 바 없는 사람 같았다. 그들과 머리를 맞대고 대본을 짜다 보면 노동자들의 목소리는 언년이나 동료들이 훨씬 더 생생하게 만들어낼 때도 많았다. 언년은 점점 노동자로서의 자부심이 생겼다.

누군가 북을 치기 시작했다. 장구와 꽹과리도 박자를 맞췄다. 언년의 몸이 절로 꿈틀거렸다. 탈춤은 사람의 몸을 들썩이게 하는 무언가를 갖고 있었다. 춤을 추기도 전에 북소리만 들어도 이젠 흥분이 되고 심장이 뛰었다. 둥둥 울리는 북소리는 심장의 고동 소리와 꼭 닮은 것 같았다. 언년은 북소리를 들을 때마다 몸속 깊은 곳에 가라앉아 있던 것들이 북소리를 따라 일제히 일어나 마음껏 외쳐대는 것만 같았다. 그것은 무엇일까. 언년은 자기 몸 안에서 흔들리고 때론 솟구치고 부서지는 것들이 무엇인지 스스로도 궁금했지만 정확히 알 수 없었다. 못 배운 서러움이나 못 먹은 배고픔일 때도 있었고, 아무리 일을 해도 나아지지 않는 삶에 대한 억울함이나 분노일 때도 있었다. 아니 그것만은 아니었다. 탈춤을 추다 보면 때로 자신 안에 정말 그런 것이 숨겨져 있었던가 싶을 정도로 이해할 수 없는 신명이 일기도 했다. 비록 박자를 잘 못 맞춰 야단을 맞을 때도 많지만 언년은 탈춤을 추면 아무 생각도 나지 않고 그저 몸이 북장단에 맞춰 저절로 뛰고, 돌고, 멈추고, 솟구치곤 했다. 머릿속이 텅 비어버리고 오직 몸의 움직임만이 전부인 것 같은 순간, 더할 수 없는 희열이 찾아왔다. 온몸에서 전율이 일었다. 탈춤의 마력이었다.

"오늘은 지난주에 하던 대본, 마저 짜야 되니 빨리 시작하자."

탈춤반 언니들이 하나둘 모여들었다. 공장의 기계 앞에서 일할 때는 보지 못했던, 상기된 표정들이다. 잔업 후 잠도 못 잔 채 탈춤 연습을 하고 나서 곧바로 작업장으로 가 밤샘 근무를 해야 함에도 불구하고 모두들 이 시간을 잠과 바꾸려 하지 않았다. 박카스를 마시며 잠을 쫓는 한이 있어도 이 시간만은 모두들 신명이 났다. 언년은 탈춤도 좋지만 온몸에 땀을 흘리고 뒤풀이 자리서 마시는 막걸리 맛도 탈춤 못지않게 좋아했다. 어릴 적 할아버지 심부름으로 양조장에서 막걸리를 받아 오다가 표 나지 않게 한 모금씩 마신 막걸리 맛을 떠올리게 했다. 막걸리를 마실 때마다 할아버지와 엄마, 아버지, 동생들이 보고 싶기도 했다. 그리고 무엇보다 함께 땀 흘리고 함께 막걸리 잔을 나누는 탈춤반 동료와 언니들이 너무 좋았다. 어느새 가족보다 더 가까워진 사람들이었다. 언년은 지난 연습 때 대사를 잊는 통에 선생님한테 혼났던 대목을 혼자 연습해본다.

여러 동지들 억울하게 원통히게 죽은 내 밀 좀 들어보게. 나는 78년도 물탱크에 빠져 죽은 귀신인데 저승에 가서도 너무나 원통해 오늘같이 뜻깊은 날을 택해 생전에 쌓였던 이 몸의 한을 풀러 왔다네. 나로 말하자면 모 회사에서 6년이란 길고도 짧은 세월을 피가 마르도록 일했지만 월급은 쥐꼬리만 해 입에 풀칠하기조차 힘들어 월급 올려달라고 했더니 쇠파이프에 얻어맞아 실신한 나를 물탱크에 던져서 노잣돈 한 푼 없이 저승으로 떠났다네.

언년이 맡은 역은 병신이었다. 병신이나 노동자나 단숨에 감정이입이 되었다. 아니 자본가나 어용노조도 풍자하는 맛이 통쾌했다. 대본은 탈춤을 가르쳐주는 대학생들과 노동자들이 함께 만들었다. 지난번엔 일제강점기 때부터 한국전쟁 때까지, 조선방직 노동쟁의 사건에 대해 책을 읽고 토론하기도 했다. 수십 년 전의 일이었지만 사람대접 못 받는 건 그때나 지금이나 크게 다르지 않았다. 그때의 광목을 짜던 여공들이 지금은 모직을 짜고 있다는 게 다르다면 달라진 걸까. 비참한 환경에서 잠도 못 자고 죽어라 일을 해도 노동자는 여전히 배고픔을 면하지 못하고 있었다. 아니 일을 많이 할수록 삶은 더 비참해졌다. 이 생각을 하면 살아가는 일이 다시 암담하기만 했다. 시골에서 지금도 산을 개간하며 밤낮없이 일하는 엄마와 아버지가 그러하듯, 언년은 아무리 열심히 일을 해도 지금 이 순간에도 학교에서 공부만 하고 있는 또래의 아이들보다 더 나은 삶을 살지 못하리란 생각이 들면 온몸의 힘이 빠졌다. 열심히 일하는 사람이 잘산다는 건 순 거짓말이었다. 하지만 언년은 노동조합에 다니면서 이 암담함에서 희망을 보기 시작했다. 노동자들이 힘을 모으면 세상이 조금씩 나아진다는 것을 원풍에 와서 배우지 않았던가. 언년은 노동조합과 탈춤에 미친 듯 빠져들었다. 예상치 못한 변화였다.

"넌 제일 하고 싶은 게 뭐냐?"

언젠가 기숙사 방 언니들과 이런저런 이야기들을 하는데 문득 선금 언니가 언년에게 물었다.

"공부."

언년은 1초도 망설이지 않고 대답했다. 아니 그것은 비단 언년만의 꿈이 아니다. 2000여 명 원풍노동자들에게 다 물어봐도 가장 먼저 나올 대답이 '공부'였다. 그것은 섬유공장의 특성상 대부분이 여성 노동자들인 때문이었다. 언년이 그러했듯 가난한 집안에서 오빠나 남동생을 우선 공부시키기 위해 무엇보다 여성들의 희생을 요구했다. 원풍의 여성 노동자들도 대부분 가난 때문에 더 이상 공부를 못 하고 공장에 들어온 사람들이 었다. 더러 중학교나 고등학교를 졸업한 사람도 있었지만 언년처럼 초등학교를 졸업하거나 졸업도 못 한 사람도 있었다.

언년은 공부를 하고 싶었다. 그래서 언니들을 따라 한림학원 숙녀반에 잠시 다니기도 했다. 영어 알파벳도 언년은 한림학원에서 배웠다. 소위 종합반이어서 기초 한문과 꽃꽂이와 영어 노래도 가르쳐주었는데, 무엇보다 책을 끼고 영등포 거리를 걷노라면 일이 아니라 공부를 하고 있다는 생각에 가슴이 뿌듯해졌다. 언제나 일 때문에 포기해야 했던 공부를 일을 하면서도 할 수 있다는 사실을 새삼 깨달았다. 언년은 이제 학원이 아닌 학교가 다니고 싶었다.

학원에 가느라 영등포 버스 정류장에 내릴 때마다 교복을 입고 버스를 기다리는 또래 여학생들과 부딪쳤다. 하루는 빳빳이 풀을 먹인 흰 카라에 손수건으로 손잡이를 감싼 가방을 들고 버스를 기다리고 있는 한 여학생을 보았다. 유난히 흰 그녀의 얼굴을 흘깃거리는 남학생들의 시선을 의식해 오만하도록 고개를 치켜들고 서 있었다. 언년은 그녀의 치켜든 고개가 한없이 부러웠다. 먹어도 먹어도 늘 배가 고픈 듯한, 허기나 결핍이 없는 표정이었던 것이다. 언년이 끝내 알 수 없는 세계인 것만 같았다.

열일곱 살의 언년은 드디어 중학교 교복을 입고 거울 앞에 섰다. 감색의 치마와 흰 카라가 달린 자켓을 입고 가방도 들었다. 양털 먼지를 마시며 실을 만들고, 염색을 하고, 옷감을 짜면서도 늘 꿈꾸던 교복이었다. 잘 어울렸다. 셀 수도 없이 넘어지게 만든 통굽 구두를 신었을 때보다, 바지에 칼같이 주름 잡은 작업복을 입었을 때보다, 언니들과 딸기밭을 가는 날 차려입은 블라우스보다, 언년에게 가장 잘 어울리는 옷이었다. 언년의 친구들이 폼 안 나고 지겹다며 벗어 던지고 싶어하는 교복을 이제야 입게 된 언년은 거울을 보다가 코끝이 시큰해졌다. 열네 살 소녀를 그토록 울게 하던 교복을 열일곱 살이 돼서야 입은 것이다.

하지만 학교를 다니는 것은 생각보다 쉽지 않았다. 산업체학교라는 삼성실업중학교의 학생은 인근의 롯데제과, 해태제과, 원풍의 노동자들이 대부분이었는데 3교대로 하는 야간을 끝내고 가면 졸음이 쏟아졌다.

"자, 조금만 자고 일어나."

수업 시간마다 절반 이상의 학생이 잠을 자니 선생도 속수무책이었다. 하지만 모두들 학생이라는 자긍심에 졸린 눈을 치뜨며 수업을 했다. 간신히 중학교 졸업장을 얻은 언년은 내친김에 고등학교까지 가고 싶었다. 기를 쓰고 잔업을 한 월급을 한 푼도 쓰지 않고 꼬박꼬박 집으로 보낸 덕에 오빠는 고등학생이 되었고 동생들도 중학교 진학이 가능해진 집안 형편이 그나마 정신적 여유를 주었다.

"언년이 너, 왜 요즘 소그룹도 안 하고 노동조합 안 오니?"

고등학교 진학 때문에 한동안 뜸했더니 승화 언니가 찾아왔다.

"그냥…… 좀 바빴어요."

언년은 고등학교에 가려 한다는 말이 선뜻 나오지 않았다. 허기진 속을 들키는 기분이었다.

"이번에 네가 대의원 해라."

승화 언니의 말은 명령에 가까웠다. 아니 언년에겐 운명으로 들렸다. 대의원이라니, 대의원은 더 이상 다른 길을 곁눈질할 수 없는 사람이었다. 게다가 사주가 바뀐 회사는 정권과 결탁하여 노동조합을 깨기 위해 혈안이 돼 있었다. 때로 언년은 질끈 눈을 감고 노동조합을 외면하고 싶었다. 고등학교에 진학하고, 가능하다면 방송통신대학이라도 가서 자신의 앞날을 차분히 준비하고 싶었다. 바로 그때였다. 갈림길에서 망설이고 있는 언년에게 승화 언니가 느닷없이 표지판을 달아주는 것 같았다. 또래 아이들처럼 교복 입고 학교 다니고 싶다는 오랜 소원을 이루었지만 언년은 받아 든 졸업장이 어딘지 허전하기도 했다. 겨우 이거였던가. 허겁지겁 허기를 채웠다고 믿었는데 허기는 점점 더해가고 있는 이상한 기분이었다. 아니 졸업장은 노동조합과 탈춤반에 다니면서 언니들과 나눠 먹은 수박 맛만큼 시원하지도, 달콤하지도 않았다. 탈춤을 출 때 온몸으로 번지던 그 충만함을 어디서 또 얻을 수 있단 말인가. 무엇보다 노조가 잘돼야 노동자가 제대로 살아갈 수 있는 게 아니던가.

　그제야 언년은 한동안 자신을 사로잡았던 공부에 대해 의심이 들기 시작했다. 어쩌면 노동자라는 맨몸이 부끄러워 학생이라는 그럴 듯한 옷으로 자신을 가리고 싶어했던 것은 아니었을까. 말로는 공부가 하고 싶다면서 정작 원했던 것은 중학교, 고등학교 졸업장이 아니었을까. 언년은 고민에 고민을 거듭했다. 마침내 언년은 고등학교 진학을 포기하고 노동조합에 모든 걸 바치기로 마음먹었다. 적어도 학교보다는 노동조합에서 배운 게 훨씬 더 많다는 깨달음 때문이었다.

　권불십년이라는 말도 있다지만 언년이 태어날 때부터 대통령이었던 사람은 무려 18년간의 장기집권 끝에 부하의 총탄에 죽었다. 긴급조치라는 칼로 유지되던 정권 아래서도 호황을 누리던 섬유산업과 민주노조가 활짝 피었던 꽃의 시절은 그의 죽음으로 시작된 회오리에 휩싸이기 시작했다. 봄꽃처럼 짧은 자유의 시간이 지나고 광주에서 상상할 수 없는 학살이 일어났다. 봄에 피었던 꽃들이 한꺼번에 떨어지고 나무마저 고사의 위기에 몰렸다. 총을 든 군인들이 계엄령을 선포했다.

원풍은 그 삼엄한 계엄 하에서도 모금을 하여 잘려진 꽃들의 넋을 위로했다. 광주 희생자들을 위한 최초의 모금이었다. 그게 화근이었나. 아니 이미 신군부가 집권을 한 직후부터 시작된 민주세력 파괴 공작 중에 노동계에서는 원풍노조가 타깃이 되었다는 게 옳을 것이다. 지난 5월 이미 조합원들에 대한 회사 측의 야만적인 집단 폭행 사건이 있지 않았던가. 노무과장의 지시를 받은 경비원과 사원 30여 명이 정선순 조합장과 여성 조합원들의 옆구리를 걷어차고 옷을 찢고 가슴을 비틀고 짓밟았다. 그러나 경찰은 노조의 고발에도 불구하고 폭력을 저지른 자들을 조사조차 하지 않았고 언론도 정권의 하수인이 되어 노조를 오히려 폭도로 몰아 '도산(都産·도시산업선교)하면 도산(倒産)한다'는 유언비어를 날조하고 있었다.

조합원들은 1980년 합동수사본부 연행부터 그간의 탄압을 유인물로 만들어 지하철이나 거리에서 시민들에게 나눠주기 시작했다. 언년도 전방과의 임태송 언니와 지난 6월에 전철 안에서 유인물을 돌리다가 경찰서까지 잡혀가 무차별 폭력과 눈알을 빼버리겠다는 협박에 못 이겨 자인서를 쓰고 나온 적도 있었다. 누구도 편들어주지 않는 억울하고 서러운 일들이 계속되고 있었다.

추석을 앞둔 1982년 9월 27일, 노조 사무실로 이른바 구사대라는 폭력배들이 난입해서 정선순 조합장을 폭행하고 감금했다. 군복과 예비군복 따위를 입은 낯선 남자들이 호위하는 가운데 남자 주임들로 구성된 구사대들은 정 조합장에게 사표를 강요하며 고문과 폭력을 휘둘렀다. 혼절과 폭행을 반복하면서도 모진 고문을 버텨낸 조합장은 끝내 자루에 묶여 화곡동의 쓰레기 옆에 버려졌다. 조합원들은 노동조합을 사수해야 한다고 결의를 했고 그날부터 공장 안에서는 목숨을 건 단식농성이 시작되었다. 모처럼의 귀향에 들떠 있던 여공들은 추석 연휴도 모두 반납했다.

　경찰과 폭력배에 의해 봉쇄된 회사 안에서 농성이 이어지자 환자가 발생하기 시작했다. 좁은 농성장에 600여 명이나 모여 있기 때문에 공기가 몹시 탁한 데다 며칠째 이어진 단식으로 환자가 속출했다. 쓰러진 사람들이 인근의 병원으로 후송되었다.

　회사 측은 재빨리 단수를 해 세수는 물론 식수마저 모자랐다. 설상가상 폐쇄된 공간에 젊은 여자들이 모여 있자 신기하게도 집단으로 생리가 시작되었다. 생리대가 없어 신협 매점의 생리대를 모두 가져와도 모자랐다. 화장실엔 피 묻은 생리대와 씻겨나가지 못한 똥이 넘쳐났다. 전쟁과 다를 바 없는 아비규환이었다.

　농성 넷째 날 오후 6시, 회사 측은 200명이 넘는 폭력배를 동원하여 해산 작전을 시작했다. 농성장에 각목을 든 폭력배들이 들어와 조합원들을 끌어내기 시작했다. 조합원들은 스크럼을 짜고 소리를 지르며 저항했다. 언년은 신고 있던 신발을 던지며 소리를 질렀다. 하지만 단식으로 지친 여성 조합원들이 각목을 든 폭력배들을 당할 순 없었다. 찢겨진 작업복과 벗겨진 신발들이 농성장 안에 어지럽게 흩어져 있었다. 대부분의 조합원들이 개처럼 끌려 나왔다.

　흔들리지 흔들리잖게!

　누가 먼저랄 것도 없이 시작된 조합원들의 노랫소리가 끌려 나온 운동
장에 퍼졌다. 피 울음 섞인 노래였다. 살인에 가까운 폭력에도 아랑곳없
이 어두워져가는 대방동의 저녁 하늘이 무심했다. 다시 서너 배로 늘어난
폭력배들이 악을 쓰는 조합원들을 질질 끌고 후문 쪽으로 데려가 승용차
에 태우고 사라졌다. 아무데나 함부로 쓰레기처럼 내던져질 사람들이었
다. 부상을 입은 사람들이 다시 인근의 병원으로 몰려들었다. 언년도 그
속에 끼어 있었다.

　병원은 다친 원풍 노동자들로 빈 침대가 없었다. 얼굴에 호스를 꽂고
있는 한 조합원이 다시 현장에 들어가야 한다고 몸부림을 쳤다. 언년도 얼
굴을 아는 정방과 언니였는데 사지가 다 돌아가고 있었다. 그녀를 업고 온
남자가 비틀어지는 사지를 손과 발로 눌렀다. 언니는 비틀린 사지로 울부
짖었다.

　"날 보내줘. 가서 애들하고 끝까지 같이 있어야 돼!"

　언년은 사지를 버둥거리는 정방과의 언니를 붙잡고 통곡했다. 총이 있
다면 정방과 언니의 사지를 돌아가게 만든 놈들을 쏘고 싶었다.

4

   동해물과 백두산이 마르고 닳도록…….

   누군가 〈애국가〉를 부르기 시작했다. 노래는 금세 합창이 되었다. 경찰서 안에서 난데없는 국민의례라도 하는 듯 〈애국가〉가 울려 퍼졌다. 〈애국가〉는 4절까지 끝없이 반복되었다. 끌려온 200여 명의 조합원들이 투쟁가를 부르자 노래를 저지했던 경찰은 차마 〈애국가〉를 저지하지 못한 채 속수무책이었다. 폐쇄된 회사에 들어가기 위해 2차 출근투쟁을 하던 조합원들이 모조리 남부경찰서로 연행돼 와 있었다. 먼저 연행돼 온 박순애 언니 등 세 명에게 힘내라는 전언이기도 한 노래였다. 잡혀온 조합원들이 울면서 〈애국가〉를 불렀다. 아직도 만 스무 살이 안 된 언년은 혼자 소년계로 끌려가 조사를 받고 있었다.

   "누가 시켰냐? 방용석이 시켰어? 양승화, 정선순? 누가 시켰어?"

   경찰은 되풀이해서 똑같은 질문만 해댔다.

   "시키긴 누가 시켜요? 내가 했다고요."

   언년은 성질이 나 소리를 질렀다. 이 사태가 누가 시킨다고 될 일인가. 언년은 앵무새처럼 같은 말만 되풀이하는 경찰이 한심했다. 아무리 나이가 어려도 인간 이하의 폭력 앞에서 분노할 줄은 안다는 걸 경찰은 인정하려 들지 않았다.

   10월 13일, 2차 출근투쟁 때였다. 언년은 자치회장인 숙자 언니와 함께 몰래 숨어들어간 방용석 지부장의 집에서 플래카드를 만들었다. '구속자를 석방하라!', '회사를 정상화하라!' 신풍시장에서 사 온 광목필에다 붉은 글씨로 썼다. 그리고 그것들을 가슴과 배에 두르고 옷을 입었다. 폐쇄된 회사로 들어가기 위해 정문 앞에 모인 조합원들 한가운데로 들어가 언년은 몸에 두른 것들을 나눠주었다. 하나, 둘, 셋, 동시에 구호가 적힌 천들을 들고 뛰었다. 경찰들이 쫓아왔다. 닥치는 대로 때리고 짓밟고 연행을 했다. 언년은 도망치다 한순간 진을 치고 있던 전경차 밑으로 숨어들었다. 몇 명의 조합원들이 언년을 따라 들어왔다. 모두들 납작 엎드려 숨죽이고 숨어 있었다. 얼마나 지났을까, 시동을 켜던 경찰이 뭐가 이상하다며 차 밑을 들여다보았다. 온몸으로 차 바퀴를 붙잡고 버텼지만 결국 경찰들에게 끌려 나올 수밖에 없었다. 언년을 따라 들어온 조합원이 열두 명이나 됐다. 감옥행을 각오하고 벌인 일이었다. 그렇게라도 하면 도피 중인 간부들이 시간을 벌어 다시 노동조합을 지켜낼 수 있을 것 같았다.

"쪼그만 게 건방지게 어디 그런 데를 따라다녀?"

검찰에서도 마찬가지였다. 검사가 협박이라도 하듯 말했다.

"따라다녔나요? 내가 갔죠."

나이가 어리다고 신념과 자부심까지 무시당하는 건 참을 수 없었다. 검사가 두 손이 묶인 언년의 머리를 서류 뭉치로 때렸다.

"때리지 말고 죽여유."

언년은 결국 숙자 언니와 함께 구속되어 고척동 구치소로 이송되었다.

구치소에 송치되고 나서 언년은 생각지도 못한 장면과 맞닥뜨렸다. 모두 건재하니 밖에서 싸우며 어떻게 하든 노동조합을 이어가리라 믿었던 핵심 간부들을 조사를 받으러 간 검찰청에서 만나게 되었다. 그곳에서 만난 승화 언니는 반갑기는커녕 원망스러워 눈도 마주치고 싶지 않았다. 도

피처가 발각되는 바람에 방용석, 박순희, 정선순, 이옥순, 양승화 모두 구속되었다고 했다. 언년은 자신보다 그들의 구속이 무엇보다 고통스럽고 화났다. 노동조합은 이제 누가 지킨단 말인가. 함께 구속된 숙자 언니도 화가 나 그들과 통방도 하지 않는다고 했다. 원풍모방의 민주노조는 이제 더 이상 존재할 수 없게 돼버린 상황이었다. 언년은 온몸이 텅 비어버린 기분이었다. 열네 살에 상경하여 감옥에서 성년을 맞기까지 7년 동안을 함께한 노동조합이 산산조각이 나버린 것만 같았다.

재판 때마다 그들을 만났지만 언년은 똑바로 쳐다볼 수가 없었다. 얼굴을 보면 눈물이 먼저 솟구쳤다. 작업복이 아닌 죄수복을 입고 한데 모인 자신들의 운명이 억울하고 또 억울했다. 재판정에서 입술을 물고 참았던 눈물이 구치소로 돌아오면 걷잡을 수 없이 쏟아졌다. 그들과 함께 탈춤을 추고 막걸리를 마시고 수박을 나눠 먹던 일들이 꿈속처럼 아득했다. 감옥에서 갓 성년이 된 언년은 자신이 아주 긴 시간을 살아낸 사람 같았다.

숙자 언니와 노조 간부들은 모두 2동에 있었고 언년은 먼저 구속된 박순애 언니와 같은 1동에 있었다. 히지만 방을 끝에서 끝으로 떨어뜨려놓아 도대체 얼굴을 보기 힘들었다. 운동하러 나갈 때도 교도관이 붙어 서서 눈도 못 마주치게 했다. 순진한 순애 언니는 어쩌다 지나칠 때도 고개를 돌려 눈을 마주치지 않았다. 언년은 순애 언니가 야속하기만 했다.

절도, 사기, 간통범들과 함께 있는 언년의 감방으로 어느 날 원풍 구속자들이 단식투쟁을 한다는 소식이 뒤늦게 들려왔다. 워낙 떨어져 있으니 소식을 듣기 힘들었다. 그 길로 언년도 단식을 하기 시작했다. 그러자 구치소 소장이 언년을 불렀다. 요구 조건이 무엇인지 물었다. 동료들의 요구 조건이 무엇인지도 모르는 언년은 즉석에서 두 가지 요구 조건을 내세웠다. 첫째는 방 지부장을 만나게 해달라는 것이고, 둘째는 대통령을 만나게 해달라는 것이었다. 구치소장은 두 번째 조건이 너무 어이없었는지 첫 번째 조건을 들어줄 테니 밥을 먹으라고 했다.

"몸은 괜찮니?"

언년을 만난 방 지부장은 아버지처럼 다정하게 웃었다. 딱히 할 말이 있는 것도 아니었다. 그냥 얼굴이 보고 싶었다. 그를 보면 행복했던 노동조합 시절이 떠오르고 낯선 구치소 생활이 위로가 될 것 같았다.

"밥 먹어라. 몸 다치지 않게 밥 먹어."

짧은 시간이었지만 방 지부장을 만나고 나니 그리움이 덜어졌다. 덜 외로웠고 덜 서러웠다. 면회도 안 되는데 매일 구치소로 찾아와서 큰 소리로 노래를 부르고 가는 조합원 언니들을 만날 수 없는 서러움이 조금은 가셨다. 얼굴도 보지 못하는 채 멀리서 들리는 노랫소리만 소식을 전하는 그들이 언년은 너무도 그리웠다. 식구들 면회 올 때마다 그 편에 같은 방 사람들과 나눠 먹으라고 빵도 20개, 음료도 20개씩을 넣어주는 그들이, 가족보다 더 그리웠다.

1983년 8월 14일, 언년은 광복절 특사로 풀려났다. 10개월 만기출소를 하루 앞둔 날이었다. 만기를 하루 남겨두고 내보내는, 특사라기엔 기만에 가까웠다. 출소에 맞춰 조합원들 150여 명이 모여 구치소 정문 앞에서 노래를 부르며 기다리고 있다고 했다. 그러나 원풍모방 조합원들을 태운 차는 그들이 기다리는 정문이 아닌 죽은 사람들이 나가는 시구문을 통해 구치소를 빠져나왔다. 그리고 한 명씩 내려주었다. 양평동에 한 명, 영등포에 한 명, 대방 전철역에 한 명…… 언년은 산업선교회 앞이었다. 눈을 감고 찾아가라고 해도 찾을 수 있을 만큼 몇 년간 부지런히 드나든 곳이었다. 어쩌면 언년의 삶을 바꿔놓은 곳인지도 몰랐다. 하지만 자정이 다 된 시간의 그곳은 전혀 모르는 곳처럼 낯설기만 했다.

언년은 아무도 없는 황야에 버려진 기분이었다. 10개월, 따지고 보면 길지 않은 시간이었다. 하지만 언년은 그 10개월 동안 생리를 단 한 번밖에 하지 않았다. 9개월 동안 생리를 멈추게 한 것은 도대체 무엇이었을까. 언년은 이제 겨우 성년이 된 자신의 몸과 이미 환갑을 넘긴 것 같은 지친 마음을 돌아보았다. 남은 생이 아득하게 놓여 있었다. 어떤 길이 또 기다리고 있는 걸까. 언년은 불빛으로 가려진 음험한 도시를 막막하게 바라보았다.

언년은 갑자기 발길을 서두른다. 시계를 보니 아이들이 잠들기 전에 도착하려면 부지런히 걸어야 한다. 일하는 음료수 공장이 모처럼 일찍 끝나 봄바람도 맞을 겸 차를 타지 않고 천천히 걷는 중이다. 여섯 살, 여덟 살 두 아들은 마당까지 나와 엄마를 기다리고 있을지도 모를 일이다. 나무를 팔러 간 부모를 기다리던 어린 언년이 그러했듯. 그때로부터 얼마나 멀리 온 걸까. 언년은 동생을 업고 나와 엄마를 기다리던 일곱 살 꼬마를 떠올린다. 늘 먹을 게 모자라 허기에 시달리면서도 손바닥의 지문이 다 지워지도록 일을 해야 했던 아이. 마흔일곱 살이 되어 다시 온 고향에서 만난 아이는, 그러나 이제 불쌍하고 안쓰럽지만은 않다. 아니 자기 앞의 험한 길들을 피하지 않고 살아온 자의 자부심이 언뜻 그 어린아이의 얼굴과 겹쳐진다. 그 순간 별빛 하나가 반짝, 빛났다. 아카시아 꽃 향이 코끝을 스쳐간다.

장마

03 이영자 이야기 김이정

이영자 1948년 경북 대구에서 3남 2녀의 맏딸로 태어나 다섯 살 때 솔고개를 넘어 가는 속리산 자락의 보은군 마로면으로 이사를 갔다. 중학교를 졸업한 다음 해 상경하여 1966년 4월 8일, 친구 따라간 한국모방에 키가 크다는 이유로 취직이 되었다. 정방과에 근무하며 한국모방의 민주노조 태동기에 노동조합 대의원을 시작으로 교선차장과 교선부장, 부녀부장, 기숙사자치회장을 두루 거치며 노동조합 활동에 청춘을 바쳤다. 1980년 12월 8일 비상계엄하의 합동수사본부에 연행되었다가 22일 만에 풀려나며 회사에 사표를 냈다. 순화교육에 보낸다는 협박 때문이었다. 무엇보다 공부를 하고 싶었기에 방송통신고등학교를 거쳐 1981년 방송통신대학에 입학했으나 2년을 다니다가 큰딸아이를 낳은 바람에 중단되었다. 활자중독증이라고 할 만큼 책 읽기를 좋아한다.

장마철이 끝나지 않은 눅눅한 밤이다. 물기를 잔뜩 품은 바람이 좁은 창을 비집고 들어온다. 어디든 만지면 물기가 묻어날 것 같은 날씨다. 종일 직장 일에 시달린 몸도 누르면 물기가 배어나올 것만 같다. 젖은 몸이 돌멩이를 매단 것처럼 깊이 가라앉는데 이상하게 잠은 오지 않는다. 잠자리에 든 지 한 시간이 지났지만 몸뚱어리에서 오직 두 눈만이 살아 있는 기분이다. 억지로 눈을 감으려는 찰나 전화벨이 울린다. 벨 소리에도 습기가 배어 소리가 둔탁히디. 그제야 영사는 불면의 원인을 깨닫는다. 오늘은 엄마로부터 전화가 한 통도 걸려오지 않았던 것이다.

"영자야, 며느리 년이 내 리모컨을 어디다 감춰놨는지 아무리 찾아도 안 보인다. 저년이 전기세 아까워서 이젠 텔레비전도 못 보게 리모콘을 숨겨놨어. 니가 와서 좀 찾아줘라."

어제 낮에 휴대폰으로 걸려온 엄마의 전화였다. 엄마는 하루에도 몇 번씩 전화를 했다.

"이년이 열쇠를 가져가버렸어. 나를 오도 가도 못 하게 하려고 작정을 했다니까."

열쇠를 잃어버렸다는 엄마 때문에 남동생은 6개월 동안 보조 키를 다섯 번이나 바꿔야 했다. 심지어는 화장품에도 며느리가 뭘 섞어놓았다며 비닐봉지에 화장품을 전부 담아 내다 버렸다. 엄마의 치매가 깊어지고 있었다. 하나님, 저 여인을 가엾게 여긴다면 부디 빨리 데려가 주세요. 영자는 얼마 전부터 매일 신에게 그렇게 기도했다. 정신을 놓아버린 엄마를 더 이상 지켜볼 수 없었다. 화가 나고 억울했다. 한 여자의 일생을 공정하지 않은 게임 속에 몰아넣고 끝까지 놀리는 것만 같았다. 때론 내가 믿는 신에 대한 분노와 원망이 몰려왔다. 마지막까지 가혹한 속임수에 걸려든 엄마. 오늘은 또 무얼 잃어버렸는지, 영자는 긴 벨 소리를 잘라내며 수화기를 든다.

"누나, 엄마가……."

엄마인 줄 알았는데 뜻밖에도 남동생이다. 남동생의 목소리에도 습기가 잔뜩 배어 있다. 한 달째 계속되는 장마에 남동생 역시 젖어버린 모양이다.

"엄마가 돌아가셨어."

영자는 벌떡 일어났다. 강바닥 깊이 가라앉아 있던 몸이 순식간에 흔들리기 시작한다.

"무슨 소리야?"

어제만 해도 리모컨이 없어졌다고 전화를 해온 사람이 오늘 갑자기 죽었다니, 엄마가 리모컨을 찾아 어딘가로 사라지기도 했단 말인가.

"저녁도 안 먹고 주무신다기에 아무래도 이상해서 들여다보니 숨을 안쉬어."

남동생이 끝내 울음을 터트린다. 드디어 막이 내리는 것인가, 영자의 귓가로 어디선가 한세상의 문이 닫히는 소리가 들려오는 것만 같다. 믿기지 않는다. 영자는 그제야 늘 가시가 돋아 있는 것 같던 가슴을 쓸어내린다. 더 이상 속거나 잃어버릴 게 없는 엄마의 생이 이제야 안심이 된다.

1

"엄마는 왜 이렇게 살아! 왜 여기서 사람대접도 못 받고 사냐고, 이게 도대체 뭐야? 차라리 이 집을 나가버리던가!"

일곱 살 영자는 엄마에게 울며 소리 질렀다. 엄마는 다음 날 일꾼들이 신을 양말을 함지박 가득 쌓아놓고 뒤꿈치를 깁고 있었다. 하루만 신고 나면 다시 구멍이 뻥 뚫릴 양말들이었다. 엄마는 종일 식구들은 물론 스무 명도 넘는 일꾼들 밥상까지, 세끼 식사에다 참까지 다 차려낸 후 밤이 되면 다시 양말 꾸러미를 들고 앉았다. 영자는 그런 엄마가 보기 싫어 미칠 것 같았다. 뒤꼍에서 들어오는 길이었다.

사람들이 부엌 쪽으로 난 쪽문에서 안방을 기웃거리고 있었다. 일본에서 온 고모를 구경 온 동네 사람들이었다. 연한 하늘색 양장에 역시 하늘색 뾰족구두를 신고 자가용을 타고 온 고모였다. 고모가 탄 차가 마을로 들어오자 아이들이 흙먼지를 마시며 뒤따라왔고 어른들도 일손을 멈추고 모여들었다. 동네 사람들 전부가 큰 구경거리라도 난 듯 영자네 집으로 몰려온 셈이었다. 고모는 일본에서 올 때는 비행기를 타고 왔다고 했다. 하늘을 찢어버리기라도 하듯 큰 소리를 내며 날아가는, '쌕쌔기'라는 작은 비행기를 본 적은 있지만 고모가 타고 온 비행기라는 것이 그것인지는 알수 없었다.

온 동네 사람들이 일본에서 온 고모를 보려고 모여들자 어린 영자는 우쭐해졌다. 사람들은 고불고불한 파마머리에 굽이 높은 구두를 신고 양장을 입은 고모를 구경하기도 했지만 진짜 더 궁금한 것은 고모가 가져온 물건들이었다. 일본에서 방직공장을 한다는 고모는 올 때마다 신기한 물건들을 사 왔다. 동네에 하나밖에 없는 라디오도 고모가 사 온 것이었다. 저녁이면 동네 사람들이 대청마루나 마당에 모여앉아 라디오연속극에 귀를 기울이곤 했다. 그 작은 통에서 어떻게 사람의 목소리가 나는지, 신기한 물건이었다. 그날도 동네 사람들은 고모가 가져온 물건들을 구경하려고 안방 쪽을 기웃거리고 있었다. 잠시 후면 고모가 가져온 물건들을 큰엄마가 들고 나올 것이었다. 영자는 동네 사람들 틈에 끼어 있다가 느닷없이 그런 자신의 모습이 부끄러워졌다. 동네 사람들과 자신은 엄연히 다르지 않던가. 이곳은 나의 집이고 저 방은 나의 할아버지와 할머니 방이 아니던가. 영자는 갑자기 사람들 속을 빠져나와 용기를 내 방문을 슬며시 열었다. 늘 아버지 심부름으로만 들어갔던 안방이었다. 할아버지 할머니와 큰엄마가 고모의 맞은편에 나란히 앉아 있었다.

"이거 옥자 입혀라."

마침 고모가 커다란 보따리에서 원피스 하나를 꺼내 큰엄마에게 던져주며 말했다. 영자의 눈이 옷을 따라 저절로 돌아갔다. 바둑판 무늬에 빨강색과 초록색이 불규칙하게 박힌, 세상에 그토록 예쁜 옷이 있다는 걸 생각도 해본 적이 없는 원피스였다. 지금까지 고모가 일본에서 가져온 어떤 옷보다도 예쁘고 화려했다. 고모는 올 때마다 헌 옷들도 한보따리 가져와 동네 사람들에게 나눠주었다. 영자도 언젠가 고모가 가져온 헌 옷 몇 개를 큰엄마에게 얻어 입은 적이 있었다.

"영자…… 거는요?"

마음 약한 큰엄마가 쭈뼛거리며 안방에 들어온 영자의 눈치를 살피며 조심스럽게 고모에게 물었다.

"그딴 년 뭐 하러 신경 쓰냐? 옥자나 입혀라."

고모가 큰엄마를 야단치며 큰 소리로 말했다. 고모는 방 안으로 들어온 영자를 쳐다보지도 않았다. 나란히 앉아 있는 할아버지와 할머니도 마찬가지였다. 눈에 보이지도 않는 존재라는 듯 아무도 영자를 쳐다보지 않았고 오직 큰엄마만이 덩그렇게 서 있는 영자를 쩔쩔매며 바라보고 있었다.

눈물이 왈칵 쏟아졌다. 하지만 거기서 울 수는 없었다. 자신이 유령이라도 된다는 듯 쳐다보지도 않는 할아버지와 할머니, 그리고 버젓이 앞에 서 있는 영자를 대놓고 무시하는 고모 앞에서 울 수는 없었다. 아니 쪽문 앞에 모여든 동네 사람들 앞에서는 더더구나 울 수 없었다. 영자는 겨우 방문을 닫고 밖으로 나왔다. 그리고 아무도 없는 뒤꼍으로 가서 혼자 소리 죽여 울기 시작했다. 마음 같아서는 그 길로 엄마에게 달려가 큰 소리로 울고 싶었지만 그럴 수가 없었다. 아무도 편들어줄 사람 없는 엄마가 불쌍해서 차마 그럴 수는 없었다. 영자는 뒤꼍에서 한 시간도 넘게 울고 나서 세수를 한 후 엄마가 있는 별채로 간 것이다. 하지만 막상 그 시간까지 등불 아래서 쪼그리고 앉아 구멍 난 양말들을 깁고 있는 엄마를 보자 겨우 참았던 화가 폭발해버렸다. 어린 소견에도 왜 이렇게 무시당하고 여기서 살고 있는지 이해가 되지 않았다.

"왜 그러냐? 무슨 일 있었어?"

엄마가 양말 꾸러미를 밀치고 영자를 쳐다보았다. 씻어도 여전히 퉁퉁 부어 있는 눈을 본 모양이었다.

"도대체 큰엄마 있는 집엔 왜 들어와서 이렇게 사람대접도 못 받게 해?"

영자는 방바닥에 퍼질러 앉아 울기 시작했다. 그동안 받은 설움이 한꺼번에 밀려왔다. 한 살 어린 큰엄마의 딸 옥자가 중학교와 초등학교에 다니는 큰오빠나 작은오빠에게서 얻었을 게 분명한 공책에 낙서 같은 그림을 그리고 있을 때, 연필 한 번 손에 잡아보지 못한 영자는 그런 옥자가 한없이 부러웠다. 자신은 다가가서 말도 붙이지 못하는 나이 든 오빠들의 공책과 연필을 옥자는 마음껏 쓸 수 있었다. 아니 가끔씩 오빠들이 옥자를 등에 말 태워줄 때도 영자는 그런 옥자가 한없이 부러웠다. 영자는 늘 멀리서 그들을 몰래 훔쳐보기만 할 뿐 가까이 다가가지도 못했다. 그들은 늘 거리낌 없이 웃거나 울었다. 하지만 영자는 언제나 사람들이 자신을 쳐다보는 시선을 끝없이 의식했다.

'쟤네 엄마는 첩이래. 둘째 각시 말이여.'

동네 아이들이 영자에게 들릴락말락 수군거리기도 했다. 첩이라는 말이 얼굴에 묻은 숯검정보다 더럽게 들렸다.

"휴, 누가 이런 줄 알고 들어온 집이냐."

엄마가 갑자기 깁던 양말을 밀치고 영자에게 다가왔다.

"그럼 큰엄마가 있는 것도 모르고 들어왔단 말이야?"

영자는 울다 말고 어이가 없다는 듯 엄마를 쳐다보았다. 정말 어이없는 일이었다. 어떻게 큰엄마가 있는 것도 모르고 이리로 들어올 수 있단 말인가.

"몰랐다. 내가 바보 같아서 이런 거 저런 거 아무것도 모르고 왔어."

그날 엄마에게서 들은 말은 더 기가 막혔다. 대구에서 어린 영자와 남동생, 두 아이를 데리고 속리산 골짜기의 본가로 들어올 때도 엄마는 아버지에게 본부인이 있다는 사실을 전혀 몰랐다고 했다. 아니 이 집에 들어와 한 달이 될 때까지도 엄마는 아버지에게 부인이 있다는 사실을 알지 못했다. 안채가 아닌 별채에서, 기껏해야 아이들이나 돌보고 있던 엄마는 동네 사람들이 수군대는 걸 듣고 나서야 비로소 아버지에게 본부인이 있다는 사실을 알았다.

"참 뻔뻔하기도 하지. 어쩌면 본마누라 있는 디로 버젓이 들어와 저러고 산대."

일을 하러 온 동네 여자들이 우물에서 물을 긷는 영자 엄마의 뒤통수에 대고 수군거렸다. 그제야 무언가 이상하다는 생각이 든 영자 엄마는 아버지에게 물었다.

"기가 막혔다."

아버지가 일찍 돌아가신 엄마는 오빠마저 징용에 끌려가 죽자 한 입이라도 덜려고 중매로 아버지를 만났다. 중매쟁이는 남자가 딸 하나 딸린 상처한 홀아비라 했다. 중매쟁이의 말만 믿고 결혼한 엄마는 추호도 아버지를 의심하지 않았다. 간혹 본부인이 고향에서 대구로 올 때마다 아버지는 그녀를 여관에서 재우고 곧바로 보냈기 때문에 엄마는 더더욱 알 수가 없었다. 오히려 가난한 살림에 비록 상처는 했을 망정 번듯하게 잘생기고 사업으로 돈도 많이 번 남자를 만난 자신의 행운에 고마워하고 있었다.

해방 후 일본에서 귀국한 아버지는 대구에서 합작으로 방직공장을 운영하고 있었다. 고모가 불러서 일본에 가 몇 년 살다가 다시 귀국하면서 가져온 베틀로 차린 공장이었다. 종전 후 폐허가 돼버린 일본에서 돈을 쓸어 담았다는 방직 사업은 대구로 와서도 여전했다. 일제 치하 때부터 방직 산업이 활발하던 대구였다. 돈을 버는 대로 고향인 보은에 땅을 사들인 덕에 보은에서는 아버지의 땅을 밟지 않고는 다닐 수가 없다는 말이 있을 지경이었다.

"그럼 본부인 있다는 걸 알았으면 도망이라도 갈 것이지 동생들은 뭐 하러 줄줄이 또 낳았어!"

영자는 엄마의 이야기들을 이해할 수 없었다. 맏이인 영자와 바로 밑 남동생을 데리고 들어온 집이니 그 아래 동생들은 아버지에게 본부인이 있다는 걸 알면서도 낳은 아이들이었다.

"나라고 왜 이렇게 살고 싶었겠냐. 하늘이 노랗게 변하고 땅이 꺼졌지만 어쩔 수가 없었다……. 니가 커서 언제쯤 되면 이 엄마를 이해하겠냐."

엄마는 다시 양말 꾸러미를 들고 앉으며 탄식하듯 말했다. 영자는 그런 엄마를 절대로 이해하고 싶지 않았다. 아니 이해하고 싶지 않은 것은 누구보다 아버지였다.

합작으로 시작한 방직공장에 크고 작은 갈등이 생기자 아버지는 인조를 짜는 베틀 일곱 대를 가지고 대구에서 충북 보은으로 귀향을 했다. 보은의 산골짜기로 베틀을 옮겨온 아버지는 집에다 공장을 차렸다. 마을의 처녀들과 부녀자들이 집으로 와서 인조 천을 짜기 시작했다. 집은 늘 사람들로 북적거렸다. 인조를 짜는 베틀 공장과 마주보고 있는 정미소는 쌀을 찧느라 시끄러웠고 농사철이면 끝도 보이지 않는 밭과 논에 일꾼들이 가득했다. 그 북적거리는 사람들을 먹여야 하는 것은 전적으로 엄마와 큰엄마의 몫이었다.

베틀을 옮기듯 간단한 일이라고 생각한 걸까. 아버지는 엄마와 영자, 그리고 남동생을 베틀을 옮기듯 낯선 곳으로 옮겨놓고는 돌보지 않았다. 영자는 어쩌다 만나는 아버지가 무섭기만 했다. 어딜 가는 것인지, 아버지는 한동안 얼굴도 보이지 않다가 어느 날 문득 나타났다 며칠 지나면 다시 사라지곤 했다. 큰엄마가 있는 안채에서 지내는 것도 아니었다. 아버지는 집에 있을 때면 대개 사랑채에 머물고 안채에는 할아버지에게 문안을 갈 때를 제외하곤 드나들지도 않았다. 4대 독자라는 아버지는 늘 모든 사람들에게 명령을 했고 누구 하나 그 명령을 거역하는 이도 없었다. 아버지도 없는 집에서 엄마는 팔려온 노예처럼 일만 했다. 특히 노망이 든 할아버지는 엄마를 괴롭히려고 작정한 사람 같았다.

"밥 가져와라."

할아버지의 명령이 떨어진 지 10분만 지나도 엄마가 허둥지둥 대령한 밥상은 가차 없이 마당으로 날아갔다. 때론 5분 만에 들여온 밥상이 날아가기도 했다. 엄마는 늘 할아버지의 밥상을 미리 준비해놓고 대기했다.

"저년이 나 죽이려고 밥에 독약을 닸다."

엄마가 허겁지겁 차려온 밥상을 엎는 이유도 다양해졌다. 할아버지의 노망이 점점 더 심해졌지만 누구도 말릴 수 없었다. 한번은 엄마가 아기를 재워놓고 일하는 사이 할아버지가 소죽 끓이는 솥뚜껑을 들고 방으로 들어왔다. 갓난아기가 자는 방바닥에 솥뚜껑을 얼마나 세게 놓았는지 아기는 밤새 경기를 했다. 다음 날 아기가 죽었다.

지난봄이었다. 하루는 할아버지가 토시가 뜯어졌다고 엄마에게 왔다.

"애야, 이것 좀 꼬매다오."

난데없는 할아버지의 부탁에 감격한 엄마는 툇마루에 앉아 토시를 꿰매고 있었다. 유난히 봄볕이 좋은 날이었다. 낯선 산골로 들어온 이래 늘 살얼음 위를 걷는 듯하던 날들이 봄 햇살에 소리 없이 녹아내리는 것만 같았다. 그때였다. 할아버지는 저고리 소매에 숨겨온 망치로 엄마의 머리를 냅다 내리쳤다. 그날따라 주위엔 아무도 없었다. 곧 숨이 넘어가는 엄마의 비명 소리를 듣고 앞집 사람이 뛰어왔다. 밖에서 놀던 영자도 소리를 듣고 뛰어갔다. 엄마의 머리에서 피가 솟구치고 있었다. 물길이라도 난 듯 끊임없이 피가 흘렀다. 엄마의 얼굴이 순식간에 붉은 피로 물들었다. 앞집 아줌마가 흰 솜뭉치에 불을 붙여 응급조치를 했다. 솟구치던 피가 멎기 시작했다.

"지혈엔 민들레 씨가 제일이여."

모여든 사람들 사이에서 누군가 말했다. 그 길로 영자는 동생을 데리고 들판으로 나갔다. 마침 민들레 홀씨가 흰 솜처럼 들판을 날아다니고 있었다. 영자는 민들레 씨앗을 정신없이 치마에 따 모았다. 엄마의 머리에서 흐르는 피를 어떡하든 멈춰야 했다. 미친 듯 밭둑을 헤매는 영자는 제 눈에서 피가 흐르고 있는 것만 같았다. 그때마다 아버지는 집에 있지 않았다.

집안이 흔들리기 시작했다. 한 달에 한두 번, 아버지가 다녀갈 때마다 엄마의 얼굴에 수심이 깊어졌다. 때론 할머니가 아버지를 붙들고 울기도 했다. 집 앞 너른 논이 다른 사람에게 넘어갔다는 어른들의 소리를 들었다. 언제부터인가 베틀 소리도 더 이상 들리지 않았다. 일할 때마다 이삼십 명씩 되던 일꾼들의 숫자도 줄어들었다. 아버지가 마작을 한다고 했다. 할머니나 엄마의 심부름으로 면사무소 근처 어딘가로 아버지를 부르러 가

보면 아버지는 낯선 사람들과 둘러앉아 길쭉하고 반질반질한 나뭇조각을 만지작거리고 있었다. 그 나뭇조각들이 요술이라도 부리는 건지 아버지가 나갔다 들어올 때마다 밭이나 논이 하나씩 팔려나갔다. 인근에서 가장 크던 집도 팔렸다. 그 틈에 영자네는 큰엄마와 다른 집에서 살게 되었다. 큰엄마는 본부인이라고 엄마에게 시샘을 하거나 영자네 형제들에게 몹시 굴지도 않았다. 마음이 여리고 착해서 그녀 역시 아버지에게 이럴 수가 있느냐고 말 한마디 하지 못한 채 어느 날 갑자기 들어온 영자 엄마와 아이들을 받아들여야만 했다. 대신 큰엄마는 언제부터인가 공장에서 짠 인견을 이고 장으로 나가기 시작했다. 자연스럽게 부엌은 엄마 차지였고 엄마는 잠잘 새도 없이 일에 시달렸다. 집을 판 후 큰엄마는 할아버지가 죽고 홀로 남은 할머니를 모시고 아랫동네에서 살았고, 영자네는 윗동네의 외딴 집에서 살게 되었다. 영자는 밭에 나간 엄마를 대신해 밥을 하고 동생들을 거두었다. 아버지는 여전히 한참 만에 집에 돌아왔다가 다시 나가기를 반복했다. 아버지를 말릴 수 있는 사람은 아무도 없었다.

아버지는 중학교를 안 보내준다고 했디. 영자가 다니는 초등학교의 사친회장이며 문맹퇴치 운동단체의 간부로, 공회당에 사람들을 모아놓고 한글을 가르치게 하던 아버지는 영자를 중학교에 보내지 않았다.

"기집애를 뭐 할라고 가르치냐."

아버지의 신념은 확고했다. 엄마 말대로 월급 없는 감투가 한 바지개인 아버지는 영자를 중학교도 보내지 않았다. 영자는 1년 동안 꼬박 엄마를 졸랐고 아버지를 볼 때마다 눈물바람을 했다. 이듬해 영자는 기어코 중학교에 입학했다. 1학년 때 우연히 영자는 친구에게 책을 빌렸다. 탐정소설이었다. 교과서 외에는 처음 보는 책이었다. 너무 재미있었다. 이런 세상이 있었던가, 영자는 그 후부터 책을 찾아 읽기 시작했다. 학교 친구들끼리 언니 오빠들이 보던 책 한 권씩을 가져와 돌려가면서 읽었다. 영자가 공책에 순번을 매겨서 책을 돌렸다. 도서관에서 빌려 읽기도 했다. 탐정소설을 보다가 애정소설도 읽게 되었다. 다음은 세계 명작들을 하나씩 읽기 시작했다. 펄 벅의 『대지』와 톨스토이의 『부활』도 읽었다. 영자는 책을 읽을 때마다 더 갈증이 일었다. 좀 더 넓은 세상으로 나가 더 많은 책을 읽고 더 많은 공부를 하고 싶었다. 세상엔 얼마나 많은 책들이 있고 얼마나 많은 지식이 쌓여 있는 걸까. 영자는 속리산으로 둘러싸인 산골에서 바깥 세상으로 나가는 유일한 길인, 솔재를 바라보며 넓은 세상을 꿈꾸었다. 주변에 있는 책이란 책은 남김없이 읽어치웠다.

중학교 3학년 영자는 매일 밤 친구들과 모여 공부를 했다. 한동네의 동급생은 영자를 포함해서 네 명이었다. 석유파동이 일어 기름값이 비쌌다. 기름을 아끼기 위해 네 명의 여자아이들은 밤마다 돌아가면서 한집에 모여 공부를 했다.

"야, 이년들아. 기름값이 을만디 기집애들이 모여서 이렇게 맨날 귀한 기름을 쓰고 지랄이냐!"

친구 미숙이 할머니가 아이들이 모여 공부하는 방에 대고 소리를 질렀다. 그러면 아이들은 담요를 쓰고 공부를 했다. 담요 안의 등불이 깜박깜박했지만 공부를 하고 싶은 마음만은 환했다.

"난 청주여고 합격하면 엄마가 사지 쓰봉 사 준다고 했다."

미숙이 자랑을 했다.

"나도 시계 사 준다고 아버지가 약속했다."

한동네 사는 명옥이도 자랑했다. 명옥이네 아버지는 한때 영자네 집 일꾼으로 일한 적도 있었다. 세 친구들 모두 부모들이 합격만 하라고 빌고 있었다. 영자는 아무 말도 하지 못했다. 중학교도 1년이나 꿇은 뒤 보내준 아버지는 고등학교는 절대로 보내줄 수 없다고 펄펄 뛰었다.

"기집애가 중학교도 황감하지, 고등학교는 가서 뭣에 쓴다냐!"

아버지의 한마디는 법이었다. 청주의 고등학교에 유학을 한 큰오빠는 공부를 싫어해서 대학교에 못 갔지만 작은오빠는 서울의 명문대학교에 입학을 했다. 아무리 집이 망했다고 했지만 아들들은 공부를 시켰다.

"제발 고등학교만 보내주면 그다음은 제가 다 알아서 할게요."

영자는 아버지 앞에 무릎 꿇고 앉아 빌었다. 아버지는 들은 척도 하지 않았다.

어느 날 영자는 생각다 못해 아버지에게 편지를 썼다. 8절지 종이 세 장이나 되는 분량이었다. '아버지, 저를 고등학교에 보내주신다면 제가 밑의 동생들을 다 고등학교까지 가르칠게요. 그러니 저를 고등학교만 보내주세요. 돈이 없으면 저를 입학만 시켜주세요. 그다음은 제 힘으로 학교를 다닐게요. 무슨 일을 해서라도 학교를 마칠 자신이 있어요. 그래도 안 된다면 저를 시집보내는 셈치고 학교를 보내주세요. 시집을 가려면 장롱이라도 사 주실 거잖아요. 그 돈으로 제 입학금만 대주세요. 그러면 그다음은 제가 알아서 다닐게요.'

영자의 편지는 간곡하고도 결연했다. 하지만 아버지는 편지를 읽었다는 내색조차 하지 않았다. 학교 선생님이 찾아와 아버지를 설득했지만 소용없었다. 그러는 사이 시험 날이 다가오고 있었다. 영자는 초조해졌다.

엄마를 붙들고 울었다.

"엄마, 제발 나 시험만 보게 해줘. 지금까지 공부한 게 너무 아깝고 억울해. 그냥 시험만 보고 학교 보내달라고는 안 할 테니 시험이라도 보게 해줘."

영자는 엄마에게 매달렸다. 엄마가 어디선가 돈을 빌려와 차비와 입학원서 살 돈을 주었다. 친구들 셋과 함께 난생처음 청주로 가서 시험을 보았다. 공부를 충분히 했기에 시험은 어렵지 않았다. 하지만 사지 '쓰봉'을 사 준다던 미숙은 떨어졌고 시계를 사 주기로 했던 명옥과 금자는 합격을 했다. 영자도 합격이었다. 그러나 아버지는 끝내 입학금을 주지 않았다. 너를 보내면 큰엄마의 딸, 옥자도 보내야 하는데 무슨 수로 그걸 다 하냐는 엄마의 눈물바람이 입을 다물게 했다. 청주여고에 떨어진 미숙은 후기고등학교 시험을 보아 세 명의 친구들은 모두 청주로 떠났고 영자는 홀로 남았다. 친구들이 고등학생이 되어 떠난 뒤 영자는 사흘 동안 울고 나서 뒤뜰에서 교과서들을 불태웠다. 어디든 아버지가 없는 곳으로 가고 싶다는 생각만 간절했다. 아니 불쌍해서 마음 놓고 미워할 수도 없게 만드는 두 여자, 엄마와 큰엄마도 없는 곳으로 가고 싶었다.

2

영자는 서울로 올라왔다. 큰오빠가 공군 부대 피엑스에서 라면을 파는 일을 시작했다면서 일할 사람이 필요하다고 영자를 불렀다. 영자는 기다렸다는 듯이 아버지가 있는 집을 떠났다. 새장을 탈출한 기분이었다. 서울에서 지내다 보면 공부를 할 수 있는 기회가 생길지도 모른다는 기대도 있었다. 영자는 큰오빠를 도와 피엑스에서 라면을 팔았다. 그런데 어느 날 신혼의 단칸방인 큰오빠네로 아버지가 올라왔다.

"너는 애비가 이만큼 가르치고 키워놨으면 은혜를 갚아야 할 게 아니냐."

아버지가 오빠에게 주특기인 소리를 질렀다. 언제나 소리 지르는 것으로 자신의 존재를 증명해온 아버지의 독선은 여전했다. 갓 결혼한 새 며느리와 큰아들을 앉혀놓고 밤새 훈계를 했다. 서울에 올라와도 아버지의 영향권을 벗어나긴 힘들어 보였다.

하루는 이웃에 살아 어느새 친구가 돼버린 형숙이 영자를 불렀다. 역시 중학교를 졸업한 후 놀고 있던 형숙은 취직을 하러 공장에 간다고 했다. 한국모방이라는 곳에서 공원을 모집한다고 했다.

"혼자 가기 심심하고 떨리니 같이 가자."

영자는 형숙을 따라갔다. 대방동의 큰오빠 집에서 가까운 곳이었다.

"자, 이리로 와서 키 큰 순서대로 서세요."

한 남자가 와서 여자들을 한 줄로 세웠다. 영자도 얼떨결에 형숙의 뒤에 섰다. 남자가 와서 영지를 앞에 세우고 형숙은 훨씬 뒤로 가라고 했다.

"이 뒤로는 모두 불합격!"

영자가 선 줄 세 번째 뒤부터는 불합격이라고 했다. 알고 보니 합격과 불합격의 기준은 오로지 키였다. 키가 큰 영자는 엉뚱하게 합격을 했고 형숙은 키가 작아 불합격이 되었다.

"이걸 어떻게 하냐, 참."

영자는 난감했지만 형숙은 실망감도 잊고 적극 권했다.

"뭘 어떡해? 운명이라고 생각하고 다녀야지."

영자도 이 기회에 편치 않은 큰오빠네 가게보다는 제대로 직장 생활을 해야겠다는 생각이 들었다. 한국모방에 출근을 하기로 했다. 길고 긴 겨울이 끝나고 나무에선 새 잎이 움트고, 고향의 온 산이 진달래로 물들기 시작하는 1966년 4월 8일이었다. 영자는 열아홉 살이 되었다.

정방과로 배치가 되었다. 기계 앞에 서고서야 영자는 공원을 뽑는데 왜 키를 보았는지 알 것 같았다. 기계가 높아 키가 작으면 일을 하기가 힘들었다. 함께 입사한 스물네 명이 열두 명씩 나누어 주야로 열두 시간씩 맞교대로 일하는 공장 일이 시작되었다. 예상보다 훨씬 힘들었다.

시골에선 농사일이 바쁠 때만 좀 거들었지 일이 몸에 익지 않은 영자에게 공장 일은 힘에 부쳤다. 염색 염료 탓인지 냄새도 심했지만 무엇보다 시끄러운 기계 소리에 영자는 기겁을 했다. 실처럼 말아놓은 솜을 실로 만드는 과정을 연사라고 했다. 정방과는 이 연사 작업을 하는 곳이었는데, 기계 소리가 너무 컸다. 종일 기계 앞에 서서 일을 하다가 퇴근 무렵이 되면 귀가 멍멍해져 다른 소리들이 잘 들리지 않았다. 게다가 열두 시간 근무 내내 서서 일해야 하는 것이 무엇보다 견디기 힘들었다. 그나마 기계 사이를 종일 왔다 갔다 하는 것이 한자리에 계속 서 있는 것보다는 나았다. 하지만 다섯 시간만 지나도 다리는 움직이기도 힘들만큼 퉁퉁 부었다. 견디다 못해 작업대 사이에 잠시 쪼그리고 앉기라도 할라치면 푸른 줄 두세 개짜리 완장을 찬 조장들의 호루라기 소리가 득달같이 날아왔다. 신기하게도 기진해 앉아 있다가도 호루라기 소리가 울리면 생각할 겨를도 없이 몸이 벌떡 일어나졌다. 오직 밥 먹고 화장실 가는 시간만 겨우 앉을 수 있었다. 특히 야간조가 되면 쏟아지는 졸음을 참기 힘들었다. 어디서

나 눈만 감으면 잠이 들었는데 때론 좁은 화장실에 서서도 잠을 자곤 했다. 영자는 어느새 자신이 저 크고 거대한 기계의 한 부속품이 돼버린 기분이었다. 기계와 인간이 한 몸이 되어 쉬지 않고 돌아가고 있었다. 잠시도 쉬지 않고 계속 돌아가야 하는 기계. 일요일은 교대 시간 때문에 열여덟 시간이나 일을 해야 했는데, 동료들은 잠 안 오는 약이라며 때로 '타이밍'이라는 약을 먹기도 했다. 영자는 이를 악물고 버텼다. 한 달이 지나자 월급으로 2800원을 받았다. 눈물이 핑 돌았다. 이게 무엇이라고, 그토록 사람을 살렸다 죽였다 하는 걸까. 영자는 월급봉투 속의 돈을 꺼내 하나하나 손으로 쓸어보았다. 몸의 근육이 전부 멍이 든 것 같은 한 달 동안의 노역과 불면의 대가로는 너무 적은 금액이었다. 그러나 한편으론 가슴 한쪽이 뻐근해졌다. 강한 화학약품 냄새와 잠자리에 누워도 이명처럼 들려오는 소음, 매일 다리가 퉁퉁 붓는 통증을 참고 서서 한 달 동안 버텨낸 자신이 대견했다. 이젠 혼자 살아갈 자신감이 생겼다. 기다렸다는 듯이 아버지가 올라왔다.

"아버지, 저 다리가 너무 아프고 힘들어서 못 다니겠어요. 다른 일 찾아볼래요."

영자는 힘에 부치는 노동에 위로가 필요했다. 하지만 아버지는 들은 척도 하지 않았다. 내일까지만 일하고 그만두어야지, 하루하루 결심을 고쳐하면서 영자는 공장 생활을 이어갔다.

얼마 지나지 않아 집안이 모두 고향을 떠나 안양 근처 산본으로 이주를 했다. 그 많은 재산을 남김없이 다 잃고 나서 아버지는 산본의 작은 구멍가게를 얻어서 올라왔다. 한국전쟁 때 피난 와서 영자네 집에서 머슴을 살던 사람이 지독하게 돈을 모아 산, 작은 가게가 딸린 집이었다. 한때 그의 상전이었던 아버지는 그에게 작은 구멍가게를 빌려 올라온 것이다.

입사 후 1년쯤 지나자 회사는 공장을 확장하기 시작했다. 건물도 더 들어서고 기계도 더 늘렸으며 기숙사도 지었다. 기숙사가 완공되자 영자는 자취 생활을 접고 기숙사로 들어갔다. 자취방에 비하면 기숙사는 호텔 같았다. 한 방에 열두세 명씩 들어가는 기숙사는 뜨거운 물이 펑펑 나왔고 겨울에도 전혀 춥지 않았다. 비슷한 연령대의 여자들이 모여 있어 덜 외로웠고 때론 힘이 되었다. 한 방 동료들끼리 돈을 추렴해서 빵과 과자를 사다 먹기도 했고, 딸기 철이면 소사로 딸기를 먹으러 가거나 태능으로 배를 먹으러 가기도 했다. 근무 시간이 하루 2교대에서 3교대로 바뀐 덕이었다.

열두 시간 동안 일을 하고 나면 나머지는 잠자는 시간으로도 모자랐다. 퇴근 후에는 시체처럼 누워 잠자는 게 생활의 전부였다. 하지만 여덟 시간 근무하는 3교대로 체제가 바뀌고 나니 훨씬 살 만해졌다.

때로 함께 입사한 동료들이 근처에 새로 생긴 전자부품 공장 세미코로 이직을 하기도 했다. 좀 더 나은 조건들을 쫓아서 간 것이었다. 어떤 친구들은 양성공을 거친 다음 다른 회사의 기능공으로 약삭빠르게 옮겨가기도 했다. 그 역시 보다 나은 조건이 이유였다. 하지만 영자는 다른 곳으로 옮길 수가 없었다. 만약 공장을 그만두었다가 취직이 안 되면 당장 동생들과 살아갈 길이 막막했기 때문이다.

기숙사로 들어간 영자에게 가장 좋은 것은 책을 읽을 수 있다는 것이었다. 회사 1층엔 노동조합 사무실이 있었고, 거기엔 책이 가득 꽂힌 서가가 갖춰져 있었다. 서가를 본 순간 영자의 눈이 휘둥그레졌다. 영자는 한동안 책 읽을 시간도 없이 지내왔던 시간들의 허기를 한꺼번에 채우기라도 하듯 노조 사무실에서 닥치는 대로 책을 빌려다 읽기 시작했다.

늘 친구들이 떠올랐다. 중학교 때 함께 공부하다가 청주의 여고로 진학한 한동네 친구들. 그 아이들은 지금쯤 무슨 공부를 하고 있을까, 그것만 생각하면 마음이 초조해졌다. 그 아이들은 이미 자신이 따라갈 수도 없는 곳으로 앞서 가 있고 자신만 혼자 뒤쳐져 공장에서 끊어진 실을 잇고 있는 것은 아닌가 생각하면 마음이 조급해졌다. 영자는 틈나는 대로, 부지런히 책을 읽었다. 그리고 세상 그 무엇보다 책 읽는 시간이 영자를 행복하게 했다. 책 한 권을 읽을 때마다 자기 앞의 세상이 한 뼘씩 넓어지는 것 같았다.

"너, 신용협동조합이란 거 모르지?"

어느 날 동료 박영혜가 영자에게 물었다.

"그게 뭔데?"

영자는 박영혜를 통해 신협이란 걸 알게 되었다. 내게 있는 돈 천 원은 큰돈이 아니지만 열 명이 모여 천 원씩 내서 그 돈을 운용하면 큰돈이 된다고 설명했다. 그래서 신협에 돈을 저축하면 필요할 때 대출도 해주고 수익 배당금도 은행보다 훨씬 많다고. 듣고 보니 은행이나 계보다 훨씬 나을 것 같았다. 여자들이 많은 곳이어서 그릇 계나 이불 계, 혹은 여성백과사전 따위의 계를 모아 물건을 장만하기노 했다. 영자도 부녀부장이 권하는 그릇 계와 이불 계를 들어 스텐 그릇 세트와 이불을 장만했는데 후회스럽기만 했다. 특히 이불은 부피가 너무 커서 놔둘 곳이 없었다. 결국 엄마에게 갖다 주었지만 엄마는 결혼할 때 가져가라며 다락 위에 올려놓고 덮지도 않았다. 집에 가서 그걸 볼 때마다 다시는 계를 하지 않으리라 마음먹게 했다. 한번은 어떤 동료가 이자를 높게 주겠다며 돈을 빌려달라고 했다. 영자는 높은 이자에 솔깃해 돈을 3만 원이나 빌려주었다. 하지만 그 동료는 곧 회사를 그만두었고 집까지 찾아간 영자에게 그녀의 동거남이

욕을 하며 폭언을 퍼붓는 바람에 돈을 떼인 적도 있었다. 은행도 믿을 수 없었다. 취직한 이후 안 먹고 안 쓰고 은행에 정기적금을 든 돈은 그러나 인플레로 화폐가치가 폭락해버려 영자의 속을 태웠다. 설명을 듣고 보니 신협은 안심하고 돈을 맡길 수 있는 곳이라는 생각이 들었다. 게다가 이율은 물론이고 배당금까지 더하면 은행보다 훨씬 나은 곳이었다. 언젠가부터 영자는 일을 끝내고 쉬는 시간이면 영등포 당산동에 있는 산업선교회의 신협까지 걸어가 돈을 저축했다. 버스비 4원을 아끼려 걸어간 후 아낀 버스비 4원까지 보태어 저축했다. 그렇게 돈을 모아 영자는 동생들의 학비를 대고 있었다.

신협 때문에 산업선교회를 드나들다 보니 어느새 소그룹도 들게 되었다. 소그룹에서 인형이나 꽃 만들기를 배우기도 했고 핫케이크 등의 음식도 만들어 먹었다. 이래저래 산업선교회를 자주 들락거렸다. 하루는 그곳에서 유인물 한 장을 보았다.

너와 나는 싸워야 할 처지도 못되고 또 싸울 만한 이유도 없는데 왜 때려야 하고 왜 맞아야 하는지……. 어쨌든 간에 인간적인 면에서 사과를 한다.

어제까지만 해도 쓰거나 달거나 한 솥의 밥을 먹지 않았는가. 네가 나를 괴롭히면서 오히려 네 마음이 내 마음보다 아파한 것을 나는 마음 깊이 알고 있다. 이제 우리는 한 사람의 죄가 얼마나 많은 사람에게 피해를 준다는 것을 배웠다. 성경에 보면 이런 말이 있다. 나와 네가 알아둘 만한 이야기 같아서 소개한다.

"욕심이 잉태한즉 죄를 낳고, 죄가 성장한즉 사망을 낳느니라."

너는 나를 '돈 몇 푼 받으려고 치사하게 논다'고 비웃지 말아주기를 바란다. 나도 너와 같이 나라의 장래를 생각해야 한다는 것을 너도 인정하겠지. 나는 국민학교 다닐 때 친구와 싸우다가 선생님께 벌을 받은 일이 있다. 내가 친구 뺨을 때리면 친구는 내 뺨을 때리도록 하는 것이었어. 처음에는 멋쩍어서 손만 갖다 댔지만 나중에는 큰 싸움이 되었다. 모든 학생들은 웃고 선생님도 웃고 끝났지만, 지금의 너와 나와의 싸움은 웃고 용서해줄 사람이 없어 서글프다. 그저 한마디 "나를 용서하라"고 말하고 싶다. 너도 그럴 것이라고 믿겠다.

이 마음으로 우리는 계속 싸우자. 네가 죽든지 내가 죽든지 우리의 현실이 개선될 때까지.

한국모방퇴직금받기투쟁위원회에서 나온 유인물이었다. 산업선교회가 퇴직금을 받지 못한 사람들을 위해 모여서 대책위원회를 꾸리고 함께 싸워준다고 했다. 유인물은 투쟁위원회가 같은 회사에서 월급 받는 똑같은 처지이면서 서로 적이 되어 싸우는 경비실 직원들과 사원들에게 보내는 것이었다. 서글펐다. 잘못한 것은 회사 측인데 싸움은 같은 노동자들끼리 하고 있었다. 영자는 사원과 경비들을 하수인으로 만들어버린 회사의 독선과 노동자를 돈 벌어주는 기계 취급을 하는 안하무인에 화가 났다. 청와대 경호실 출신이라는 사장은 무소불위의 정권과 다를 바 없이 회사를 경영하고 있었다.

1972년 8월 9일, 소위 국가비상사태가 선포 중임에도 불구하고 회사 노동조합은 총파업을 한다고 했다. 새로 노조 정상화를 추진하던 지동진을 일방적으로 노량진 공장으로 전출시킨 사건이 계기였다. 비가 오는 운동장에 사람들이 모여들기 시작했다. 1400여 명의 조합원들이 거의 다 모인 것 같았다. 누군가 구호를 외쳤다. 1400명이 따라 하는 구호가 공장을 흔들었다. 누군가 노래를 가르쳐주겠다며 선창을 하자 다 같이 따라 불렀다. 찬송가 같은 노래가 가슴 속 응어리들을 끌어냈다. 모두들 눈물이 그렁그렁해졌다.

우리 승리하리라. 우리 승리하리라. 우리 승리하리, 그날에

회사는 결국 밤 11시가 넘어서야 지동진의 전출을 취소했다. 처음으로 배운 노래처럼 처음으로 경험한 승리는 황홀했다. 힘이 없는 노동자들도 그 미약한 힘들을 모으면 얼마나 큰 힘이 되는지, 비 오는 운동장에서 영자는 생생하게 보았다. 그 일은 힘 있는 자들에 대한 두려움을 없애 주었고 노동자로서의 긍지를 갖게 해주었다. 새로운 세상이 열리는 기분이었다. 그 여세를 몰아 지동진을 지부장으로 하는 새로운 민주노조의 지도부가 만들어졌다. 어용노조의 시대가 끝나고 노동자들을 위한 진정한 노동조합으로서의 출발이었다.

하지만 회사 측은 곧바로 8월 9일 사건의 보복 조치와 새로운 노조의 탄압을 시작했다. 41명의 조합원에 대한 부당한 징계 조치가 내려졌다. 14명이 해고되고 20명이 부서 이동을 강요당했고 23명이 직위 해제되었다. 대부분이 새로운 노동조합과 관련된 사람들이었다. 동생의 대의원대회 참석을 막지 못했다는 이유로 두 오빠가 해고되기도 했고 새로운 지부장과 친하다는 이유로 해고되는 사람도 있었다. 새로운 노조 집행부는 곧바로 해고자를 전원 복직시키라고 성명서를 냈으나 회사 측은 거부했다.

노동조합은 9월 3일을 기해 일요일 특근 작업을 전면 거부하기로 결의했다. 수출품 선적 만기일이 얼마 남지 않은 탓에 특근 거부는 회사 측에 막대한 피해를 줄 수 있는 방법이었다.

9월 2일 오전, 다음 날 작업 거부를 알리는 유인물이 은밀히 돌려지기 시작했다. 유인물은 주로 화장실에서 한 사람씩 전달되었다. 간혹 노조 간부들에 의해 작업장에 대량으로 살포되기도 했다. 작업장이 술렁대기 시작했다. 영자도 화장실에서 건네받은 유인물을 품속에 숨겨와 정방과 동료들에게 몰래 나눠주었다. 기숙사에도 유인물이 돌아 방방이 술렁였다. 회사에서도 이미 사태를 알고 노사협상을 제의해왔지만 결렬된 모양이었다.

밤새 비가 내리고 맞은 3일 새벽, 여자 기숙사로 사원들 수십 명이 올라왔다. 기숙사생들이 모두 방에서 나오지 않자 강제로 출근을 시키려고 온 것이다. 하지만 기숙사생들은 이미 출근한 야간조만 빼곤 모두 방문을 안에서 철사로 묶어놓은 후였다. 그러자 회사 측은 새벽 6시에 작업이 끝나는 조합들이 밖으로 나오지 못하도록 작업장의 문을 밖에서 걸어 잠그고 수십 명의 사원들로 하여금 각목을 든 채 지키게 했다. 조합원들은 갇힌 작업장 안에서 서로 눈치만 보고 있었다. 정방과의 반장인 영자도 야간조였던 탓에 작업장 안에 갇혀 있었다. 밤새 일하고 난 몸이 무겁고 배도 고팠지만 의식은 어느 때보다 투명했다. 이미 정보가 새나갔는지 주임이 아침 6시도 안 됐는데 출근을 했다. 하지만 무작정 기계를 끄고 나갈 순 없었다. 기계를 끄는 건 불법이기 때문에 기계는 그대로 둔 채 작업만 중단해야 하는데 모두들 눈치만 보고 있었다. 전방은 후방을 보고 후방은 전방만 쳐다보며 서로 눈치를 살폈다. 담임들과 각목을 든 남자들이 살벌한 얼굴로 이들을 감시하고 있었다. 10분쯤 흘렀을까, 어디선가 와, 하는 함성이 터져 나왔다. 그러자 작업이 일시에 중단되고 모두들 출입문 쪽으로 몰려갔다. 각목을 든 남자들이 서 있었지만 200여 명이 한꺼번에 몰려가니 두렵지 않았다. 남자들이 각목을 휘둘렀다. 맞으면서도 필사적으로 문을 밀고 나갔다. 함성과 비명이 뒤섞였다. 영자도 허기진 배에 몽둥이세례까지 받으며 기숙사로 올라갔다. 회사 측은 보복 조치로 무기한 휴업 공고를 정문 앞에 써 붙였다. 그리고 지동진 지부장에게 다시 협상을 제안했다. 그러나 협상 차 회사에 들어간 지부장은 곧 피투성이가 돼 병원으로 실려 갔다. 회사로 들어가자마자 간부들과 사원들이 달려들어 폭행을 한 것이다. 전치 2주의 부상이었다. 기숙사 방에 갇힌 동료들이 종일 굶은 채 탈진해가기 시작했다.

노조는 다시 대책회의를 갖고 계속 싸우기로 했다. 기숙사에 갇힌 사람들을 밖으로 나오게 하여 명동성당으로 가기로 했다는 소식이 들려왔다. 문제를 사회적으로 확대시켜 끝까지 싸우겠다는 의지였다.

"와, 저기 봐. 정문으로 나오래."

방 안에 갇힌 채 종일 창밖만 바라보던 명옥이 소리쳤다. 방 안 식구들 모두 창가로 우르르 몰려갔다. 종일 굶어 몹시 지쳐 있었다. 몸이 약한 서너 명은 탈진증세를 보였다. 두 명의 간부들이 공장 근처 지붕 위에 올라가 플래카드를 펼쳐들고 소리를 지르고 있었다. '정문으로 나오라!' 종일 감금된 채 굶고 지쳐 있던 방 식구들이 벌떡 일어나 소리를 질렀다. 함성 소리가 기숙사 모든 방에서 터져 나왔다. 어떻게 하든 정문으로 나가야 했다. 모두들 방문을 밀치고 나왔다. 덩치 큰 사감이 막아섰지만 900여 명이 한꺼번에 몰려드는 걸 막을 수는 없었다. 일부는 2층 창문을 깨고 뛰어내리거나 비상계단으로 달렸다. 사감은 당황하여 현관문을 열었고 조합원들이 순식간에 대림동 거리로 쏟아져 나왔다. 영자도 죽을힘을 다해 뛰었다. 영자가 빠져나온 뒤로 경비들이 정문을 걸어 잠그는 바람에 300여 명은 또다시 감금돼버렸다.

저녁 7시경, 영자는 난생처음 간 명동성당에 앉아 있었다. 티셔츠에 트레이닝 차림이었다. 옆의 동료들도 대부분 실내복 차림이고 심지어 잠옷 상의를 입은 사람도 있었다. 영자는 성당 안을 둘러보았다. 젊은 여성 노동자 600여 명이 소리 없이 앉아 있는 광경이 장관이었다. 미사포도 쓰지 않은 까만 머리의 여자들이었다. 흰 미사포를 쓴 사람들 사이에서 까만 머리를 그대로 드러낸 채 모여 앉은 여자들은 명백히 이방인 같았다. 신부들과 신자들은 의아해했지만 묻지는 않은 채 미사가 진행되었다. 그러나 미사가 끝나도 그들은 꼼짝도 하지 않고 앉아 있었다.

"미사가 끝났으니 나가 주십시오. 왜 회사 문제를 이 거룩한 성당에 와서 이럽니까?"

주임 신부가 큰 소리로 말했다. 그러나 밖은 이미 경찰들이 포위하고 있었고 기자들이 몰려왔다. 그제야 주위가 웅성거리기 시작했다.

"기자다. 기자들이 우리를 도우려고 왔다. 이제는 잘될 거야."

영자의 옆에 앉은 명옥이 들뜬 목소리로 말했다. 그제야 지동진 지부장과 방용석 교선부장이 어디선가 슬며시 일어나 인터뷰를 했다.

"우리는 더 이상 물러설 수도 없고 갈 곳도 없습니다. 우리의 요구 조건이 관철될 때까지 계속 농성을 할 겁니다."

지동진 지부장이 회사 측에 요구해왔던 해고 철회를 비롯한 6개 항을 기자들에게 설명했다.

"여러분 정상범 동지와 홍말순 동지가 경찰에 연행됐다고 합니다. 우리는 돌아갈 데가 없습니다. 결국 설움만 가득 안고 부모가 계신 곳으로 갈 수밖에 없는데, 마지막으로 김수환 추기경님을 모시고 미사라도 드리고 돌아갑시다."

방용석 교선부장이 말을 하자 우레와 같은 박수 소리가 들렸다. 뻣뻣하던 긴장이 어지간히 풀렸다. 시간이 지나며 중부경찰서장과 중앙정보부, 조지송 목사를 비롯한 지원 단체장들과 섬유노조 간부도 달려왔다. 경찰들이 성당 안까지 들어와 방용석 교선부장을 연행하려 했다. 조합원들이 함성을 지르고 경찰을 밀쳐 겨우 막아냈다. 밤이 깊어가고 있었다. 중앙정보부 요원이 나서 중재를 시작했다. 회사 측은 6개 항목 중에 4개 항을 받아들이겠다고 지부장에게 약속했다. 부당해고는 철회되었다.

"여러분, 이제 우리의 뜻이 어느 정도 관철됐으니 돌아갑시다!"

성당 안이 쩌렁쩌렁하게 지부장이 외쳤다. 자정이 넘은 시각, 조합원들은 다섯 시간 동안의 농성을 풀고 다섯 대의 경찰 버스에 분승에 회사로 돌아왔다. 영자도 긴 외출에서 돌아와 피곤한 몸을 뉘었다. 밤잠도 못 자고 야간작업을 한 후로 꼬박 하루가 더 지나 있었다.

영자는 어느 날 노동조합 앞을 지나고 있었다. 방용석 교선부장과 마주친 영자는 반갑게 인사를 나눴다.

"아니 신협 들면 참 좋은데 왜 신협 안 드세요? 남자 회원들이 너무 없어요."

영자는 느닷없이 그에게 신협을 권유했다. 사람들이 신협을 모르는 게 너무 안타까워 만나는 사람마다 신협을 권하고 있었다.

"아, 네."

방 부장이 겸연쩍은 듯 웃으며 대답했다. 그때 옆에 있던 동료가 영자를 툭 쳤다.

"무슨 소리해. 저 사람, 교선부장이잖아."

영자는 그제야 방 부장의 겸연쩍음을 이해했다. 누구보다 신협을 잘 알고 있는 사람 중 하나인 그에게 신협에 가입하라고 권한 꼴이었다. 그 후 얼마 지나지 않아서였다.

"이영자 씨, 노동조합 교선차장을 좀 맡아주세요. 방용석 교선부장이 적극 추천했어요."

노동조합이 영자에게 교선차장을 제의해왔다. 영자는 연일 터지는 회사의 폭압에 민주노조를 중심으로 힘을 합해야 한다는 생각에 제의를 받아들였다. 두 번의 사건을 겪으며 노동조합은 어느새 조합원들의 기둥이 돼 있었다.

3

교선차장이 되어 가장 좋은 것은 책을 마음대로 볼 수 있다는 것이었다. 교육선전에 필요한 자료인 도서 구입의 임무가 교선차장에게 주어졌다. 영자는 도서 구입을 핑계로 자주 서점에 갔다. 노동조합 서가의 책을 한 권도 남김없이 모두 읽은 영자는 새로 사 온 책을 제일 먼저 읽었다. 새 책을 앞에 놓고 있으면 남자를 만나도 이렇게 설레진 않을 것 같다는 생각이 들었다. 아니 남자야말로 영자에겐 가장 부정적인 존재가 아니던가.

재산을 모두 잃어버린 후에도 아버지의 마작은 끝나지 않았다. 아버지는 여전히 고향으로 가 마작 패들과 어울리는 모양이었다. 엄마가 구멍가게를 해 모은 돈을 장롱 서랍에 깊숙이 넣어두면 아버지는 귀신같이 찾아내어 어디론가 사라졌다. 그즈음 영자 덕에 학교를 마치고 취직을 한 남동생이 사우디로 돈을 벌러 떠난다고 했다.

"누나만 믿고 가."

남동생은 자신의 월급이 아버지에게 고스란히 넘어갈 것을 걱정해 그렇게 당부했다. 한두 달 월급을 아버지에게 넘긴 영자는 걱정스런 얼굴로 사막으로 떠난 동생이 자꾸 떠올랐다. 더 이상 망설일 수가 없었다. 동생의 월급에서 생활비 10만 원을 뺀 나머지를 모두 적금을 들어버렸다. 통장에서 곧바로 빠져나가는 그 돈은 천하의 아버지라도 어쩔 수 없을 것이었다.

"니년이 언제부터 내 살림에 배 놔라 감 놔라 하냐? 나는 이제 너 같은 년은 내 호적에 없다고 생각할 테니 애비라고 부르지도 마라!"

아버지는 불같이 화를 내며 그 후로 2년 동안 영자를 보지 않았다. 어쩌다 한 번 집에 들러도 아버지는 인사조차 받지 않고 돌아앉아버렸다. 영자 역시 노동조합 일이 바빠져서 집에 가는 시간도 뜸해졌다. 영자는 교선차장에서 교선부장이 되었다. 회사는 늘 문제가 생겼고 그때그때의 사안들만 따라가도 한 해가 훌쩍훌쩍 지나가 버렸다. 영자는 가끔씩 집에 들러 엄마와 여동생을 보고 돌아왔다.

"언니는 그렇게 책만 끼고 다니면 대학생처럼 보일 줄 알아?"

여동생이 늘 끼고 다니며 틈틈이 책을 읽는 영자를 보며 빈정거렸다.

"누가 대학생처럼 보이려고 책 들고 다니냐?"

영자는 들고 있던 책으로 동생의 머리를 쥐어박았다. 방송통신고등학교 과정을 마친 직후였다. 동생은 그런 영자가 부러웠던 걸까.

어려서부터 유난히 영민한 여동생은 중학교 진학도 하지 못했다. 집안 사정으로 초등학교만 졸업한 후 집에서 구멍가게 일을 돕고 있었다. 영자의 월급은 두 남동생 밑으로 들어가고 여동생에게까지 갈 여유는 없었다. 여동생을 볼 때마다 영자는 고등학교를 그토록 가고 싶었던 자신이 생각나 더 마음이 아팠다.

"난 언니처럼 살지 않을 거야."

동생들과 집안 뒤치다꺼리로 제 삶을 포기한 채 살아가는 영자를 볼 때마다 동생은 자기 자신에 대한 주문처럼 그렇게 말하곤 했다.

"그래. 제발 너는 나같이 살지 마라."

영자는 동생을 친구 아버지 회사에 급사로 취직을 시키고 비록 야간이나마 공부를 하라고 부추겼다. 동생은 급사를 하면서 야간 중학교와 고등학교를 마치고 제지 회사 경리로 재취업을 했다. 학교 다니는 내내 늘 1등을 놓치지 않은 덕이었다.

새로 간 직장이 안양이어서 동생은 집으로 들어갔다. 막내 남동생이 전문대를 졸업하고 나자 여유가 생긴 영자와 바로 밑 남동생의 합작으로 겨우 장만한 집이었다. 여동생은 월급을 타자 그동안 친정 한 번 가지 못한 엄마에게 친정 나들이를 시켜주었다. 외할머니 생신에 맞춰 한복과 코트를 맞춰주고 차비까지 마련해 엄마와 아버지까지 외가로 보내주었다. 엄마는 막내딸이 효녀라며 모처럼 홀가분한 얼굴로 친정 나들이를 갔다.

주먹만 한 함박눈이 내리던 날이었다. 영자는 엄마, 아버지가 외가로 떠난 집으로 갔다. 남동생의 친구들이 와서 놀고 있었다. 여동생 방으로 가서 문을 여니 잠겨 있었다. 전날 일거리를 잔뜩 가지고 와서 밤새 일을 했다는 동생은 아무리 노크를 해도 기척이 없었다. 문을 따보니 동생은 이미 연탄가스를 마셔 의식을 잃은 후였다. 영자는 급히 택시를 불렀다. 눈 때문에 차가 자꾸 헛바퀴를 굴리며 미끄러졌다. 동생은 여전히 깨어나지 못하고 있었다. 눈길을 미끄러져가며 겨우겨우 당도한 병원에서는 동생이 이미 사망했다는 선고가 내려졌다.

영자는 견딜 수가 없었다. 온몸이 저미는 것 같은 고통이었다. 어떻게 이럴 수가 있는가. 영자는 하늘에 대고 통곡하며 원망했다. 어린 나이에 고생하며 공부를 하다가 이제야 좀 살 만해지니 저 꽃 같은 아이를 데려간 하늘이 원망스러워 견딜 수가 없었다. 모두 제 탓인 것만 같았다. 여자라고 학교도 안 보내준 아버지에 대해 분노했으면서 자신도 결국 남동생들을 먼저 공부시켜야 한다고 생각지 않았던가. 영자는 자신 탓에 곱고 총명한 동생이 이렇게 어이없게 떠나버린 것만 같았다. 허무하고 허무했다. 삶이 이토록 가혹한 것이라면 도대체 무엇에 기대어 살아야 한단 말인가, 영자는 누구랄 것도 없이 묻고, 소리치고, 뒹굴었다.

동생이 떠난 지 얼마 되지 않은 때였다. 아버지가 영자의 자취방으로 찾아왔다. 딱히 용건이 있어서 온 것도 아닌 것 같았다. 생전 처음 있는 일이었다.

"너도 이젠 시집가야지."

아버지의 말은 느닷없었다. 그동안 영자가 혹시 결혼이라도 한다고 나설까 봐 늘 전전긍긍하지 않았던가.

"난 시집 안 가요. 아버지 덕분에 저한테 세상 남자는 모두 도둑놈일 뿐이에요."

영자는 그동안 입에 꼭 물고 있던 가시를 한 움큼 뱉어내는 기분이었다.

"미안하다. 나도 이렇게 살고 싶었던 건 아니다. 다만 사람 싫은 걸 어찌하지 못했던 게…… 모두 내 죄다."

아버지는 두 살 연상의 여인, 큰엄마 얘기를 하고 있었다. 큰엄마는 처음엔 구멍가게를 맡아 하다가 곧 고모가 서울에 차린 염색 공장의 한 구석방에서 쓸쓸히 지내고 있었다.

"부모가 장가가라니 그냥 갔는데 처음부터 너무 안 맞았다. 그 사람도 불쌍하고 미안해서 잘해보려고 해도 집에 가면 성질부터 나니……. 나도 어쩔 수가 없었다."

갑작스런 동생의 죽음에 마음이 약해진 모양이었다. 아버지는 가라앉은 어깨를 더 깊이 끌어내리며 긴 한숨을 내쉬었다. 영자는 생전 처음 보는, 그런 아버지의 모습이 낯설기만 했다. 아버지 역시 쑥스러운지 곧 헛기침을 하며 일어섰다. 삶은 모두 제각각의 몫이 있는 모양이었다.

1980년, 오랜 추위에 간절히 기다려온 봄이었던 만큼 꽃은 유난스럽게 만개했다. 여기저기서 꽃피는 소리가 소란스러웠다. 그러나 만개한 봄꽃이 채 지기도 전에 광주에선 수많은 사람들이 붉은 피를 쏟으며 꽃잎처럼 죽어갔다. 처음엔 소문을 믿을 수 없었지만 사실이었다. 총칼로 권력을 장악한 군부는 이미 예정된 시나리오에 따라 민주 세력에 대한 대대적인 탄압과 와해 작전에 들어갔다. 노동계에선 원풍모방 노동조합(1975년, 사주가 바뀜에 따라 한국모방에서 원풍모방으로 회사명 변경)이 표적이 되었다. 5·17 비상계엄의 전국 확대에 이어 소위 '노동계 정화조치'로 방용석 지부장과 박순희 부지부장이 해임되었고, 곧 수배령이 내려진 그들은 잠행에 들어갔다. 영자는 원풍모방노동조합의 꽃이라는 부녀부장과 자치회장을 겸하고 있었다.

12월 8일 오전, 갑자기 들이닥친 합동수사본부의 수사관들에 의해 지부장 직무대리와 총무, 부지부장 등 상근 간부 세 명이 연행되었다. 오후에는 쟁의부장과 공장장을 비롯한 회사 측 사람들도 연행되었다. 영자는 새벽 6시에 출근하는 오전반이었다. 오후 2시에 퇴근을 하고 노조 사무실에 가니 세 명의 상근 간부들이 연행되었다고 했다. 당혹스러웠다. 어떻게 해야 할지 판단이 서지 않았다. 어디의 누구에게 연락을 해서 이 소식을 알려야 할지 선뜻 떠오르지 않았다. 지부장과 부지부장은 수배 중이어서 연락도 되지 않았다. 노조 사무실에 모인 몇 명의 대의원들과 초조하게 두서없는 이야기를 나누다가 영자는 잠시라도 지친 몸을 누이려고 기숙사로 올라갔다.

방 안에 누워 있자니 두려움이 엄습했다. 누군가 자신에게 칼을 겨누고 있는 듯한 섬뜩한 기운이 몰려왔다. 그 칼은 분명 부녀부장이며 자치회장인 자신을 비켜갈 것 같지 않았다. 갑자기 후회가 몰려왔다. 서른세 살, 차라리 진작 결혼이라도 했더라면 이런 무자비한 칼은 피할 수 있었을 텐데 지금까지 왜 여기서 이러고 있었던 걸까, 느닷없는 회의도 몰려왔다. 언젠가부터 조직 생활에 지쳐가고 있었다. 골방에 혼자 앉아 책 읽는 걸 제일 좋아하는 성격에 교선차장, 교선부장, 부녀부장, 자치회장으로 이어진 임무들이 때론 버겁기도 했다. 늘 주어진 것들에 최선을 다한다는 생각으로 노동조합을 해왔지만 서른이 넘으면서는 자신의 삶을 찾아야 하는 게 아닌가 하는 생각들이 조금씩 몰려오고 있었다. 무엇보다 공부를 하고 싶었던 열아홉 살의 나는 어디로 가고 어느새 서른세 살의 나이가 되어 여기에 있는가. 원풍에서 보낸 시간들이 파노라마처럼 지나갔다. 지금이라도 도망을 갈까, 한순간 유혹이 몰려왔다. 도망가면 부끄러운 일일까. 아니 난 잘못한 게 없는데 왜 이리 두려워하고 있나. 온갖 상념들이 머릿속에서 회오리쳤다. 그때였다. 사감실을 통해 밑으로 내려오라는 연락이 왔다. 결국 올 것이 오고야 말았다. 지금이라도 도망치면 안 될까. 어디로? 창문을 깨고 뛰어내린단 말인가. 이미 밑에 와서 기다리고 있는데 어디로 갈 수 있단 말인가. 영자는 모든 걸 포기하고 기숙사 방을 나왔다.

수사관이 검은 자동차를 세워놓고 기다리고 있었다. 한강을 건너고 서울역을 지나 서소문 근처 '범진사'라는 간판이 달린 합수사 건물에 도착했다. 실내는 지나치게 환한 불을 켜놓아 더 으스스한 분위기였다. 저녁 시간이어서 가자 마자 해장국을 시켜주었다. 조사가 시작되었다. 간단한 신원 확인이 끝난 뒤 자술서를 쓰라고 했다. 그들은 원하는 대답이 나올 때까지 쓰고 또 쓰게 했다. 새벽 3시까지 자술서를 쓰고 나서야 잠을 재워주었다. 여군들이 자는 숙소는 캄캄했다. 손으로 더듬으니 야전침대가 잡혀 지친 몸을 뉘었다. 히터가 고장이라도 난 건지 방 안은 싸늘했다. 몸이 떨리기 시작했다. 마음마저 공포와 두려움에 싸여 영자는 밤새 시베리아 벌판에 홀로 버려진 기분이었다. 누구라도 좀 껴안고 있으면 살 것 같았다. 뜬눈으로 밤을 새우고 다음 날 아침에 보니 옆 침대에 먼저 연행된 한상분 부지부장이 누워 있었다.

날이 밝으니 여군들이 와서 옷을 다 벗으라고 했다. 군복을 입게 하고 독방에 가두었다. 여섯 발짝만 가면 발이 딱 닿아버리는 작은 방이었다. 문 앞은 총 매고 칼 찬 군인들이 지키고 있었고 옆방에선 비명 소리가 낭자했다. 영자는 정신을 바짝 차려야 한다고 스스로 다독였다.

"저기 지하실은 정승화, 김재규가 끌려간 곳인데 니년도 가볼래?"

두려움과 공포감을 끊임없이 조장하는 협박이 시작되었다.

"제대로 안 불면 영원히 애도 못 낳게 해줄 테니 알아서 해, 이 쌍년아!"

들어보지도 못한 욕설들이 40분간 계속되는 동안 욕은 한 번도 반복되지 않았다. 욕설의 종류를 그토록 많이 알고 있다는 게 더 신기할 지경이었다.

"니 방에 가서 책 다 가져왔어, 이 빨갱이 년아. 이거 완전 빨갱이 두목이더구만. 순진한 애들 니가 다 교육시켰지?"

노조 사무실과 기숙사를 덮친 모양이었다. 영자는 기숙사 방 안에 있던 책들을 떠올렸다. 『겨울공화국』과 『전환시대의 논리』, 『말콤X』, 『소유냐 삶이냐』, 『난장이가 쏘아올린 작은 공』……. 온몸을 전율케 하던 책들이었다. 그들이 원하는 건 결국 빨갱이로 엮는 것이라는 생각이 들었다. 그들이 이미 짜놓은 틀에 꿰맞춰지고 있다는 두려움이 몰려왔다. 아무리 합법적인 노동조합 활동이라고 항의해봤자 소용없는 일이었다. 바자회 때 팔았던 판금도서들과 광주모금운동을 집중적으로 조사받았다.

며칠이 지났는지도 희미해져갔다. 노동조합의 나머지 간부들과 기숙사 방 실장, 소그룹 회장까지 다 불려온 모양이었다. 처음엔 내내 빨갱이라고 엮어대던 수사관들의 태도가 무슨 이유에선지 조금씩 변하기 시작했다. 사표를 내라고 했다.

"꽃다운 내 청춘을 다 묻은 곳인데 사표를 내면 사장한테 내야지 왜 당신들한테 내라고 그래!"

눈물이 터졌다. 청춘의 시절 15년을 여기서 이렇게 끝내야 하다니, 억울하고 분했다. 하지만 더 이상 버틸 힘이 없었다. 그들은 사표를 내지 않으면 순화 교육을 보낸다고 협박했다.

결국 영자는 사표를 쓰고서야 풀려났다. 12월 30일, 합수사에 끌려간 지 22일 만이었다. 수사관을 대동하고 노량진의 본사로 가서 퇴직금을 탔다. 영자는 일부러 시간을 늦추며 조합원들의 교대 시간인 2시 10분 전에 맞춰서 공장으로 왔다. 분위기가 살벌했다. 주임이나 담임들이 나와 영자와 조합원들이 마주치게 될까 봐 삼엄하게 감시를 했다. 수사관이 빨리 가자고 재촉을 했다.

"책상 정리는 해야 할 것 아니에요!"

영자는 기숙사 방으로 올라갔다. 여자 군인이 방까지 따라왔다. 15년 동안 근무했던 흔적이 방 안에 고스란히 남아 있었다. 사물함은 무사했다. 합수사 수사관들이 압수수색을 왔을 때 기숙사 동료들이 나서 사물함은 영자 언니밖에 열 수 없다며 막아준 덕이었다. 영자는 물건 하나하나를 쓰다듬으며 천천히 짐을 싸기 시작했다. 짐을 모두 싸서 트럭에 실었다. 그리고 계단을 내려가려는데 야간반 동료들과 2시 퇴근반 동료들이 몰려왔다.

"언니, 가면 안 돼요!"

몰려온 동료들이 일제히 소리쳤다. 눈물이 흘러 얼굴이 번들번들했다. 기숙사 문밖에 모여 있으면 불법집회가 되기 때문에 모두들 문 안으로 들어와 있었다. 계엄령 하여서 밖에서 두세 명만 모여도 집회로 간주되었다. 영자의 눈에서도 눈물이 흘렀다. 가족과 다름없던, 아니 가족보다 더 가까운 이들을 이렇게 떠나야 한다는 게 서럽고 억울했다. 울고 웃었던 청춘의 흔적들이 곳곳에 배어 있었다. 이렇듯 강제로 끌려 나갈 줄은 생각도 하지 못한 곳이었다. 여기저기서 울음소리가 커지고 있었다.

"참, 원풍은 의리 하나는 끝내준다니까."

사감실에 있던 남자 수사관이 돌아서며 중얼거렸다.

밤 9시, 수사관들은 영자를 안양의 집 앞에 내려놓고 떠났다. 두서없이 싼 짐 보따리가 덩그러니 영자 앞에 놓여 있었다. 막막했다. 집 앞까지 오긴 했지만 들어갈 용기가 생기지 않았다. 이렇게 들어가면 식구들이 얼마나 놀라고 당황할까 생각하니 선뜻 발이 떨어지지 않았다. 아버지는 또 얼마나 노발대발할 것인가. 영자는 얼어붙은 골목 앞에 서서 한참이나 집을 쳐다보았다. 짓뭉개져버린 자존심으로 견딜 수 없었다. 왈칵, 눈물이 쏟아졌다. 쏟아지는 눈물 위로 한겨울 칼바람이 불어왔다. 살아내야 할 날이 긴 골목 끝으로 막막히 놓여 있었다.

에필로그

엄마의 장례식이 끝났다. 장마는 쉽게 끝날 것 같지가 않다. 나뭇가지가 휘어지도록 비가 퍼붓는 날 엄마는 화장장에서 태워져 고향인 고령에 뿌려졌다. 영자는 엄마를 꼭 외가가 있는 고령에 뿌려주고 싶었다. 동생은 몇 년 전 돌아가신 공원묘지의 아버지 곁에 모시자고 했지만 영자가 반대했다. 죽어서라도 엄마를 풀어주고 싶었다. 아버지도, 큰엄마도, 큰엄마의 자식들도, 그리고 평생 볼모처럼 당신을 잡고 있던 자식들도 없는 곳에서 마음껏 훨훨 날아다니게 하고 싶었다. 비록 가난했지만 마음만은 편안했을, 아버지를 만나기 이전으로 돌아가게 해주고 싶었다.

지금쯤 엄마는 이곳을 떠나 어딘가로 가고 있을까. 이제는 잃어버린 기억들을 모두 되찾았을까. 아니 어쩌면 남은 기억마저 모두 버렸을지도 모를 일이다. 그제야 영자는 엄마의 치매가 자신의 기억을 모두 잊고 싶은 자발적 기억상실은 아니었을까 하는 생각이 들었다. 어쩌면 자신마저 엄마의 기억상실에 잊고 싶은 것들을 함께 엎어버린 것은 아닌지……. 영자는 아침부터 구름 캄캄한 하늘을 본다. 삼우제 날도 비는 여전히 내리고 있다. 짐을 챙긴다. 영자는 고령에 가서 며칠 묵을 예정이다. 어린 날 이후로 한 번도 안겨보지 못한 엄마 품에서 긴 잠이라도 자듯 외가에서 며칠 머물다 올 생각이다. 손이 바빠진다. 고령까지 가려면 서둘러 길을 떠나야 한다. 그때 휴대폰이 울린다. 큰오빠의 아들 큰조카다. 장례식에 와서 내내 상주 노릇을 하고 장지까지 따라와준 것만으로도 고마운데 삼우제까지 챙기려는 모양이다. 일찍 아버지를 잃고 할머니 밑에서 자란 조카는 지금도 큰엄마를 모시고 있다. 영자는 폴더를 연다. 꼬박꼬박 고모라고 부르며 큰집 형제들과 조카들 중 가장 살갑게 구는 아이였다.

"고모, 할머니가 돌아가셨어요."

영자는 무언가로 얻어맞기라도 한 듯 멍하다. 큰엄마가 돌아가시다니. 비록 이젠 돌아가도 억울할 게 없는 나이지만, 그래도 엄마의 삼우제 날이 아닌가. 누군가 짜 맞춘 각본인 것만 같다. 두 여인이 사흘 간격으로 떠나다니. 아니 엄마가 손이라도 내밀고 큰엄마가 그 손을 잡고 떠나는 형국이었다. 일생 동안 서로에게 상처였던 두 여인은 정말 손이라도 맞잡은 걸까. 영자는 폭우가 쏟아지는 하늘을 새삼 다시 올려다본다. 장막이라도 드리운 듯 캄캄한 하늘 어디선가 두 여인이 다정히 손을 잡고 길을 떠나는 것만 같다. 아니 어쩌면 아버지까지 나란히 서서 가고 있을지도 몰랐다. 이젠 더 이상 본부인도 둘째 부인도 아닐 곳에서 각자 자기 몫의 길을 걷고 있을지도 모를 일이다. 영자는 그제야 자신이 그 세 사람의 손을 단 한 번도 잡아본 적이 없다는 걸 깨달았다. 언제나 원망과 연민 사이에서 갈팡질팡하기만 했다.

영자는 폭우가 내리는 하늘에 가만히 손을 내민다. 그리고 가만히 흔들어본다. 그들이 더 멀리 가기 전에, 아직 희미하게나마 모습이 보일 때에, 영자는 손 흔들어 그들을 전송한다.

꿈, 꿈, 꿈… 지금도 진행형

04 박순애 이야기 김영주

박순애 1955년 전북 정읍에서 태어났다. 초등학교 졸업 후 상경하여 1972년 원풍모방의 전신인 한국모방에 입사할 수 있었다. 직포과 양성공 시절 9·3 사태를 맞았으며 1978년에는 영등포산업선교회 인명진 목사의 재판을 방청하던 중 영등포경찰서에 연행되기도 했다. 1981년 연차대의원대회에 이어 다음 해에 임시대의원대회에서 부조합장으로 선출되었다. 그런데 9·27 사태가 있기 하루 전, 회사 상벌규정 제12조 위반 혐의로 해고 통지를 받아야 했다. 1983년 3월 4일 노동쟁의조정법(제3자 개입)위반혐의로 징역 1년을 언도받았으며, 10개월 복역 후 광복절 특사로 석방되었다. 현재는 용인시 기흥구에서 화원을 운영하고 있다. 용인 참여자치시민연대 활동으로 시의회 모니터링과 예산 감시 활동을 했으며, 지역 내 고등학교의 운영위원회 위원으로도 활동하고 있다.

1

"순애야, 꿈이 뭐니?"

"꿈, 이요?"

"이다음에 커서 어른이 되면 뭐가 되고 싶어?"

어릴 적, 누군가 나에게 꿈이 뭐냐고 물으면 어떤 대답을 했을까, 할 수 있을까.

전라북도 정읍시 고부면 관정리 청룡부락.

내가 나고 자란 고향 마을이다. 대여섯 가구쯤이었을까. 산과 논, 밭들 사이로 띄엄띄엄 자리한 집들 대부분이 초가집이었고, 우리 집 바로 아래로 아주 잘사는 기와집 한 채가 있었다. 내가 태어나기 두 해 전인가. 어머니가 그 집에서 얻어온, 제사상에 올렸던 쌀밥을 먹고 태어난 지 두 주도채 안 된 오빠가 사망한 일이 있었다. 어머니만 겨우겨우 목숨을 건질 수 있었다고. 그래서인지 기와집을 지나칠 때면 왜 그리 마음이 무겁던지. 어린 마음에도 걸음을 서둘기 일쑤였다. 마을 공동 우물에 물을 길으러 가야 할 때조차 그 집 쪽으로는 시선을 주지 않으려 애썼다.

우리 집 역시 낡고 초라한 초가집이었다. 집 뒤편으로는 대나무가 숲을 이루었고, 크고 작은 산등성들 사이로 군내로 통하는 고갯길이 구불구불 이어져 있었다. 부엌 하나에 방이라고는 달랑 두 개뿐. 방 하나는 할머니 혼자 차지였고, 아버지와 어머니, 순남 언니, 나 그리고 넷이나 되는 동생들이 다른 방 하나를 썼다.

"다리 좀 저리 안 치울래?"

"나도 다리 저려 죽겠거든? 그니까 자꾸만 밀치지 마."

"할머니처럼 나두 혼자 잤음 좋겠다."

"그치? 그럼 다리두 맘껏 펴고……."

좁디좁은 방에서 포개듯 잠을 잘 때면 너른 방에 혼자 누웠을 할머니가 그렇게 부러울 수가 없었다. 아주 가끔은 밉기도 했다. 하지만 부스럼이 났다 싶으면 낡은 흰 고무신을 태운 재를 발라 부스럼을 낫게 해주고, 고름이 찬 자리에 느릅나무 찧은 것을 발라 노란 근까지 말끔히 빼주는 할머니를 결코 미워할 수 없었다. 원망할 수도 없었다.

부칠 땅뙈기 한 평 없던 아버지는 곰소와 부안에서 풀치를 비롯해 각종 생선을 사 왔다. 그러고는 자전거에 싣고 다니며 바다와 먼 이곳저곳에 팔았다. 어머니는 어머니대로 이집 저집 일을 다니고, 쌀을 얻으러 다니느라 하루해가 짧을 지경이었다. 그런데도 우리 가족은 참 많이도 가난했다.

고구마를 뭉텅뭉텅 집어넣은 고구마밥과 채소 따위를 섞어 지은 시레기밥, 무밥 등이 우리 집 아침밥상의 대부분을 차지했다. 수제비나 칼국수로 저녁 끼니를 때울 때도 많았다. 그조차 없어 꼬박 굶은 적도 몇 번이었던지. 점심 끼니는 아예 없다시피 한 게 한두 번이 아니었다.

"우이씨, 또 수제비야?"

수제비든 칼국수든, 밀가루 음식이 밥상에 오르기라도 하면 한바탕 소동이 일곤 하였다.

"그래서? 먹기 싫어?"

"어제도 그제도 수제비였음서……."

"맞아. 짜증나."

"밥상머리서 복 달아나게시리. 먹기 싫음 저리들 비켜!"

"치이, 누가 먹기 싫대?"

"난 벌써 다 먹었는데. 것도 내가 먹음 안 돼?"

"숟가락 저리 안 치워!"

눈물이 쏙 빠지게 혼쭐이 나고서야, 누가 뺏어 먹을세라 국물까지 싹싹 먹어치운 게 한두 번이 아니었다. 하마터면 쫄딱 굶을 뻔한 적도 있었다.

관청국민학교 시절, 구불구불한 고갯길을 돌고 돌아 학교로 가는 길이면 늘 배가 고팠다. 그렇지만 학교에서 나눠주는 옥수수빵을 먹을 생각에 걸음걸음을 재촉할 수 있었다.

"퐁당퐁당 돌을 던지자. 누나 몰래 돌을 던지자. 냇물아 퍼져라 멀리멀리 퍼져라."

학교에서 배운 동요를 흥얼거리다 보면 저만치 학교 교문이 눈에 들어왔다. 콧구멍이 먼저 벌름거렸다. 등에 맨 책보가 흥에 겨워 좌로 우로 달랑거렸다.

똥글똥글한 모양에 노오란 빛깔, 달고도 고소한 냄새와 맛, 모락모락 피어오르던 따스한 김까지, 둘이 먹다 하나가 죽어도 모를 옥수수빵이었다. 더군다나 다른 아이들은 한 개가 고작이었지만, 나는 특별히 두 개씩

받을 수 있었다. 똥구멍이 찢어지게 가난하다는 게 이유였지만 그 순간만큼은 까짓, 상관없었다. 수업을 마치고, 머리핀 따먹기 놀이에 푹 빠져 있다 집으로 돌아오는 길이 결코 힘들지만은 않았다.

간식으로 먹던 독새기풀 맛은 또 얼마나 일품이던지. 생각만 해도 입안 가득 군침이 돌았다.

"얘들아, 이따가 독새기풀 뜯으러 안 갈래?"

"알았어."

"나두!"

"바가지 챙기는 거 까먹지 말고."

"너나 까먹지 마."

방과 후에는 친구들과 독새기풀을 찾아 들로, 논으로 쏘다니곤 했다. 바가지를 챙겨가는 것도 잊지 않았다. 반원형이나 달걀 모양의 백록색 잎을 바가지로 주르륵 훑어낸 다음, 달달 볶아 미숫가루처럼 타 먹노라면 황제의 밥상이 부럽지 않았다. 내기라도 하듯 쑥을 캐고 냉이를 캐는 일도 다반사였다. 그래도, 그래도, 배가 고프다 싶으면 찧지 않은 겉보리를 학독에 넣고 박박 비벼내어 볶아 먹었다. 친구들과 수다를 섞어 오물오물거리다 보면 허기 따윈 온데간데없었다. 산더미 같은 숙제 걱정은 훌훌 날려버린 지 오래였다.

대바구니를 챙겨들고 개울로 달려간 게 몇 번이던지. 대바구니 가득 잡아 올린 송사리와 우렁이를 끓여 먹으며 허기를 달랜 적은 또 몇 번이던지. 손으로 셀 수조차 없었다. 어떨 땐 젖먹이 동생을 둘러업고 어머니가 일하는 곳을 찾아다니곤 했다. 운이 좋을 때는 어머니와 함께 점심밥을 얻어먹을 수 있었다.

할머니의 성화에 떠밀려 나무를 해와야 하는 날도 있었다.

"학교 다녀왔습니다."

"이제 오냐?"

"네, 할머니."

"어여 책보 풀어놓고 나무 좀 해 와야겠다."

"오늘은 숙제가 무지 많은데…… 배도 고프구. 담에 하면 안 돼요?"

"나무를 해 와야 저녁밥을 짓든, 불을 때든 할 거 아냐. 그러니 꾀부릴 생각 말고 어여 니 동생이랑 댕겨오라니까."

"난 안 가면 안 돼요?"

남동생 일상이도 꾀가 나는 모양이었다.

"꾀부릴 생각 말랬지?"

하지만 할머니는 눈도 꿈쩍 않은 채 마당 귀퉁이에 놓아둔 구덕을 챙기기에 여념이 없었다.

"자, 자, 어여 구덕들 챙겨 메고!"

지푸라기로 엮어 만든 구덕을 어깨든 머리든 되는 대로 메고 이 산 저 산을 헤매다 보면 하루해가 훌쩍 저물기 일쑤였다. 꾀가 나면 남의 집 묏등이나 묵정밭을 박박 긁어 구덕을 채우기도 여러 번이었다. 그러고는 그것을 가져와 밥을 짓고 불도 땔 때면, 공부를 잘해 중학교에 진학한 순남 언니가 그렇게 부러울 수가 없었다. 아침부터 늦은 오후까지 남의 집 일을 하러 다니는 어머니가, 이 마을 저 마을로 생선을 팔러 다니는 아버지가 밉고 미웠다.

초등학교 3학년이었을까 4학년이었을까. 아버지는 결국 상경을 감행하였고, 이태원의 태평극장 앞에서 냉차 장사를 시작했다. 중학교 2학년이던 순남 언니 역시 학업을 포기한 채 아버지를 따라 서울로 가야 했다. 태평극장에서 멀지 않은 변전소 앞에 좌판을 벌인 언니는 과일 장사를 시작했다.

그 덕분에 나는 5학년이 되던 해 처음으로 서울행 기차를 탈 수 있었다. 정읍역에서 출발한 완행열차는 밤새 지칠 줄 모르고 달렸고, 설렘과 기대로 들뜬 나도 밤새 눈 한 번 붙이지 못했다.

방학을 이용해 서울에 간 나는 태어나 처음으로 극장 구경을 할 수 있었다. 냉차 장사를 하던 아버지가 따로 부탁을 해주어, 아주 잠깐이긴 했지만 영화의 끝 장면도 볼 수 있었다.

난생처음 풍선껌도 불어보았다. 그 쫀득한 감촉이라니. 방학이 끝나고 고향 집에 내려와서까지도 풍선껌을 입에 달고 다녔다. 껌을 대신해 송진이나 땅밀을 씹어 먹던 시절이었다. 그러다 보니 학교 아이들은 풍선껌을 부는 나를 무척이나 부러워했다.

"와아, 진짜 신기하다!"

"한 번만 씹어보면 안 될까?"

"땅밀 한 주먹이랑 바꿔 먹지 않을래?"

뻐길 줄도 으스댈 줄도 모르는 나였지만, 다음 번 방학이 기다려지는 건 어쩔 수가 없었다.

순남 언니까지 생활 전선에 뛰어들었는데도 우리 집 사정은 나아질 기미조차 보이지 않았다. 여전히 늘 배가 고팠다. 매달 50원씩 내야 하는 육성회비는 밀리고 밀린 채 쌓여만 갔다.

김신조 등이 청와대를 습격하려다 미수에 그치고 만 일로 온 나라가 술렁이던 때였다. 어머니가 학교에 가려는 나를 급히 불러 세웠다.

'설마, 아침부터 고구마 밭을 매라는 건 아니겠지? 학교 가지 말고 온 종일 동생들이나 챙기고 있으라면 어쩌지? 방과 후 친구들이랑 머리핀 따 먹기 놀이하기로 했는데……'

무슨 일인지 어안이 벙벙했다. 못 들은 척 냅다 사립문을 뛰쳐나가 버릴까 쭈뼛거렸다. 남동생은 벌써 고갯길을 뛰어오르고 있었다.

"이거 학교에 갖다 내거라."

어머니는 100원짜리 지폐 한 장을 불쑥 내밀었다.

"니 꺼하고 동생 것까지, 백 원이다. 나머지 육성회비는 담에 꼭 갖다 드릴 거라 말씀드리고."

고작 한 달치란 말이지. 밀린 육성회비가 대체 얼마일까. 다음에 언제 쯤이나 나머질 다 낼 수 있으려나. 어린 마음속이 시끌벅적거렸다. 나는 꽁꽁 접은 지폐를 책보 깊숙이 밀어 넣었다.

"순남이 그것이 일부러 챙겨 보냈더라."

"언니가?"

"그래. 그러니 혹여라도 잃어버리지 않게 잘 챙겨 넣고."

그러고도 모자라 몇 번이고 지폐를 확인하고 또 확인했다. 그랬는 데…….

'말도 안 돼!'

그랬는데…… 학교에 도착하자마자 펼쳐본 책보 어디에도 100원짜리 지폐는 없었다.

'그게 어떤 돈인데.'

순남 언니가 얼마나 고생해 번 돈인 줄 뻔히 아는데…… 대체 언제, 어디서 잃어버린 건지. 감조차 잡히지 않았다. 귀신도 곡할 일이었다. 나는 수업도 듣는 둥 마는 둥, 안절부절 어쩔 줄을 몰랐다. 생각하면 할수록 눈물만 줄줄 흘렀다.

"순애야, 아직도 육성회비 못 찾았지?"

어느 결에 우리 반 담임이신 홍준표 선생님이 다가와 있었다. 육성회비도 못 내는 주제에 공부는 해서 뭐 하나, 나무라면 어쩌나. 집에 가서 다시 돈 챙겨오라면 어쩌나. 걱정이 눈덩이처럼 커져만 갔다. 나는 무슨 말을 해야 할지 모른 채 고개만 연신 끄덕거렸다.

"어디서 잃어버렸는지도 모른다면서. 그런 걸 두고두고 생각해봐야 마음만 아프지. 안 그래?"

선생님은 내 어깨를 투덕여주었다.

"다음에 돈 생기면 그때 내면 되지."

그러고는 나와 눈을 맞추며 수련장을 내밀었다.

"자, 이거 받고 마음 풀어."

혼을 내도 모자랄 판에 선물까지 주시다니? 것도 부잣집 아이들만 갖고 다닌다는 수련장을? 나는 내 손에 들린 수련장과 선생님을 몇 번이고 번갈아 보았다. 눈길이 어찌나 부드럽고 따스하던지. 집에 가서 다시 육성회비를 챙겨오지 않아도 한 학년을 무사히 마칠 수 있을 거란 예감이 온몸을 휘감아 돌았다. 피돌기가 빨라졌다. 빠르되 거칠지 않았다. 부드러웠다. 따스했다.

"이제 수업해야지?"

선생님 얼굴에 미소가 가득 번져 있었다. 하마터면 나는 울음을 터트릴 뻔했다.

"순애야, 꿈이 뭐니?"

어릴 적, 누군가 나에게 꿈이 뭐냐고 물으면 어떤 대답을 했을까, 할 수 있을까.

"이다음에 커서 어른이 되면 홍준표 선생님 같은 사람이 될 거예요."

"왜지?"

"내가 가진 것을 남에게 줄 수 있는, 나눌 수 있는 그런 사람이 되고 싶거든요."

아마도, 그렇게 대답하지 않을까. 그럴 것이다.

2

"꼬마야, 꿈이 뭐야?"

"꿈이요?"

미원보세에 다닐 적, 누군가 나에게 꿈이 뭐냐고 물으면 어떤 대답을 했을까, 할 수 있을까.

얼렁얼렁 6학년이 되었다.

해가 바뀔 즈음 느닷없이 '국민교육헌장' 이라는 것이 발표되었다. 대한민국 학생은 누구든 그것을 암기해야 한다고 했다. 암기를 못하는 학생에게는 체벌이 가해지기도 했다. '국민교육헌장 암송대회'를 열어 그걸 외우도록 독려하는 학교까지 생겨났다. '우리는 민족중흥의 역사적 사명을 띠고 이 땅에 태어났다'를 시작으로 '신념과 긍지를 지닌 근면한 국민으로서, 민족의 슬기를 모아 줄기찬 노력으로 새 역사를 창조하자'까지 토씨 한 자 틀리지도, 빠뜨리지 않고 외워대다 보니 6학년이 훌쩍 지나가

버렸다.

졸업을 앞둔 어느 날, 반 친구들과 한자리에 모였다.

"난 군내에 있는 중학교에 진학할 거야."

"나두! 근데 순애 넌?"

"우리 집 형편에 중학곤 무슨. 국민학교 졸업장이라도 받은 게 어디야."

"그럼…… 앞으로 뭐할 건데?"

"순남 언니가 서울서 같이 지내재."

"너두 과일 팔게?"

"그건 아니고, 요즘 언니가 수놓는 공장에 다니고 있다나 봐. 날더러 같이 다니자고."

"그래서, 서울은 언제 가는데?"

"설마 졸업식도 않고 가는 건 아니겠지?"

"응. 졸업식은 꼭 하고 가려고."

"정말 다행이다. 그치?"

1955년 음력 6월 28에 태어난, 주민등록상으로는 56년생으로 되어 있는, 그래서 남들보다 1년 늦은 아홉 살에 입학할 수 있었던 나. 그 흔한 별명조차 없을 정도로 눈에 띄거나 잘하는 것 하나 없던, 그저 가야금 연주를 부러워하는 게 고작이었던, 나는 어찌어찌 초등학교는 마칠 수 있었지만 중학교 진학은 아예 꿈도 꿀 수 없었다. 졸업장을 받아 든 나는 곧장 서울로 향했다.

때마침 과일 장사를 접고 용산에 위치한 미원보세공장에 다니던 언니를 따라, 그곳에서 일하게 되었다. 요꼬 공장이라나. 3층인가 4층짜리 건물이었고 내가 배치된 작업장은 3층에 있었다.

아래층은 주로 편물 작업을 하는 곳이었다. 어쩌다 그곳을 들여다볼라치면 선 채로 옷을 짜는 사람들과 앉아서 일하는 사람들로 북적대곤 했다. 발 디딜 틈조차 없어 보였다.

우리 작업장은 그렇게 짠 스웨터에 수를 놓는 일을 했다. 그래서인지 직원 대부분이 아줌마들이었다. 언니 또래의 아가씨들도 여럿이었다. 작업대 위에 실을 감아놓은 통들이 줄 맞춰 놓여 있었고, 긴 작업대를 사이로 직원들이 서로 마주 보고 앉아 일을 했다. 열다섯 살. 나이도 어린 데다 키도 작았던 나는 뻥튀기 깡통만 한 통을 올려놓고 앉아야 했다. 그래야 다른 사람들과 키를 맞춰 일할 수 있기 때문이었다. 처음엔 꽤 불편했지만 시간이 지나면서 원래 내 자리인 듯 익숙해졌다.

공동 화장실이 있는 1층까지 오르내리는 건 정말 성가신 일이었다.

"꼬마야, 어디 가니?"

"오줌 누러요."

"꼬마야, 계단 오르내리기 힘들지 않아?"

"조금요."

"꼬마야, 변소 같이 가 줄까?"

"히이, 괜찮아요."

그런데 모두들 계단을 오르락내리락 거리는 나를 꼬마야, 꼬마야, 부르며 이뻐해주었다. 박순애라는 이름 대신 '꼬마야'로 통했고, 딸 같고 막내 동생 같다며 서로 앞다퉈 챙겨주곤 했다. 어떨 땐 자신들이 수놓은 스웨터를 내 스웨터 위에 올려놓아주어 내가 돈을 조금이라도 더 받을 수 있게 해주었다. 그러다 보니 힘들어도 힘든 줄 몰랐다. 지쳐도 지치는 줄을 몰랐다.

3층 작업장은 크게 두 반으로 나뉘어져 있었다. 내가 속한 반의 반장은 '왕 아줌마'라는 분이었다. 남편은 없고 아들만 하나 있었는데, 영화배우 뺨치게 참으로 예뻤다. 한창 인기를 얻고 있던 〈미워도 다시 한 번〉의 여주인공이 스크린 밖으로 뛰쳐나온 게 아닐까 싶을 정도였다. 다른 반 반장은 '오 아줌마'라는 분이었다. 딸이 한국모방에 다니고 있다 했다. 그 외에도 미스 지가 있었고, 보조로 일하는 미스 유 언니도 있었다. 어머니와 함께 일하던 박미래는 청파동에 있는 야간중학교에 다니고 있었다. 그런 박미래가 왜 그리 부럽던지. 왠지 달라 보이기까지 했다.

'나도 언젠가는!'

마음속 깊이 다짐을 하곤 하였다.

우리 모두는 트랜지스터라디오를 틀어놓고 일을 했다. 남진이나 나훈아 노래를 들었고, 김상진이 부르는 노래도 들을 수 있었다.

"아니냐 아니냐 그것은 거짓말 향수를 달래려고 술이 취해 하는 말이야 아, 아, 아, 아, 타향은 싫어 고향이 좋아."

너나 할 것 없이 박자를 맞췄다. 어깨를 들썩거렸다.

"저 푸른 초원 위에."

"두두루 두루두루."

"그림 같은 집을 짓고."

"두두루 두루두루."

"사랑하는 우리 님과 한 백년 살고 싶네."

어떨 땐 서로 주거니, 받거니 노래를 따라 부르기도 했다. 나훈아의 〈바보 같은 사나이〉는 내가 특히 좋아하는 노래였다.

"세월가면 잊어질까 세월아 말을 해다오 그리워 그리워서 가슴만 태우는 바보 같은 사나이."

노래뿐 아니라 동작을 흉내 내기도 했다.

월급은 따로 정해진 것이 없었다. 꽃수와 덧수에 따라 스웨터 한 장당 '얼마짜리 수'라고만 정해져 있었다. 그래서 모두들 되도록 늦게까지 일을 하려 들었다. 운이 좋으면 밤 10시 넘어서까지도 일을 할 수 있었다. 어떨 땐 경비반장이 독촉을 해댈 때까지 일을 멈추지 않았다.

"문 닫을 시간 지났습니다. 이제 그만들 나가시지요."

"조금만. 조금만 더요."

"한 번만 봐주세요. 네?"

"나도 집엔 가야지 않겠습니까. 이러다 마누라한테 쫓겨나면 책임지실 겁니까?"

"어머머. 흉측 망칙해라."

"그러니 제발들!"

되레 애원을 할 때도 있었다. 실랑이가 벌어진 적도 여러 번이었다.

오후 7시 무렵이면 식사 대용으로 '크림빵'과 '보름달빵'을 두 개씩 나눠주었다. 크림빵도, 보름달빵도 입에 넣자마자 스르르 녹는 그 맛은 둘이 먹다 셋이 죽어도 모를 정도였다. 하지만 그것들을 먹는 시간조차 아까워 구기듯 입에 쑤셔 넣은 채 바늘에 실을 꿰기 일쑤였다. 아주, 아주 드문 일이긴 하지만 그렇듯 지독하게 굴어 한 달치 노임으로 만 원을 받아가는 경우도 있었다.

"가만? 꼬마야, 새끼손가락이 왜 그러니?"

"저도 잘 모르겠어요."

"쯔쯔, 얼마나 실을 빼댔길래 벌써 이리 휘어져버렸누."

하도 열심히 실을 빼서 그랬나. 언제부터인가 새끼손가락이 휘어져 있는 것을 발견할 수 있었다. 하지만 한 푼이라도 더 벌 욕심에 그조차 무심히 넘길 수 있었다.

손가락이 휘어진 게 어디 나쁜이었을까. 한 푼이라도 더 벌 욕심에 털실 따위를 몰래 빼내가는 직원들도 있나 보았다. 그래서였을까. 경비실에서 몸수색을 받고서야 퇴근을 할 수 있었다. 매일매일 치러야 하는 일이었지만 몸수색을 받을 때면 왠지 기분이 언짢았다.

우리들이 살던 집은 이태원 옆 보광동에 위치해 있었다. 시커먼 천막을 씌운 지붕에 판자로 얼기설기 엮은 벽이 전부인, '하꼬방' 이었다. 일을 마치고 나면 순남 언니와 나는 기어이 집까지 걸어 다녔다. 10원이나 하는 버스비라도 아낄 요량이었다. 대신 5원짜리 '미루꾸' 를 사서 나눠 먹으며 손을 맞잡고 걸었다. 쫀득하면서도 다디단 맛이 그렇게 좋을 수가 없었다.

일터가 있는 용산에서 보광동 집까지 걷노라면 고향 마을과는 전혀 다른, 도시 풍경이 내 눈을 사로잡았다. 국방부 건물과 미군부대 등등, 한 곳 한 곳 어찌나 멋스럽고 신기하던지. 걸음걸음이 늘 새로울 따름이었다.

용산에서 이태원과 한남동으로 가는 삼거리에는 밴 플리트 장군의 동상이 서 있었다. 1950년 한국전쟁에 참전했던 미국 군인이라나. 전쟁 당시 미국 제8군 사령관을 지냈으며, 공군 장교로 참전했던 외아들은 그만 전사하고 말았다고. 몇 년 후에 들은 얘기로는 그곳 주민들의 반발로 결국 미군 영내로 이전하였다 했다. 그러거나 말거나 그곳을 지나쳐 걷다 보면 해방촌이 이어 나왔고, 양색시라는 아가씨들과 곧잘 마주치고는 했다. 화장들이 어쩜 그리도 짙고 화려하던지. 옷차림은 왜 또 그리 낯설고 요란스럽던지. 언니도, 나도 무서움을 떨치지 못한 채 그녀들을 피해 다니기에 급급했다.

　3년 남짓을 그렇게 지냈나 보다. 언제였더라. 작업장 식구들과 단체로 우이동에 놀러 간 일이 있었다. 한나절을 보내고 다 함께 버스를 타고 돌아오는 길이었다. 모두들 지친 탓인지 곤한 잠에 빠져 있었다. 귀신이 잡아간대도 눈꺼풀 한 번 꿈쩍하지 않을 것 같았다. 동대문을 막 지나칠 때였다. 느닷없이 속이 메슥거리더니 머리는 뱅뱅 돌고, 팔다리는 지릿저릿대고…… 덜컥 멀미가 나고 말았다.

　"어째. 기사 아저씨한테 차 좀 세웠다 가잴까?"

　"나 하나 땜에 딴 사람들까지 피해 보잖아."

　"그건 그렇지만……."

　순남 언니도 어째야 좋을지 몰라, 발만 동동 굴렀다. 당장 버스에서 내리지 않으면 큰일이 날 것만 같았다.

　"나 혼자 내림 안 돼?"

　"너 혼자 회사까지 어떻게 오려고?"

　"내가 뭐 어린애야?"

　언니의 걱정을 뒤로 한 채 결국 나 혼자만 차에서 내렸다.

　종로쯤 되는가 보았다. 겨우겨우 멀미를 가라앉힌 나는 버스 노선들을 살피며, 버스가 가는 길을 따라 걷고 쉬고 또 걸었다.

　그렇게 용산까지 혼자 걸어 돌아오는 길. 거리를 둘러싼 빌딩들은 너나없이 반듯반듯, 큼직큼직. 용산과는 또 다른 느낌의 시내 풍경에 시골 촌년에 불과했던 나는 눈이 절로 휘둥그레졌다. 그런 중에 심심치 않게 마주친 것은 다름 아닌 여학생들 무리였다. 단발머리 혹은 양 갈래로 땋은 머리에 각양각색의 교복을 차려입은 모습들이 어쩜 그렇게 멋져 보이던지.

하하, 호호, 까르르, 까르르…… 웃음을 나누며, 재잘거림을 나누며, 내 곁을 스쳐 지나가는 그네들의 표정이 어쩜 그렇게 발랄해 보이던지. 손에 든 묵직한 가방조차 부럽기만 했다. 정말이지 다시 태어난다면 그네들처럼 여고 시절을 지내고 싶다는 생각이 간절했다. 어머니가 넋두리처럼 되뇌던 말이 보란 듯이 머릿속을 떠다녔다.

"먹고살기도 빠듯한 살림에 애는 어째 그리 잘도 들어서는지. 때굴때굴 굴러서라도 떼내려 해도 당최 소용이 없더라고."

벼 이삭에 달린 아침 이슬을 먹으면 애가 떨어진다는 말에 그대로 따라해보았지만, 간장을 먹어보라면 또 그대로 따라해보았지만, 줄줄이 생겨나는 자식들을 어찌할 수 없었다나. 그러다 보니 우리 형제는 내가 태어나기 전에 사망한 오빠를 빼고도 무려 일곱이나 되었다. 순남 언니와 나, 남동생 일상이, 을상이, 윤상이 그리고 여동생 순자와 얼마 전에 태어난 순임이까지.

어느새 날은 어두워져 있었고, 저만치 미원보세공장 정문이 보였다.

"꼬마야, 왔어요."

나는 얼굴 가득 웃음을 머금은 채 정문을 향해 달음박질쳤다.

그리고 얼마 후였는지. 권 아줌마가 한국모방이란 곳에서 공원들을 모집한다고 귀띔해주었다. 양모를 가지고 실과 천을 만드는 공장이라 했다.

'한국모방?'

용산도 아닌, 서울도 아닌, '한국'이라는 이름을 붙일 정도면 얼마나 큰 회사일까. 그 규모를 짐작해보았다. 가슴이 설렜다.

"월급이야 거기가 거길 테지만 어쨌든 월급도 꼬박꼬박 나오고, 무엇보다도 기숙사가 있다잖아."

딸이 한국모방에 다니고 있는 오 아줌마가 거들고 나섰다.

"주야로 열두 시간씩 근무라는데 저만 잘하면 학교도 다닐 수 있다나 봐. 퇴근하기 무섭게 교복 차려입고 학교에 간다더라고. 그니까 꼬마야, 원서라도 내봐. 혹시 모르잖아?"

여차하면 등이라도 떼밀 기세였다. 오 아줌마가 아니더라도, 재고 말고 할 것이 없었다. 무조건 원서부터 접수하는 게 상책이었다.

'중졸 이상만 뽑는다고?'

학력 제한이 걸림돌이 될 줄이야. 초등학교만 겨우 나온 나로서는 원서를 내볼 기회조차 허락되지 않았다. 맥이 풀렸다. 그럼 그렇지, 내 주제에 무슨. 자포자기의 심정이었다.

"호오, 꼬마야. 그렇다고 길이 아주 없진 않거든?"

"어떻게요?"

"중학교 졸업장이 있음 되는 거잖아."

권 아줌마는 중학교 졸업장을 가진 자신의 동생 이름을 빌려주마 했다.

"명숙이라고, 너도 언제 봤을 걸?"

"아, 지난번 흑석동 국립묘지에 같이 놀러 갔었던 언니 말이지요?"

나는 재빨리 머릿속을 뒤적거렸다. 긴 머리에 꽃핀을 꽂은 모습이 정갈하고도 차분해 보이던 언니였다. 보일락 말락 미소 짓던 모습은 또 얼마나 곱던지. 그날 입고 왔던 원피스도, 핸드백도, 구두까지도 기억에 생생했다.

"그래, 맞아."

권 아줌마가 빙그레 웃어주었다.

"그애 이름으로 해서 원서 내봐."

"정말요? 그래도 돼요?"

"다들 그렇게 하는 모양이더라고."

덕분에 나는 권명숙이라는 이름으로 한국모방에 원서를 낼 수 있었고, 얼마 후 합격 통지를 받을 수 있었다. 합격 통지를 받던 날, 나는 한국모방에 입사하면 무슨 수를 써서라도 야간학교라도 다녀야겠다는 각오를 다졌다.

1972년 7월의 어느 날. 꼬마야로 불리던 시간을 뒤로한 채, 사람 냄새 물씬거리던 공간을 뒤로한 채, 나 박순애는 권명숙이 되어 한국모방에 입사했다. 내 나이 열여덟이었다.

"꼬마야, 꿈이 뭐야?"

미원보세에 다닐 적, 누군가 나에게 꿈이 뭐냐고 물으면 어떤 대답을 했을까, 할 수 있을까.

"여고 시절을 꼭 지내보고 싶어요."

아마도, 그렇게 대답하지 않을까. 그럴 것이다.

3

"권명숙. 아, 아니, 박순애. 꿈이 뭐지?"

한국모방에 입사한 후, 누군가 나에게 꿈이 뭐냐고 물으면 어떤 대답을 했을까, 할 수 있을까.

입사하자마자 배치 받은 부서가 직포과였다. 정사과에서 실을 만들면,

롤에 감겨진 실을 가지고 와 천으로 만드는 공정을 거친 후 정포과로 넘기는 부서였다. 양성공 신분인 처음 석 달 동안은 일당이 140원이라고 했다. 양성 과정 3개월이 끝나고 나면 70원씩을 올려준다고. 평일에는 열두 시간씩 일하고 일요일은 열여덟 시간 동안 일을 했는데, 특별수당까지 합치면 한 달에 5000원 정도를 받을 수 있었다. 그런데 하루라도 무단결근을 하면 무려 3일치 일당이 깎이고 말았다. 바보멍텅구리가 아닌 다음에야 제아무리 힘이 들어도, 미치도록 잠이 고파도, 출근을 미루려는 사람은 없었다.

작업장에 들어서면 베 짜는 기계 소리가 엄청 시끄러웠다. 바로 옆에서 하는 말도 잘 들리지 않을 정도였다. 입사 후 한 달이 조금 지났을까.

"권명숙!"

어느 날인가 작업장 반장이 저만치서 손짓을 해댔다. 인상이 어째 그리 무섭게 생겼던지. 그런 반장을 힐끔거리며 대체 누굴 부르는 걸까, 궁금했다.

"거기, 권명숙!"

반장이 재차 목청을 높였다.

'대체 누가 이리 대꾸를 않지?'

그렇다고 기어이 관심을 보일 처지는 아니었다. 혹여 작업 시간에 딴짓을 했다는 이유로 일당이라도 깎이면 어쩌나, 조심스러웠다. 나는 이내 작업대로 바투 다가앉았다. 바로 옆자리 언니가 팔꿈치를 세워 옆구리를 쿡, 쿡, 찔러댔다.

"너 부르잖아."

"저요?"

"그래 너."

옆자리 언니가 고개를 절레절레 내저었다.

"나 참, 권명숙이 너 말고 또 누가 있다고."

주위 사람들도 덩달아 고개를 갸웃거렸다. 키들키들 웃어댔다. 여전히 낯설기만 한 이름. 아차, 싶었다.

'맞다! 내가 권명숙이지?'

하긴…… 어디 이번뿐일까. 내 이름 석 자 대신 권명숙으로 불릴 때면 바로바로 반응하지 못해 난처했던 적이 한두 번이 아니었다. 아예 모른 채 넘어간 적도 여러 번이었다. 나는 허둥지둥 팔을 치켜들었다. 얼결에 고함을 질렀다.

"네, 반장님!"

"이층 사무실에 가서 자까지끼 좀 갖다 줄래?"

반장이 불퉁스런 표정을 감추지 않았다. 얼핏, 고개를 가로젓는 게 보였다.

'자까지끼?'

반장이 하는 말이 무슨 말인지 알 길이 없었다. 하지만 그게 뭐냐, 다시 물을 수도 없었다. 알아들은 척 대꾸할밖에.

"네! 얼른 다녀오겠습니다."

작업대를 박차고 일어난 나는, 나는 듯 2층 사무실로 뛰었다. 입속으로는 권명숙을 되뇌고 되뇌며. 자까지끼를 되뇌고 되뇌며.

"반장님이 자까지끼 가져오라는데요?"

"자까지끼?"

사무실 직원들이 책상 너머로 고개를 길게 뺐다. 몇몇은 가쁜 숨을 몰아

쉬는 나를 위로, 아래로 훑어댔다. 대뜸 주눅이 들었다. 그리고 무서웠다.

'분명 자까지끼라고 했잖아?'

그렇다고 지레 기가 죽으면 안 될 것 같았다. 나는 턱을 바짝 치켜들며, 어깨를 바짝 젖히며, 사뭇 진지한 표정까지 지으며, 목청껏 소리를 높였다.

"네, 자, 까, 지, 끼, 요."

"아, 작업일지?"

사무실 직원 하나가 앞으로 나섰다. 그와 동시에 직원들 몇이 손으로 입을 가리며 귀엣말을 나누었다. 키득키득 웃음소리도 섞여 들렸다. 나는 몸 둘 바를 모른 채 고개를 모로 꼬았다. 쥐구멍에라도 들고 싶었다. 자까지끼나 작업일지나……. 굳이 탓을 하자면 기계 소리가 너무 크다는 것이었다.

'그래, 곧 적응될 거야.'

그런데도 얼굴이 화끈거렸다.

적응이 쉽지 않은 또 하나는 회사 안 공중 화장실이었다. 시멘트 바닥에 구멍만 덜렁 뚫린 화장실이야 흔하디흔한 시절이었다. 하지만 줄줄이 이어놓은 칸과 칸 사이를 어찌나 좁게 지어놓았던지. 아차, 했다가는 벽 사이에 몸이 낀 채 옴짝달싹 못할 것만 같았다. 그런데도 워낙에 직원 수가 많다 보니 화장실 앞은 언제나 기다리는 줄이 길었다.

"열차 뒷간도 여기보단 넓을 걸?"

"맞아. 백금녀 같은 사람은 아예 한 발도 들여놓지 못할 거야."

"저번에 나도 어깨가 끼는 통에 얼마나 허부적거렸게. 하마터면 밥시간도 놓칠 뻔했잖아."

"근데 왜 이리들 안 나온데? 이러다 변비 생기겠다."

순서를 기다리는 동안 너도나도 우스갯소리를 주고받았다.

주간 근무조에 속한 날이었다. 작업 내내 참았던 아랫배를 움켜잡고 화장실로 뛰었다. 다행히 줄이 길지 않았다. 화장실 안이 열기로 후텁지근했다. 겨우겨우 어깨를 틀어 쪼그려 앉았다.

'사람들이 한꺼번에 몰려오면 어쩌지?'

불안감이 엄습해왔다. 급하기만 하던 배변 기운까지 쏙, 들어가고 말았다. 그때였다. 눈높이에 맞춘 듯 큼지막이 쓰인 낙서가 눈에 들어왔다.

모방 땅 달 밝은 밤에

화장실에 홀로 앉아

아랫배 힘을 주니

풍덩 하는 소리가

내 똥인가 하노라

누가 써놓은 거지. 나도 모르게 웃음이 비어져 나왔다. 모방 땅 달 밝은 밤에……. 얼떨결처럼 구절구절을 주절거리며 아랫배에 힘을 주었다.

"풍덩 하는 소리가 내 똥인가 하노라."

동시에 막혔던 똥이 시원스레 터져 나왔다.

"오호!"

괜스레 얼굴을 붉혔다.

그렇듯 좌충우돌하는 속에서도 공장 직원 대부분이 기숙사 생활을 만끽할 수 있었다. 회사 뒤편의 언덕배기에 위치해 있어 출퇴근이 용이했을 뿐 아니라 시설 또한 어디다 내놓아도 꿀릴 게 없을 정도였다.

1층은 방이 스무 개였고, 2층과 3층은 각각 스물세 개의 방으로 이루어져 있었다. 각각의 방에는 열두 명에서 열여섯 명 정도가 기숙을 했다. 방방마다 캐비닛이 여덟 개씩 설치되어 있었고, 캐비닛 옆으로는 세숫대야나 비누 같은 개인용품들을 놓을 수 있는 공간이 마련되어 있었다. 그뿐일까. 각 층마다 화장실이 포함된 세면장이 있었고 다리미실도 따로 마련되어 있었다.

1층 강당에는 티브이는 물론이고 탁구대까지 설치되어 여가를 즐기기에 모자람이 없었다. 오죽하면 '이화여대 기숙사 못지않다' 거나 '일급호텔이 따로 없다' 거나 '천국이 있다면 여기가 아닐까' 라거나, 너나없이 감탄사를 연발하였을까.

내가 속한 방은 3층의 310호로 나를 포함해 모두 열다섯 명이 기숙하고 있었다. 이복순, 오명자, 주복실…… 염색과 반장이던 이영자도 있었다. 좁디좁은 방에서 아버지와 어머니, 언니 동생들과 얽히고설켜 잠을 자야 했던 고향 집에 비하면 지상낙원이 따로 없었다. 언제든 목욕도 하고, 티브이도 시청할 수 있는 하루하루가 그렇게 즐거울 수가 없었다. 무엇보다도 퇴근 후, 방 식구들과 가보시끼를 할 때가 가장 신나고 재밌었다.

"다들 출출하지 않아?"

"당연하지."

"두말하면 잔소리지."

"그렇담 오늘은 무얼 먹으면 좋을까나."

"뽀빠이과자? 라면땅?"

"오랜만에 부침개, 어때?"

배가 출출하다 싶으면 돈을 얼마씩 내기로 하고 먹고 싶은 것들을 사다 먹는 재미라니. 누가 대림식당까지 달려가 부침개를 사 올 것인지 따윈 중요치 않았다. 뽀빠이과자를, 라면땅과 부침개를 먹는 순간만큼은 나중에 월급을 타서 갚아야 한다는 사실조차 까맣게 잊어도 좋았다. 계란을 한 판씩 사다가 스타킹에 넣은 다음, 목욕탕 스팀에 쪄 먹는 재미도 빼놓을 수 없었다.

"반짝이는 금이빨을 뽑아 들고 전당포로 달려가서 얼마 주겠소, 얼마 받겠소, 딱 짤라서 흥정합시다. 사나이 깡다구로 뽑은 이빨 톡톡하게 내놓으시오."

누가 먼저랄 것 없이 〈무너진 금이빨〉을 노래했다.

"그대는 지금 어데 합죽이가 되어 있나. 야속한 돈아 무너진 금이빨아."

무릎 박수로 박자를 맞추었다. 〈남자의 마음〉이나 〈돈돈돈〉도 빠지지 않았다.

9월 2일이었다. 지난달 민주노조가 출범하면서 회사 측에서 대의원과 조합원들에 대한 부당징계를 개시한 터였다. 직포과가 있는 건물은 수돗가에서 꽤 멀리 떨어져 있었다. 그래서 늘 양성공들을 시켜 물을 떠 날라야 했다. 나 역시도 시도 때도 없이 수돗가로 달려가곤 했다.

그날도 마침 물을 뜨러 가려 할 때였다. 노조 쪽 반장이 나를 은밀히 불러 세웠다. 정사과에 가서 엄순애란 사람을 찾아 내일 아침 몇 시에 기계를 끄기로 했는지 물어와 달라고 했다. 회사 쪽 반장의 눈치를 살피는 것도 잊지 않았다. 노조 쪽에서 작전회의를 짰던 모양이었다. 나는 물을 뜨러 가는 척 정사과에 들렀고, 이내 직포과로 돌아와 지시사항을 전해주었다.

"내일 아침 7시에 스위치를 끄고 정사과로 모이랍니다."

"수고스럽겠지만 각 작업대에도 전해줄래요?"

자신이 연락을 하게 되면 표가 나기 때문이라고 했다. 나는 서둘러 작업대를 돌며 지시사항을 일일이 전달해주었다. 양성공들은 수시로 통로를 왔다 갔다 할 수 있기 때문에 문제될 게 없었다.

다음 날 아침이 되었다. 정각 7시가 되었고, 서로들 눈치를 살피다 일제히 스위치를 껐다. 그러고는 내쳐 정사과로 뛰어갔다. 그런데 어찌 알았는지 회사 중역들이 군데군데 지키고 서 있는 게 보였다.

"너희들이 여기서 나가면 회사가 문을 닫든 할 거다. 그러니 알아서들 해!"

마침 야간근무를 마쳤던 우리들은 기숙사로 들어갔다. 그곳에서 아침 나절을 꼬박 보내야 했다. 모든 문은 폐쇄되었고, 연락마저 두절된 상태였다.

"일을 언제 다시 하게 되는 걸까."

"설마. 오늘은 안 하지 않을까."

"배도 고프고 정말 미치겠다."

뭐가 어찌 돌아가는지, 모두들 잠조차 잘 수가 없었다.

오후 몇 시쯤 되었을까. 기숙사 바깥이 웅성웅성 시끄러운가 싶더니 느닷없이 돌멩이가 날아들었다. '수단과 방법을 가리지 말고 정문까지만 나오라'는 내용이 적혀 있었다. 그 즉시 400명이 넘는 우리 모두는 기숙사 옥상으로 올라갔다. 열린 유리문을 통해 빠져나와 정문 경비실까지 뛰어갈 수 있었다.

"서둡시다."

"어서들 차에 타요!"

그러고는 어디로 가는지도 모른 채 버스에 올라탔다.

"어디로 가는 걸까?"

"누가 알겠어."

그렇게 한참을 설왕설래하고서야 명동성당에 닿을 수 있었다.

일요일이어선지 성당 안은 미사를 보러 온 사람들로 꽉 차 있었다. 우리들은 약속이나 한 것처럼 미사포를 쓴 사람들 사이로 스며들었고, 미사가 끝나고도 자리를 뜨지 않았다. '국가보위에 관한 특별조치법' 위반이라나. 정상범 총무와 방용석 교선부장을 체포하려고 정보부 직원들이 모여들었다. 사법경찰들까지 출동해 있었다. 400개가 넘는 수갑을 갖고 왔다는 소문도 들렸다.

밤 12시가 넘었을 즈음이었다. 회사에 가서 해결하자며, 다들 회사로 돌아가라는 지시가 내려졌다. 결국 우리 모두는 경찰 버스 여러 대에 나눠 타고 회사로 돌아올 수 있었다. 노조 간부들은 즉시 사무실에서 회의를 가졌고, 우리들은 회사 식당에 모여 밤을 꼬박 새웠다.

"자, 자, 다 해결되었으니 일할 사람들은 출근들 합시다."

새벽쯤에야 모든 게 잘 해결되었다는 소식이 들려왔다.

"이틀을 꼬박 잠을 못 잤는데 출근을 또 하란 말입니까?"

"도저히 못 견디겠는 사람들은 조퇴 처리를 해줄 테니 우선은 출근부터 하십시다."

나 역시도 그제는 야간근무였고 어제는 어제대로 밤을 꼬박 새운 터였다. 하지만 졸린 눈을 부비며, 하품을 참으며, 출근을 서두는 사람들 틈에 끼어들었다.

얼마 후, 노동청 노동조합법 제39조와 근로기준법 제7조 등의 위반 혐의로 한국모방을 고발했다. 또한 국가보위에 관한 특별조치법 위반 혐의로 체포되었던 정상범 총무와 방용석 교선부장이 기소유예로 석방되었다. 그리고 얼마 후, 노사 합의를 통하여 권명숙이 아닌 박순애라는 내 이름 석 자를 찾을 수 있었다.

"박순애!"

"네, 반장님."

"자까지끼 좀 갖다줄래?"

"네! 얼른 다녀오겠습니다."

작업대를 박차고 일어난 나는, 나는 듯 2층 사무실로 뛰었다. 발걸음도 가볍게 마음도 가볍게. 그리고 또 얼마 후, 노조 사무실에서 빌려 본 '인간은 아무것도 아니기 때문에 무엇이 되어야 할 존재, 제 스스로 제 자신을 만들어나가야 할 존재'라는 사르트르의 글귀를 베껴 썼고, 무엇이든 배워야겠다는 간절함을 앞세워 영등포산업선교회에 다니기 시작했다.

당산동 조금 못 미처에 있는 영등포산선 건물에 다닐 때였다. 아파트였는데, 화장실에는 수세식 변기가 설치되어 있었다. 시멘트 바닥에 구멍만 뻥 뚫린 화장실이나, 물통에 연결된 줄을 잡아당기는 화장실에 익숙해 있던 나로서는 의자처럼 생긴 하얀 변기가 낯설기만 했다.

'어찌 해야 하지? 어찌 해야 할까?'

결국 나는 완행열차 화장실 발판을 떠올렸고, 변기 위에 올라앉아 일을 보았다. 발판에 둔 발이 미끄러지면 어쩌나, 조심 또 조심해가며.

어느 하루, 산선의 명 선생이라는 분과 이야기를 나누던 중이었다.

"여긴 아파트라 다 좋은데, 화장실이 너무 나빠요. 불편하고요."

"화장실이 왜? 난 좋기만 하더구먼."

"생각해보세요. 그냥 편히 앉아 일보면 될 텐데 왜 군이 발판 위로 올라가게 해놓았냐고요. 발판 폭은 폭 대로 발만 겨우 얹을 정도잖아요. 그 위에 올라가 일을 보다 떨어지기라도 했다가는……. 변기통에 풍덩 빠질 거 아니에요."

"어딜 올라갔다고?"

"저기, 저 발판이요."

나는 의자처럼 생긴 하얀 변기를 가리켰다. 그러자 명 선생이 어이없단 표정을 지었다.

"그렇잖아도 도대체 누가 변기에 신발 자국을 남기는 걸까, 궁금했었구먼. 순애 니가 범인이었어?"

"무슨 말이에요, 그게?"

"저긴, 엉덩이 걸치고 앉아 일보라는 데잖아."

"정말요? 정말이지요?"

"참나. 난 또 누가 일부러 장난질을 쳐놓나 했었구먼."

명 선생이 배꼽이 빠지게 웃어댔다. 배꼽이야 빠지든 말든 나도 덩달아 웃어재꼈다.

아무튼 나는 가르쳐주는 게 많은 그곳이 좋았다. 근로기준법도 가르쳐 주고, 뜨개질도 가르쳐주고, 산에도 가보고……. 그 모든 것이 공짜여서 더더욱 좋았다. 그러면서도 단발머리나 갈래머리에 곱게 다려진 교복을 차려입고 싶다는, 책가방을 흔들며 등하교해보고 싶다는 생각을 차마 버릴 수가 없었다.

마침내 1974년 봄, 나는 한강재건실업중고등학교의 중학교 과정에 입학을 했다. 학비는 자비로 부담해야 했지만 상관없었다. 2년제였고, 비인가 학교인 탓에 학력을 인정받을 수 없었지만 개의치 않았다. 언제든 주,

야간 수업이 가능하다니 더 바랄 게 없었다.

입학식 전날 밤이었다. 양 갈래로 머리를 땋고, 빳빳하게 풀 먹인 카라를 달고, 교과서로 불룩해진 책가방을 들고…… 거울에 담긴 내 모습이 꿈만 같았다. 눈물이 왈칵 쏟아질 만큼 좋았다. 차마 잠을 이룰 수가 없었다. 곱게 다려진 교복을 입었다, 벗었다, 몇 번이고 반복했다. 책가방을 쌌다, 풀었다, 셀 수 없이 반복했다. 실내화를, 신발주머니를, 요리 보고 조리 살폈다.

막상 입학을 했지만 열두 시간 근무 후 학교로 달려간다는 것이 결코 만만치가 않았다. 어떨 땐 이게 진정 잘하는 짓일까, 의구심이 들기도 했다. 그래도, 그래도, 그동안 얼마나 꿈꾸었던 일인지를 되새김질하는 것으로 나 스스로를 다독였다. 기어이 부추겼다.

야간근무 종료 벨 소리가 울렸다.

"오늘 작업 끝!"

반장이 두 팔을 뻗쳐 기지개를 켰다. 동시에 너나 할 것 없이 참았던 하품을 쏟아내며, 반 감긴 눈꺼풀을 비벼대며, 비척비척 작업대를 벗어났다. 나는 누가 뒤쫓아올세라 기숙사로 뛰었다.

방에 들어서기 바쁘게 세면도구를 챙겼고, 고양이 세수를 하고는 재빨리 교복으로 갈아입었다. 책가방을 챙겼다. 배꼽시계가 극성을 부렸다.

'몇 시지?'

5분만 눈 좀 붙여야지. 나는 배꼽시계도 무시한 채 교복을 입은 채로 맨바닥에 쪼그려 누웠다. 온몸이 바닥으로 까라졌다. 지구가 뒤집힌대도 꿈쩍할 수 없을 것 같았다.

"얘 좀 봐."

"담요라도 깔고 자지?"

"그러다 교복 구겨지겠다."

뒤늦게 들어선 언니들이 한마디씩을 보탰다. 그러면서도 화장실에 다녀오랴, 이불을 깔랴, 모두들 경황이 없었다. 어느 결에 나는 잠 속으로 빠져들었다.

"애, 애, 학교 안 가?"

"1시가 훨씬 넘었는데?"

"어? 어?"

언니들 소란에 화들짝, 눈을 떴다. 5분만 잔다는 게 그만……. 이 시간에 학굘 가서 뭘 어쩌겠다는 건지. 이제 곧 작업대로 달려갈 시간이었다. 자꾸만 헛웃음이 새 나왔다.

'내일은 무슨 일이 있어도 꼭!'

나는 등교도 포기한 채 그대로 누워버렸다. 한순간, 잠 속으로 다시 빠져들고 말았다. 그러고는 잠 속에서나마 학교로 달려갔다. 교문을 지나 운동장을 지나 내처 교실로 뛰어들었다. 반 친구들과 반갑게 인사를 나누었다. 1교시가 뭐지? 자리에 앉기도 전에 짝꿍 옆구리를 팔꿈치로 쿡, 쿡 찔러댔고 서둘러 책가방을 열었다.

회사에 다니면서 기숙사 생활을 하다 보니 자연스레 화장을 배우게 되었다. 그런데 어느 날인가, 시간에 쫓겨 등교를 서둘다 보니 화장을 한 채로 학교에 간 적이 있었다. 학생 주제에 화장이 웬 말이냐며 선생님한테 어찌나 혼이 났던지. 어떤 설명도, 변명도 소용없었다. 기숙사 방 식구들과 단체로 물들인 봉숭아물 때문에도 한바탕 혼이 나기도 했었다. 그런 날들이 쌓이고, 쌓이고……. 1976년 1월 9일 마침내 나는 한강재건실업중

고등학교의 중학교 과정을 졸업할 수 있었다.

"권명숙. 아, 아니, 박순애. 꿈이 뭐지?"

한국모방에 입사한 후, 누군가 나에게 꿈이 뭐냐고 물으면 어떤 대답을
했을까, 할 수 있을까.

"뭐든 열심히, 아주 열심히 배우고 싶어요."

"뭐든지?"

"나 스스로 나 자신을 만들어나가야 한댔거든요."

아마도, 그렇게 대답하지 않을까. 그럴 것이다.

4

"바구미! 꿈이 뭐랬지요?"

원풍모방에 다닐 적, 누군가 나에게 꿈이 뭐냐고 물으면 어떤 대답을
했을까, 할 수 있을까.

1974년 한 해를 마감할 무렵, 경영 부실로 인해 노사 공동제로 운영되
던 한국모방은 공개입찰을 통해 원풍산업에 인수되었고 상호를 원풍모방
으로 변경했다.

그런 속에서도 뭐든 알고 싶다는, 배우고 싶다는 열정은 수그러들지 않
았다. 여전히 나는 한 달에 한 번꼴로 산선을 드나들었다. 그곳에서 배우
는 모든 것들이 참 좋았다. 이제껏 몰랐던 세상을 배울 수 있어 더없이 소
중했다. 억새클럽, 샛별클럽, 조약돌클럽 등 독특하면서도 차별화된 소그

룹 모임에도 빠지지 않았다. 이스트클럽. 내가 속한 소그룹 이름이었다. 빵처럼 부풀라는 의미였다.

금요기도회에도 다니고 재판에도 따라가 보고……. 양성우 시인의 재판에 갔을 때였다. 시대의 부조리함을 고발하는 저항시를 쓰는 시인이라고 했다. 그러면서도 시어에 사랑과 그리움, 시대를 살아가는 이웃들에 대한 연민이 진하게 배어 있었다.

"내 머릿속 생각인데 니들이 왜 난리야!"

법관들을 향해 호통 치는 모습이 어쩜 그리도 당당하던지. 진달래 하면 이북을 떠올리고 이북 하면 국화인 진달래부터 떠올려 기어이 좌파로 내모느냐며 호통 치는 모습은 좌중을 압도하고도 남았다. 아, 법이라는 게 저렇구나. 실제 상황도 아니고, 시인들이 머릿속으로 상상해서 쓰는 것조차 잡아 가둘 수 있는 거구나. 저런 게 정치라는 거구나. 소름 끼치도록 실감할 수 있었다. 언젠가 영등포 산선의 인명진 목사 재판을 방청하던 중에 영등포경찰서로 연행된 적도 있었다.

회사에서는 회사에서대로 조합원 활동에 열과 성을 다했다. 1978년이었나. 탈춤반의 일원이 되어 '양반 2'를 열연했고, 우리를 가르쳐주러 다니던 대학생들과 함께 각본을 쓰기도 했다.

뭔가를 배울 수 있다는 것만으로도 얼마나 흥이 나던지. 보람차던지. '도산(都産)하면 도산(倒産)한다'는 강압적 분위기가 사회 전반에 팽배해 있었다. 하지만 어디에 있든, 무엇을 하든 항상 웃을 수 있었다. 한강재건 실업중고등학교를 졸업할 즈음부터였을까. 어느 결에 '바구미'라는 별명으로 불리고 있었다. 식성이 매우 다양한 데다 먹성까지 좋다고. 그런 바구미로 불리는 게 왠지 싫지 않았다. 차라리 자랑스러웠다.

각종 악법을 만들어내던 박정희가 죽고, 그보다 더 무시무시한 정권이 광주 학살과 함께 들이닥쳤다. 한번은 경찰이 여자 기숙사에까지 쳐들어오기도 했다. 그리고 '범진사'라고 불렸던 보안사에 끌려간 적도 있었다. 철문이 있는 칸칸에 한 사람씩 넣어놓고 수사관이 조사를 했다. '광주사태 모금에 동참했느냐', '산업선교회에 다니느냐', '친한 친구는 누구냐'고 다그치더니 사표를 쓰라고 했다. '이건 국가에서 하는 일이니 안 쓸 수가 없다'고 했다. 꼼짝달싹할 수도 없는 상황에서 결국 사표를 쓰고 눈이 퉁퉁 붓도록 눈물만 흘렸다.

목구멍이 막혀 넘어가지 않는 밥을 허옇게 남긴 채 다시 좁은 방에 갇혔다. 그리고 다시 수사관이 와서 얘기를 했다.

"내가 수사관 20년 하는 동안 간첩도 수사해보고 다 해봤는데 니들은 못 하겠단 말이야. 방용석이 어데 있어?"

수사관은 그런 식이었다. 살짝 좋은 말을 덧붙이고는 다 불라는 것이었다. 니들은 다른 노동자들하고 다르다는 둥, 원래 똑똑한 애들 아니냐는 둥 달랬다. 그러다가 제 딴엔 더 이상 적절한 비유가 없다는 듯 다시 말했다. 잔디가 우뚝 솟으면 뽑아버린다는 둥, 종기가 나면 수술을 해야 하는데 하다 보면 생살도 찢게 된다는 둥, 똑딱배가 항해를 하는데 배에서 싸움을 하면 선장이 둘 다 물에 빠뜨릴 수밖에 없다는 둥 하는 말들이었다.

철제 방 창으로 평안교회에서 밝힌 크리스마스트리 불빛이 반짝였다. 유난히 슬프게 빛났다. 하느님은 우리 상황을 알고 있을까, 모르고 있을까. 태어나서 가장 슬픈 크리스마스이브였다. 습기를 가득 머문 1980년 12월…….

나와 몇 명은 회사에서 살아남았다. 그렇게 대수술을 하면 노동조합이 끝나는 줄 알았겠지. 하지만 우리는 다시 시작했다. 그리고 정부와 회사의 탄압도 날로 심해졌다.

1982년. 새해를 맞은 300여 명의 원풍 조합원은 부당해고 철회와 상여금 지급 등을 요구하며 농성을 벌였다. 3월 15일에는 임시대의원회를 열어 정선순을 조합장으로 선출했고 나와 이제호, 양승화를 부조합장으로, 이옥순을 총무로 선출했다. 하지만 노사 간의 갈등은 이미 극에 달해 있었다.

'원풍모방노동조합 탄압을 즉각 중단하라!'

5월 17일. 유인물 10만 장을 배포하는 것으로 여론투쟁을 시작했다.

9월 25일이었고, 토요일이었다. 부조합장인 나와 총무 이옥순, 조합원 박혜숙과 김영희 등의 해고통지서가 회사 게시판에 나붙었다. '회사 상벌규정 제12조 위반 혐의'가 징계 사유였다. 해고장을 비닐로 꽁꽁 싸 게시판에 붙이고는 행여 누가 찢어버릴까, 철망까지 쳐놓았다. 그러고도 모자랐는지 게시판 주변 곳곳에 경비들을 세워놓았다.

"하필 휴무일일 건 또 뭐람."

"이유야, 뻔할 뻔 자 아니겠어?"

하나부터 열까지, 어이가 없었다. 따지고 말고 할 상황도 아니었다.

그리고 이틀 후 월요일, 대책회의를 하던 오후 1시경이었다. 한 무리의 깡패들이 사무실로 들이닥쳤다. 조합장을 가두고는 우리들을 강제로 끌어냈다. 어찌나 기가 막히던지. 식칼이 있으면 찔러버리고 싶을 정도였다. 급한 대로 나는 사무실 유리창을 깼다. 왼쪽 손바닥이 찢어지면서 피가 펑펑 쏟아졌다.

"아무래도 상처부터 치료해야겠어요."

"괜찮은데……."

"괜찮긴 뭐가 괜찮아요? 얼굴에 핏기 하나가 없는데."

조합원 둘이 나를 끌다시피 해 한독병원으로 갔다. 생각보다 상처가 깊었다. 상처를 꿰매고 치료실을 나서려 할 때였다. 형사들이 약국 앞을 지키고 서 있는 게 보였다.

"꿰맨 거 덧나면 안 되는데, 어쩌죠?"

"그렇다고 여기서 잡힐 순 없잖아요. 얼른 도망치세요."

약도 포기한 채 그대로 독산동 쪽으로 뛰었다. 다들 모여 농성을 벌이고 있을 텐데……. 뛰는 내내 마음이 그렇게 불편할 수가 없었다. 하지만 방법이 없었다. 다음 날 저녁이 되어서야 이옥순과 함께 기숙사 철조망을 타 넘어 농성장에 합류할 수 있었다.

10월 1일 추석날 새벽까지 농성투쟁을 이어갔다. 하지만 어느새 모여든 경찰들이 스크럼을 짜고 있던 조합원들을 뒤에서부터 하나씩, 하나씩, 떼어내 잡아가기 시작했다. 너나없이 온 힘을 다해 저항했지만 불가항력이었다. 결국 조합원 80여 명이 병원 신세를 져야 했고, 200여 명은 연행되어 갔다. 구류 처분 28명, 구속 8명, 불구속기소 1명, 해고 599명. 정권과 회사가 결탁한 민주노조 파괴 공작이었다.

이제호와 이옥순, 양승화와 나는 즉시 남부경찰서로 끌려갔고, 양승화 아버지가 보증을 서주어 풀려날 수 있었다. 어디로 가지? 막상 풀려나긴 했지만 지낼 곳이 마땅치 않았다. 그나마 믿고 의지할 데라곤 산선밖에 없었다. 모두들 허탈해하며 산선 쪽으로 걸음을 옮겼다. 어깨가 자꾸만 아래로 쳐졌다.

산선에서 지내던 사흘째였다.

"경찰이 곧 여기로 쳐들어올 건가 봐."

"여기까지?"

"그러니 어서들 흩어져야겠다. 몸조심들 하고."

인사도 제대로 나누지 못한 채 뿔뿔이 흩어졌고, 이옥순을 데리고 장안동 순남 언니네로 달려가야 했다. 겨우 나흘쯤 지났을까. 밥상 앞에 막 앉으려 할 때였다. 어찌 알았는지 남부경찰서 형사라는 이들이 언니네를 찾아왔다. 황급히 이옥순부터 문 뒤로 숨겼다. 허둥지둥 문을 열자 형사들 여럿이 앞을 막아섰다.

"식사 마저 하시고 저희랑 함께 가셔야겠습니다."

정중한 말투로 포장된 싸늘한 눈빛이라니. 얍삽하게 한쪽으로 말아 올린 입꼬리라니. 막연한 불안감이 엄습해왔다. 도대체 죄명이 뭐냐, 물을 수조차 없었다. 재빨리 주위를 살폈다. 유리창이 제법 큼지막했다. 고리도 걸려 있지 않았다. 그대로 유리창을 뛰어넘으면 마당으로 통할 수 있었다. 하지만 나 혼자 살자고 문 너머에 있는 이옥순을 놔둔 채 도망칠 수는 없었다. 나는 그들이 시키는 대로 밥을 마저 먹었고, 언니의 절규를 뒤로한 채 남부경찰서로 끌려갔다. 대학생들 여럿이 진즉에 잡혀와 있었다. 유인물을 나르다 잡혀 왔다고.

"우린 그렇다 치고, 순애 씨야말로 대체 왜?"

"전들 어찌 알겠어요."

10월 8일, 결국 나는 서울대생 여현호와 서울시립대 조성호, 장신대 김재엽, 성균관대 오진우 등과 함께 고척동 구치소로 넘겨졌다. '노동쟁의 조정법 제3자개입 위반 혐의'라는 죄명이었다.

'농성이 있기 전 토요일 늦게야 회사 게시판에 해고장을 붙여놓고는.'

이미 해고된 사람이 농성에 왜 가담했느냐는 것이었다. 제3자라는 것이었다.

'말도 안 돼!'

뒤늦게야 농성장에 합류할 수 있었던 것도, 제대로 싸워보지도 못하고 잡혀오게 된 것도, 생각하면 할수록 억울하기만 했다. 그런데도 변명할 기회조차 갖지 못한 채 징역 1년을 언도받았다. 그리고는 다음해 8월 13일, 구속자 여덟 명 모두 광복절 특사로 풀려날 때까지 꼬박 열 달을 감옥에서 보내야 했다.

먹고 자는 것은 그럭저럭 견딜 만했다. 회사 기숙사려니 생각하면 딱히 불편할 게 없었다. 성가실 것도 없었다. 문제는 검방 때마다 치러야 하는 몸수색이었다.

일주일에 한 번씩 방 수색을 한다며 우리들을 방 밖으로 내몰고는 했다. 교도관들이 방 구석구석을 뒤지는 동안, 복도로 나선 우리들은 아랫도리를 모두 벗은 채 벽을 향해 엎드려야 했다. 실오라기 한 올 남기지 말아야 했다. 그리고 나면 또 다른 교도관이 밑이 훤히 들여다보이는 엉덩이들을 차례차례 점검해나갔다. 금이나 약 따위를 은밀한 곳에 숨겨두는 경우가 종종 있다는 게 그 이유였다. 한술 더 떠 엉덩이를 바짝 치켜들도록 할 때도 있었다. 더러웠다. 수치스러웠다. 죄수라는 이유만으로 이렇듯 치욕을 견뎌야 하나, 자괴감이 들 때도 많았다. 참다못해 항의라도 할라치면 막말을 퍼붓기 일쑤였다.

"어쭈, 꼴에 부끄러운 건 아나 보네."

"니들이 그냥 지나가는데 잡아왔냐? 안 그래?"

"길 가던 사람 잡아온 것도 아니고, 어디에다 뭘 숨겨 두었는지 알게 뭐냐고."

"쓸데없이 까탈 부리지 말고 더 납작 엎드리시지?"

단식까지 해가며 항의해봐도 소용없었다. 하루라도 빨리 이곳을 벗어나는 길밖에는 도리가 없는 듯했다.

견디기 힘든 또 하나는 보고 싶은 사람들을 볼 수 없다는 것이었다. 여덟 명 모두가 이곳으로 잡혀왔다는 것을 아는데도 각자 방이 다른 탓에 소식 한 자 나눌 수가 없었다. 하다못해 운동을 나갈 때도 감시가 뒤따르니, 얼굴 한 번 마주칠 기회조차 없었다.

언젠가 아버지 혼자 면회를 온 적이 있었다. 어머니가 왜 안 보이지? 언니도, 동생들도 안 보이고? 나는 나도 모르게 어머니를, 형제들을 찾아 두리번거렸다.

"이마저도 얼마나 어렵사리 허가를 받은 건데."

그런 내 속내를 눈치챘는지, 아버지가 고개를 절레절레 내저었다. 가족들 면회조차 허락이 쉽지 않더라고 했다. 얼굴이라도 한 번 봤으면, 간절했다.

"다들 잘 지내지요? 어머니도 별일 없고요?"

아버지를 비롯해 가족들 대부분은 내가 감옥에 간 줄 진즉부터 알고 있었다고. 하지만 가족들이 쉬, 쉬, 하는 바람에 어머니만 전혀 모르는 상태였다. 그러던 참에 아버지가 지나가자 마을 사람들이 눈짓을 나누며 수군거리는 것을 목격하게 되었다나. 비로소 내가 감옥에 있다는 것을 안 어머니는 몸져눕고 말았다고. 사람들과 말도 섞으려 하지 않는다 했다. 아버지가 면회를 마치고 돌아간 그날 밤. 미안함과 속상함, 불쾌함, 그리움, 안타까움 따위의 감정들이 엉망으로 뒤엉킨 채 머릿속을 마구 휘젓고 다녔다. 나는 아주 오랫동안 잠을 이루지 못했다.

마침내 광복절 특사로 풀려나던 날, 교도소 문을 나서자마자 지프차에 태워졌다. 교도관 세 명도 함께였다.

"댁까지 모셔다 드리겠습니다."

어이없다는 말로도 부족할 뿐이었다. 나는 차라리 입을 다문 채 지프차에 태워져 고향으로 내려갔다.

그렇게 원풍모방에서 쫓겨나고 얼마 후였는지. 마냥 놀고먹을 처지가 아니다 보니 독산동에 있는 쌍마패션에 시다로 들어가게 되었다. 더 열악한 환경 속에서도 꿋꿋이 살아가는 사람들이 세상에 얼마나 많은데……. 주어진 자리에서 최선을 다할 각오였다. 그런데 얼마 지나지 않아 공장장이 나를 급히 찾았다.

"얼마 전까지 원풍모방에 다녔다면서요?"

나를 요리조리 살피는 눈빛이 날카로웠다. 매서웠다.

"그래서요?"

"내일부터 나오지 마시라고요."

화조차 나지 않았다. 몇 번 출근투쟁을 하다 결국 회사를 그만두었다.

"바구미! 꿈이 뭐랬지요?"

원풍모방에 다닐 적, 누군가 나에게 꿈이 뭐냐고 물으면 어떤 대답을 했을까, 할 수 있을까.

"하루라도 더 원풍 작업복을 입고 일하고 싶어요."

"왜 하필?"

"참 행복하거든요. 어디 있든, 뭘 하든, 늘 웃을 수 있어요. 알고 싶은

게 아직 많기도 하고요. 배우고 싶은 것도 많은 걸요. 그리고…… 감옥에
가는 한이 있어도 제대로 한 번 투쟁해보고 싶거든요."

아마도, 그렇게 대답하지 않을까. 그럴 것이다.

5

"순애 씨, 꿈이 뭡니까?"

원풍모방에서 해직된 후, 누군가 나에게 꿈이 뭐냐고 물으면 어떤 대답
을 했을까, 할 수 있을까.

오성모직이란 곳에 다닐 때였다. 베를 짜는 곳이었고, 몇 년째 반장을 맡
아 일하고 있었다. 그런 중에 서울시청에 다닌다는 남자와 선을 보게 되었
다. 수유리에 제 명의로 된 집도 있다고 했다. 그깟 조건이 무슨 소용일까,
싶었다. 어쨌거나 주위의 성화에 떠밀리다시피 해 맞선을 보게 되었다.

경양식집에서 처음 그를 만났다. 경양식집이 유행처럼 늘어가던 시절
이었다. 제법 작은 키에 못생긴 편이긴 했지만 돈까스를 썰어주고, 오렌
지주스를 권하는 모습 하나 하나가 더없이 정겨워 보였다.

느닷없이 소나기가 퍼붓던 날이었다. 그는 재빨리 우산을 펴들었고, 멈
칫거리는 내 어깨 쪽으로 우산을 기울여주었다.

"빠딱 와라!"

툭, 던지다시피 건네는 한마디조차 어쩜 그리도 다정하게 느껴지던지.
그 후로도 여러 번 그와의 데이트를 즐겼다. 보면 볼수록 정감이 갔다. 사
람 됨됨이도 괜찮은 듯했다.

그를 만나고 돌아오는 날이면 원풍모방 시절 이야기를 해야 할까 말아야 할까, 망설여졌다. 언제쯤 얘길 하면 좋을까, 고민스러웠다.

"다 된 밥에 괜히 코 빠뜨리지 말고."

주위에서도 그 시절 얘긴 일체 말라며 내게 주의를 줬다. 하지만 시간이 지나면 지날수록, 그 시절을 기어이 숨겨야 할 이유를 찾을 수가 없었다.

'남의 물건을 훔친 것도 아닌데……. 사람을 죽인 것도 아니잖아.'

무엇보다도 굳이 그 시절을 숨겨가면서까지 결혼을 하고 싶지 않았다. 바보라고 손가락질을 당해도 기꺼울 것 같았다.

경양식집에서 그와 만난 날, 나는 원풍에 다녔던 일들을 하나도 빠짐없이 얘기해주었다.

"세상에! 그럴 수가!"

냉수를 벌컥벌컥 들이키는 것이, 놀란 기색이 역력했다.

"그 당시 세상을 떠들썩하게 했던 사건의 당사자란 말이지요. 도산하면 도산한다던?"

그가 토끼 눈을 뜨고 나를 요리조리 살폈다. 어깨를 으쓱거리기도 했다.

"테레비에 나왔던 그 어마어마한 사람이 지금 바로 내 앞에 앉아 있단 말이지요?"

"놀리지 말아요."

힘든 결정이었지만, 나는 비로소 마음이 놓였다. 머리가, 가슴이, 날아갈 듯 가뿐했다. 그리고 다음 날이었나. 그에게서 급히 만나자는 연락이 왔다.

"순애 씨와 저, 결혼도 하고 알캉달캉 살고 싶습니다."

그가 넌지시 나를 건너다보았다. 여전히 다정하고 따스한 눈길이었다.

나는 차분히 그의 다음 말을 기다렸다.

"다만…… 그쪽 사람들과는 이후 절대 만나지 않았으면 합니다. 일체 관계를 끊었으면 싶거든요."

"그게 무슨……."

"아무래도 그쪽 사람들과 계속 만나다 보면 언제든 다시 그 분위기에 휩쓸리고 말 것 아니겠습니까."

충분히 예상했던 상황이었다. 그런데도 무슨 말을 해야 할지. 할 수 있을지. 차라리 입을 다문 채 주스 컵만 하염없이 바라보았다. 그 역시 더 이상 말이 없었다. 그날 그와 언제 어떻게 헤어져 집에 왔는지 기억조차 없었다.

'내게는 더없이 소중한 시절이었건만. 무엇을 주어도 아깝지 않던 사람들이었건만.'

잠도 잊은 채 몇 날 며칠을 생각해보았다. 이렇게 뒤집어보고 저렇게 뒤집어가며 생각해보았다. 그때 그 시절이 있었기에 지금의 내가 있는 것이 아닌가. 그네들과 나눈 끈끈한 정이 있었기에 지금 이 순간이 소중할 수 있는 게 아닌가. 언제나 생각의 끝은 그럴 수는 없다는 것이었다.

'정말 행복했는데. 늘 웃을 수 있었고.'

결국 나는 그와의 이별을 선택할 수밖에 없었다.

"그렇듯 다정하고 따스한 사람을 다시는 만날 수 없을 것 같애."

그러고도 미련이 남았던 걸까. 하루는 친구에게 솔직한 내 속내를 털어놓은 적이 있었다. 그러자 친구는 순남 언니에게 내 말을 옮겼고, 언니는 다시 한 번 만나 보라며 내 등을 떠밀었다. 연애를 오래한 사이도 아니고…… 미친 듯 사랑했던 사이도 아닌 것을.

"남자의 마음을 믿지를 못해. 여자의 순정을 짓밟아놓고 삼 년 반 동안 사랑해왔는데 이내 심정 왜 몰라주나. 한도 많고 설음 많은 여자의 과거를 묻지 마세요."

나는 그와의 인연을 기꺼이 포기하기 위해서라도 기숙사 식구들과 나누던 〈남자의 마음〉을 목청껏 불러재꼈다.

"이 세상에 남자라면 너 하나뿐이더냐. 너 갈 데로나 썩 꺼져버려라. 아! 찌! 공! 갈!"

여보란 듯 사람들이 권하는 대로 선을 보러 다녔다.

기회는 이때다 싶었나 보다. 어머니는 어머니대로 틈만 나면 선볼 사람을 하나씩 데리고 왔다. 어떨 땐 성화에 못 이겨 내가 시골로 내려갈 때도 있었다. 한 번, 두 번, 세 번…… 여섯 번, 일곱 번…… 열 번……. 선보는 횟수가 늘어갈수록 결혼을 하고 싶다는 생각은 옅어져만 갔다.

남동생도, 여동생도 진즉에 결혼을 한 터였다. 더군다나 어쩌다 이긴 해도 집안 잔치에 가면 결혼한 쪽에 껴야 할지, 미혼들 쪽에 껴야 할지, 난처할 때가 여러 번이었다.

"노래나 하나 불러볼래?"

그렇게 나 혼자 뻘줌해 있다 보면, 문득 생각났다는 듯 누군가가 알은 체 하는 게 고작이었다.

언젠가 하루는 올케가 다리가 아프다고 했다. 그러자 어머니는 약을 지어줘야겠다며 올케를 데리고 나갔다. 오래 전부터 심하게 다리가 아팠던 나는, 나도 다리가 아프다고 털어놓았다.

"사실은 나도 다리가 많이 아프거든."

"처녀가 무슨 다리가 다 아프대."

어머니는 기도 안 찬다는 표정을 지었다.

"괜한 심술부리지 말고 어여 시집이나 가셔."

시누이 투정쯤으로 여기고는 그만이었다.

원풍에 다닐 때였다. 혼자 된 고모가 용산공고에 다니는 남동생을 데리고 있었다. 그러다 보니 월급을 타면 거의 대부분을 고모에게 갖다 주어야 했다. 학비뿐 아니라 고모 집 생활비까지 모두 책임져야 했기 때문이었다. 그 동생이 졸업을 하자 이번에는 서울공고에 다니는 남동생이 고모와 함께 살게 되었고, 내 월급의 대부분을 고모에게 갖다 주어야 했다. 그러고 나면 또다시…… 교도소 영치금 모아놓은 것까지 모두 집에 갖다 주었건만. 그런 내게 어찌 저렇게 말할 수 있는 걸까.

'정말 아파서 그런 건데.'

눈물이 났다. 내가 누구 때문에 다리가 아픈 건데……. 잠이라도 자려고 누워보았지만 눈물만 쏟아졌다. 눈물이 눈물을 타넘으며 쏟아졌다. 고단하기만 했던 지난날에 대한 보상이 겨우 이건가. 화장실에 가 앉아서도, 뒷밭에 가서도 엉, 엉, 소리 내어 울었다. 그런 내 모습을 어머니가 봤던 모양이었다.

"너 약 해주려고 모았던 돈이거든?"

고작 약 한 첩을 해주며 어찌나 생색을 내던지. 올케가 그렇게 부러울 수가 없었다.

'아, 결혼을 하니까 시어머니가 챙겨줘, 남편이 챙겨줘, 친정어머니가 챙겨줘, 내 편이 저렇게 많이 생기는구나.'

진심으로 나를 챙겨줄 수 있는, 내 편을 갖고 싶다는 생각이 간절해졌다. 더 늦기 전에 나도 결혼이란 걸 해야겠구나. 마음을 다잡았다. 그리고 얼마 지나지 않아 맞선을 보게 되었다.

부안 출생이라고 했다. 일곱 형제 중 넷째이고, 전주에서 전북여객 운전을 하고 있다고 했다. 차분한 인상이 보기 좋았다.

"이몽덕입니다."

꿈 몽에 클 덕 자라며 순하게 웃었다. 장난기가 발동했다.

"혹시 이몽룡이 동생이세요?"

"네. 제 큰형님이십니다. 곰소에서 염전을 하십니다."

여전히 순한 웃음을 띤 채 형제들 모두 몽 자 돌림이라고 일러주었다. 다들 꿈에서 못 깨어났나? 혼잣생각에 배시시 웃었다.

"저는 10원어치 정도 밑까구 삽니다."

자신의 것을 늘 손해보고 산다는 말이 어쩜 그리도 마음에 와 닿던지. 내 생각과 조금도 다르지 않았다. 얼결에 맞장구를 쳤다.

"저두 그래요."

이 사람과 살면 평생 후회는 없겠구나, 확신이 들었다. 나는 내 이야기를 조곤조곤 들려주었다. 잴 것도 가릴 것도 없었다.

"어머니께는 당분간 비밀로 해주십시오."

원풍 시절 이야기를 듣고 난 그가 순하게 고개를 끄덕여주었다.

그렇게 결혼을 했고, 전주에서 2년쯤을 살았다. 하루는 시어머니가 넌지시 운을 뗐다. 서울에 다녀오는 길이라고 했다.

"니 시숙이 그러는데 밥은 먹고 살겠더란다."

방배동에 구멍가게 자리가 났다나. 남편을 전주에 남겨둔 채 나는 앞뒤 없이 서울로 향했다. 가게를 인수했고, 마침 철도대학에 다니는 남동생을 데리고 있어야 했다. 그런 중에 3년 남짓 아이가 생기지 않았다.

'첫 애를 떼면 다시 애 갖기가 힘들 거라더니. 아무래도 그 말이 맞나 보네.'

첫애가 생기긴 했었다. 그런데 하필 축농증을 앓는 바람에 덜컥 약을 먹은 참이었다. 약 잘못 먹으면 장애아를 낳을 수도 있다는데……. 어쩐지 마음에 걸렸다. 고민 끝에 남편에게 돈을 달라고 해 아일 떼고 말았었다. 그래서였을까. 아이가 생길 기미라고는 보이지 않았다. 울 엄마는 애가 너무 잘 생겨 문제였댔는데. 세상은 참 불공평했다. 결국 불임클리닉까지 다니게 되었다. 혀 밑에 체온계를 꼽고 2도가 올라가면 그때가 배란기라나. 때마침 서울 소재의 고속버스 회사로 근무지를 옮겼던 남편은 내가 체온이 2도 올라갔다며 흥분하는 걸 보면서 그조차 자신에게는 스트레스가 된다고 했다. 맞는 말인 것 같았다.

어머니가 무당 할매를 데려온 적도 있었다. 떡시루를 머리에 이어보라는 둥, 쌀알이 통째로 붙는지 싸라기만 붙는지 해보자는 둥, 한바탕 난리를 피우기도 했다. 나중엔 친구들까지 거들고 나섰다.

"토란꽃을 먹으면 임신이 될 거래네. 그러니 어떻게든 토란꽃을 구해봐."

그러자 어머니는 토란 밭만 보이면 그냥 지나치지를 못했고, 마침내 토란꽃 두 개를 딸 수 있었다.

"우리 며느리도 애가 안 생겨 그러니 하나만 나눠 주게."

소식을 들은 동네 아줌마가 어머니를 찾아와 하나만 나눠달라고 졸라대더라나. 그런데도 어머니는 눈도 꿈쩍하지 않았다고.

"안 돼요. 절대 못 드려요."

"두 개 다 먹으면 쌍둥일 낳을 건데?"

"쌍둥이면 금상첨화지요."

어머니는 두 개를 꼼꼼 말려 우리 집으로 가져왔다. 한의원에서 지어온 약을 먹고 있던 나는 먹어야 할지 말아야 할지, 난감해하면서도 그중 하나를 삶아 먹었고 얼마 지나지 않아 아이를 가질 수 있었다.

"우리 약 덕분이라니까요."

"내가 토란꽃을 안 구해왔음 어쩔 뻔했누."

한의원에서는 약을 먹어 애가 생겼다 하고 어머니는 토란꽃 덕분이라 하고……. 그러면서도 앞다퉈 축하해주었다.

큰아들 태영이를 낳고 얼마쯤 지났을까. 우리 가게 바로 아래쪽에 큼지막한 슈퍼가 생겼다. 더는 장사가 될 리 만무했다. 떠밀리다시피 가게 문을 닫을 밖에. 도리가 없었다. 신경성 위염을 달고 살던 남편 역시도 고속버스 운전을 그만둘 수밖에 없었다. 앞으로 뭘 해 먹고살지. 눈앞이 캄캄했다.

"산 입에 거미줄 칠 순 없잖아?"

철물점 하는 시누이를 따라 고창으로 내려갔다.

"우리 못을 팔고 너희는 문짝 같은 걸 팔면 잘되지 않겠어? 우리 못 사가는 사람이 나무 사 가고, 나무 사 가는 사람이 우리 못 사 가고. 어때 괜찮지?"

죽기 아니면 까무러치기다 싶어 시누이 집에 들어가 살기로 했다. 밥도 같이 먹으며. 그랬는데…….

"철물점 배달 좀 다녀올게."

"또? 당신이 그 집 배달부야?"

"부부가 둘 다 운전면허증이 없다잖아. 나라도 도와줘야지."

"나무 장사는 언제 하고? 그렇다고 내가 져 나를 수도 없고. 어제도 나무 사러 온 사람들 그냥 보냈구면."

"얼른 다녀올게."

기왕 시작한 일, 틈 날 때마다 어디 가면 나무가 좋은 게 있는지도 알아보고 해야 하는데…… 철물점 일에 치여 나무 장사는 건성이었다. 그뿐이면. 시누이 남편은 되레 우릴 타박했다.

"아니, 우리가 다 먹여줘, 집도 줘, 모든 다 해주는데 왜 돈을 못 번다는 거야?"

한 술 더 떠 난리를 쳐대기 일쑤였다. 괜히 왔구나, 후회막급이었다. 한 사람으로도 모자라 두 사람 다 10원어치 밑까고 살아 그랬을까. 참으로 힘든 세월을 보내고서야 남편 친구가 권하는 대로 과천으로 왔다. 하우스 꽃 농사라고 했다. 하지만 그마저 사기를 당하고 말았다.

1990년이었나 보다. 1년 꼬박을 고생고생하고는 용인으로 올 수 있었다. 시집간 여동생네가 양계장을 하면서 병아리를 넣어주었다. 그런데 사료값도 안 나오니, 늘 적자일 수밖에 없었다. 양계장을 하면서 하우스 한쪽에서는 달리아 같은 꽃 농사도 짓고……. 그런 중에 둘째 준영이가 태어났다. 하우스도 더 크게 지을 수 있었다. 1000평 정도였고 장미 농사도 시작하게 되었다. 농사를 지어보지 못한 남편 몫까지 두 팔을 걷어붙일 수밖에.

"에구, 힘들어."

"그러다 병나겠다. 쉬어가며 하자고."

"이래서 쉬고 저래서 쉬면, 이걸 다 언제 해?"

"아무튼 누가 말려."

힘은 들었지만 돈을 벌 수 있다는 생각에 더더욱 박차를 가할 수 있었다. 이렇게만 하면 이제 곧……. 기름값이라도 아낄 생각에 나무를 산더미처럼 쌓아두었고, 밤을 꼬박 새워가며 불을 때댔다. 아파도 아프단 소리 한 번 하지 않았다. 할 수 없었다.

그러다 덜컥 고속화도로가 나고 말았다. 졸지에 나무 쌓는 장소가 없어지고 만 것이었다. 계속 기름을 때자니 수지가 안 맞고, 꽃값은 엉망으로 내려가 있고…… 차라리 남의 집에서 일하는 게 낫지, 중도매인들 좋은 일이나 시켜주는 꼴이었다.

'우리가 뭐 호구도 아니고.'

당장에 다 때려치우고 싶었다. 나 몰라라, 도망쳐버리고 싶었다. 눈물조차 말라 있었다. 하지만 그럴 수는 없었다.

"돈 돈 돈 돈에 돈 돈 악마에 금전……."

이를 악물었다. 주먹을 앙세게 쥐었다.

"……내년 삼월 춘삼월에 꽃피고 새가 울 때 당신 품에 안기거든 난 줄 아소서."

원풍 시절을 떠올리며 〈돈돈돈〉을 목이 터져라 불렀다. 그러고는 고민에 고민을 더하다 마침내 꽃 가게를 하기로 작정했다.

"순애 씨, 꿈이 뭡니까?"

원풍모방에서 해직된 후, 누군가 나에게 꿈이 뭐냐고 물으면 어떤 대답을 했을까, 할 수 있을까.

"할 수 있다면 원풍 시절로 다시 돌아가고 싶어요."

"하필 왜?"

"눈빛이 빛났었거든요. 살아 있었어요. 뭐든 하고 싶다는, 할 수 있다는 열정과 자신감으로 충만했거든요. 그때 그 열정과 자신감이라면 제아무리 지치고 험한 세상인들 헤쳐나가지 못할까 싶어요."

아마도, 그렇게 대답하지 않을까. 그럴 것이다.

6

"박순애 씨, 꿈이 있나요?"

지금 이 순간, 누군가 나에게 꿈이 뭐냐고 물으면 어떤 대답을 할까, 할 수 있을까.

하우스 장미 농사를 지은 지 얼추 10년이 되었을까. 그 외에도 리시안시스와 알스토메리아 등을 재배하고 있다.

'구성화원.'

울며 겨자 먹듯 시작했던, 우리 화원 이름이다. 평범하기 이를 데 없는 이름만큼이나 유별날 것 하나 없는 동네 화원이다.

그런데도 하우스 꽃 농사에, 꽃다발을 만들고 꽃바구니를 꾸미다 보면 오랜 세월 내내 하루해가 훌렁 지나가 버리기 일쑤였다. 밤늦게 양재동 화훼공판장이나 고속터미널 도매시장에 위탁판매를 맡기러 다니는 일인들 쉬울 리 없었다. 기왕 걸음에 새벽시장이 열리기를 기다려, 화원에서 팔 싱싱한 꽃을 떼오고 나면 새벽 두세 시가 훌쩍 넘어 있었다. 잠다운 잠은 늘 뒷전이었다. 세끼 밥 챙기기도 빠듯했다.

참으로 이상한 건…… 그런 와중에도 뭐든 배우고 싶다는, 도전해보고 싶다는 열정은 사그라지질 않으니, 사그라질 줄을 모르니. 병도 이런 병이 또 있을까.

서너 해 전이었나 보다. 꽃 농사 일로 용인 시내 농협에 들른 적이 있었다. 그곳에서 여성 이사 공모 소식을 듣게 되었다. 비상근직이라나. 수당도 꽤 쏠쏠했다. 나는 앞뒤 없이 공모 담당자를 찾아갔다.

"최종 학력이 어떻게 되시죠?"

"그건 왜요?"

그딴 걸 왜 묻나 의아했다.

"신청 자격에 학력 제한이 있거든요."

학력이래봤자 한강재건실업 중학교 과정이 전부 아닌가. 비인가 학교이다 보니 학력을 인정받을 수도 없을 테고. 아차, 싶었다.

"신청서 접수하실 때 최종학력증명서도 꼭 첨부해주세요."

담당자가 내미는 지원서를 받아야 할지 말아야 할지 난감했다. 그러면서도 나도 모르게 주눅이 드는 것도 사실이었다.

'그깟 종이짝!'

하긴…… 종이짝에 불과한 자격증의 위력을 실감한 적이 어디 이번뿐일까. 오래 전, 원풍모방에 입사원서를 냈던 일이 기억에 생생했다. 박순애를 대신해 권명숙으로 살아야 했던 시간들이 머릿속에 줄줄이 내걸렸다.

'까짓, 그럼 이제라도 가져보지 뭐.'

그 즉시 검정고시 학원에 등록을 했다. 남편이 학원 통학 길을 책임져주마 나섰다.

"다른 건 몰라도 학원 오갈 때는 내가 운전해줄게."

하우스 농사일이나 꽃다발을 만들고 꽃바구니를 꾸미는 일에는 지레 몸부터 사리려 들더니. 그런 남편이 흔쾌히 나서주니 천군만마를 얻은 듯 든든했다. 어깨에 절로 힘이 들어갔다.

"모르는 거 있음 나한테 다 물어보세요."

"내가 쓰던 참고서랑 문제집도 챙겨드릴까요?"

아이들도 제 일처럼 좋아라 했다. 신나 했다. 남편에 두 아들까지. 좌청룡 우백호가 따로 없었다.

2008년. 마침내 고입 검정고시에 합격할 수 있었다. 호오, 그렇담 내친 김에…… 나는 더더욱 신을 내어 공부했다. 한 번의 실패를 겪긴 했지만, 그다음 해에는 대입검정고시 합격증을 취득할 수 있었다. '좌몽덕 우태영 준영'의 열렬한 응원 덕분이었다.

"아빠, 꽃집 앞에다 큼지막한 플래카드 내걸어야 하는 거 아니에요?"

"맞아요!"

"어디 플래카드뿐이겠냐. 당장 무등이라도 태우고 동네 한 바퀴 돌아야겠다."

모두들 나보다 더 기뻐해주는 것도 마다하지 않았다. 무뚝뚝한 평소 모습은 온데간데없었다. 내 편이란 게 이런 거구나. 코끝이 찡했다.

"이런 날 잔칫상이 빠짐 안 되지요."

둘째 준영이가 군침을 삼켰다. 태영이도 가세했다.

"당연한 말씀!"

"녀석들 하고는. 오냐! 먹고 싶은 게 뭐든, 내 다 사 주마."

"정말이지요?"

"으음. 뭐가 좋을까나?"

"나 참. 난 아예 뵈지도 않나 보지?"

"아차차, 오늘의 주인공은 뭐가 드시고 싶으신지요? 말씀만 하소서."

장원급제를 한들 이보다 기쁠까. 세상을 다 얻은 것 같았다. '그깟 종이 짝'을 손에 쥐던 날, 나는 나도 모르게 눈물을 펑펑 쏟았다. 주체할 수가 없었다. 그러면서도 언제 또 농협에서 여성 이사를 뽑을지. 그땐 꼭 신청 서를 내고 말리라, 다짐했다.

'그깟 종이짝'을 취득한 후 마음가짐도 달라지는 것을 느꼈다. 자신감 도 분명 달랐다. 그뿐이 아니었다. 용인여성대학도 다니고, 문화해설사로 도 활동하고, 농산물 명예 감시원 활동도 하고…… 활동 가능한 범위가 그 렇듯 넓어질 수 있다니. '그깟 종이짝'의 위력을 실감하기에 부족함이 없 었다. 얼마 전까지 용인 참여자치시민연대 활동의 일환으로 시의회 모니 터링과 예산 감시에도 참여할 수 있었다. 시간이며 힘이 많이 들긴 했지만 순간, 순간이 왜 그리 재밌던지. 상황, 상황이 어쩜 그리도 보람차던지. 잠 시잠깐도 게으름을 피울 수가 없었다. 어느 순간, 마치 원풍 시절 한가운 데에 서 있는 것 같은 착각이 들 때도 있었다.

요즘은 준영이가 다니는 학교의 운영위원회 활동을 활발히 하고 있다. 운영위원이 되려면 고졸 이상의 학력을 소지해야 한다나. 여섯 명의 운영 위원 자리를 두고 아홉 명의 후보자들이 경쟁을 해야 했다. 농산물 명예 감시원 이력이 플러스가 된 듯. 덕분에 당선이 될 수 있었다. 득표수 또한 여섯 명 중에서 두 번째로 많았다.

'꼴찌로라도 당선만 된다면야.'

조금은 의기소침해 있던 참이었다. 그런데 두 번째로 많은 표를 얻다 니……. 그때의 희열을 어떤 말로 표현할 수 있을지. 할 말을 잃을 지경이 었다.

"와아, 울 엄마 정말 대단하다니까."

"박순애 위원님, 우리 아들을 위해 최선을 다해주실 거지요?"

아들도, 남편도, 박수를 아끼지 않았다.

'정직하게, 최선을 다하는 것만이 날 믿고 뽑아준 이들에 대한 보답이 겠지.'

성적 비리 문제가 됐든, 급식 비리 문제가 됐든, 1200명이나 되는 우리 아이들을 위해 최선을 다할 생각이다.

"박순애 씨, 꿈이 있나요?"

지금 이 순간, 누군가 나에게 꿈이 뭐냐고 물으면 어떤 대답을 할까, 할 수 있을까.

"아무것도 하지 않고 하루하루 마냥 쉬었으면 좋겠어요. 막 웃고 살 수 있음 더 좋을 테고요."

아마도, 그렇게 대답하지 않을까. 그럴 것이다.

'가만! 깜빡할 뻔했다.'

이따 오후에 '하우스 노래방' 예선을 봐야 하는데. 예선 통과를 해야 라디오방송 시간에 노래를 부를 자격이 주어진다고. 예선에서 떨어지면 말짱 꽝이란 말이렷다. 그건 그렇고 무슨 노랠 불러야 하나. 하우스 농사꾼들을 위한 특집방송이니만큼 발랄한 〈장미꽃 한 송이〉가 어떨까. 아니면……, 기왕이면 재미나게 〈부러진 금이빨〉을 불러봐? 것도 아님……. 참, 운영위원회 회의가 내일이랬지. 급식에 쓰이는 육우 등급이 아무래도 미심쩍다니. 시간 맞춰 꼭 가봐야겠다.

'조만간 방통대 원서도 써야 할 테고.'

방송통신대학 문화교양학과에 합격했던 지난겨울이 스치듯 떠올랐다. 합격은 했지만 실용적이지도 않고 자기중심적인 것만 같아 결국 등록을 포기하고 말았었다. 기왕이면 남들과 나눌 수 있는 공부가 좋겠지. 이번 엔 학과 선택을 잘해야겠다.

떠나가는 배

05 양승화 이야기 김영주

양승화 1957년 충북 제천에서 태어났다. 초등학교를 졸업한 후 서울로 이사했고 1972년 원풍모방의 전신인 한국모방에 입사했다. 1978년에는 정사과 대의원에 당선되었고 쟁의부 차장이던 1980년 합동수사본부에 연행되기도 했다. 1982년 임시대의원대회에서 부조합장으로 선출되었으며, 9·27 사태로 징역 1년을 언도받았고 고척동 구치소에 수감 중 광복절 특사로 석방되었다. 이후 원풍모방 법외 노동조합에서 활동하게 되었다. 평민당 대외협력위원회 및 평민당 안양노동회관 관장을 역임했으며 노동회관을 정리한 후 시흥에서 레스토랑을 운영했다. 2001년 〈반야철학원〉을 개원했고, 네오포춘과 메이프론 상담원으로도 활동하게 되었다. 현재 〈백련사주학원〉을 운영하면서 네이트온 상담원으로 활동하고 있다.

1971년 승화네 가족 상경하다

어려서부터 말을 잘 하지 않던 아이. 무엇을 물어도 대답을 잘 하지 않던, 되레 우는 것으로 대답을 대신하던 아이. 그래서인지 순둥이란 애칭으로 불리던 아이. 그런 승화가 제천 시내에 위치한 초등학교를 졸업하고 두 해쯤 지나서였을까. 1971년 가을, 구멍가게를 하던 승화네 가족은 제천을 떠나 서울 옥수동 산동네로 이사를 하였다.

물려받은 산도 그대로 두고, 실던 땅도 집도 그대로 두고, 일곱 식구 모두 서울로 향한 것을 보면 오로지 가난을 피해 이사를 결심한 건 아닌 듯한데…… 어쨌거나 웬만한 건 다 버린 채 기차를 타고 서울로 향하는 동안, 가족들 모두 '브라더 미싱'만은 손에서 놓을 줄을 몰랐다.

옥수동 산꼭대기라 해도 아버지와 엄마 그리고 승화네 다섯 형제를 모두 받아주려는 주인은 없었다. 몇 번의 우여곡절을 겪어야 했는지.

"애들은 몇 명이지요?"

"둘! 두 명입니다."

"확실하지요?"

"그렇다니까요."

결국 거짓말까지 하고서야 이사를 허락받을 수 있었다. 슬레이트지붕이든 함석지붕이든…… 허름하기 짝이 없는 집이었지만 모두들 좋아 어쩔 줄을 몰랐다. 달랑 방 한 칸이 전부였지만 세상을 다 얻은 듯 좋아라 했다. 채 이삿짐을 풀기도 전에 승화는 여동생 승례와 함께 '서울깍쟁이' 운운해가며 밤이 깊어가는 줄도 모르고 속닥거렸다.

산동네라는 특성상 온 가족이 먹고 씻기 위해서는 하루에도 몇 번씩 물지게를 지고 공동 수돗가를 들락거려야 했다. 그러다 보니 오며 가며 주인집과 부딪치기 일쑤였다.

"어? 애가 둘이라지 않았나?"

"그게, 그게요. 있잖아요."

"무슨 애들이 이리 많대?"

"아! 친척 애들이 잠깐 놀라온 거예요. 이제 곧 다들 갈 거거든요."

그럴 때면 엄마는 혹여라도 쫓겨나면 어쩌나, 쩔쩔맸다.

"여기서 쫓겨남 어디로 가는 거야?"

"서울은 다른 데보다 겨울이 훨씬 길대. 춥기도 무지 춥대고."

오빠 승홍이와 승화, 여동생 승례, 남동생 승훈이와 승대까지, 형제들은 형제들대로 주인집 눈치를 보랴, 엄마 눈치를 살피랴, 어찌할 바를 몰라 했다.

그렇게 하루 이틀이 지나고 일주일이 지나고 한 달이 지나고……. 마침내 주인집 사람들도 승화네 식구가 일곱이나 된다는 걸 알게 되었다. 다행히도 승화를 비롯한 다섯 형제들이 주인집 아이들을 돌봐주고 있던 터라 마지못해 하면서도 내쫓지는 않았다.

'서로서로 챙겨주고 도와도 주고, 얼마나 좋은데.'

승화는 식구가 많다는 것이, 형제들이 많다는 것이, 결코 좋은 것만은 아니라는 걸 어렴풋 깨달았다. 생각해보면 서울로 올라오고부터 밥을 먹을 때마다 왠지 이상하긴 했었다. 막상 밥을 지어서는 그 밥을 기어이 죽으로 다시 만들어 밥상에 올렸으니. 두 끼 밥을 세 끼 죽으로 늘릴 수밖에 없던 속사정을 알 것도 같았다. 고향에 가면 우리 산도 그대로 있고 땅도 그대로 있으련만…… 그런데도 엄마를, 아버지를 짓눌렀을 막연함 불안감이 승화의 어린 가슴에 고스란히 얹혀졌다.

여름이 막 시작될 즈음이었다. 하루는 이모가 찾아왔다. 한국모방에 다닌다는, 승화가 무척 따르는 멋쟁이 이모였다. 엄마와 이런저런 이야기를 나누던 중이었다.

"살림에 보탤 겸해서 승화도 우리 회사에 들어오면 어떨까?"

마침 회사에서 양성공을 모집한다며 이모가 운을 뗐다. 처음 양성공으로 들어가면 하루 일당이 140원이라고 했다. 그렇게 3개월이 지나면 그때부터는 70원이 더해져 210원을 일당으로 받을 수 있다나. 그리고 무엇보다도 기숙사 시설이 잘돼 있어 출퇴근이나 잠자리 걱정은 하지 않아도 된다고 했다.

"기숙사 시설이 어찌나 잘돼 있는지. 뜨거운 물도 펑펑 나오겠다, 휴게실에 티브이에, 내가 알기론 어지간한 애들도 우리 회사에 들어오고 싶어 안달을 내는 모양이더라고. 우리나라 최고라는 이화여대 기숙사가 부럽지 않다나 뭐라나."

학교에 다니는 것도, 딱히 하는 일이 있는 것도 아닌 데다, 살림에 보땔 수 있다는 말에 승화는 귀가 솔깃해졌다. 오빠가 하나 있긴 하지만 명색이 장녀가 아닌가 말이다. 특히나 머릿속으로 그려보는 기숙사 생활은 환상 그 자체였다. 승화는 조심스레 속내를 꺼내 보였다.

"나도, 들어가도 돼요?"

나이 제한이 있다는 게 아무래도 신경 쓰였다.

"만으로 몇 살이지?"

"열다섯이요."

"나이가 좀 어리긴 한데…… 그렇다고 안 될 것도 없지 뭐."

특별히 소개가 있어야 할 거라고 했다. 그러면서 잘 아는 사람이 하나 있다고, 마침 고향도 같고 하니 따로 부탁을 해주마 약속했다. 이모 말만으로도 승화는 당장이라도 취직이 된 듯 설랬다. 가슴이 콩당콩당 뛰었다.

"문제는 중학교 졸업장이 필요하단 말씀인데, 아! 승홍이가 중학교 나왔지?"

오빠 졸업장을 빌리면 그것 역시 문제될 게 없을 거라 했다.

"승홍이가 남잔데 괜찮을까?"

승화 표정을 살피는 엄마 목소리가 조심스러웠다. 하지만 이모는 그 정돈 문제도 아니라는 듯 태연했다.

"그렇다고 무조건 다 합격되는 건 아니고……."

이모 말이 소개만으로 모든 게 해결되는 건 아닌가 보았다. 한자로 이름 쓰는 시험도 봐야 하고, 영어 알파벳 시험도 봐야 할 모양이었다. 숫자를 세는 시험도 있을 거라고. 그뿐이 아니었다. 달리기 시험에 손가락을 굽혔다 폈다 하는 시험도 봐야 한다고 했다. 달리기든, 손가락이든은 자신 있었다. 그러니 며칠이고 죽어라 한자며 알파벳 쓰기 연습을 하면 까짓 안 될 것도 없어 보였다.

'돈 많이 벌어서 동생들 공부 시켜야지!'

승화는 누가 볼세라 주먹을 쥐락펴락했다. 발목을 휘이, 휘이, 돌려보았다.

'우리 집이 부자가 되면 참 좋겠다.'

발가락이 괜스레 움찔꿈찔거렸다.

1972년 오빠 양승홍이 되어 한국모방에 입사하다

이모 말마따나 승화는 아는 사람을 통해 원서를 낼 수 있었다. 그러고는 곧바로 손가락 시험을 보았다. 달리기 시험도 보았다. 한자로 이름 쓰기도 했고, 알파벳 쓰기와 숫자 읽기 시험도 통과할 수 있었다. 일사천리로 진행되는 모든 것이 꿈만 같았다.

1972년 7월 7일. 승화는 마침내 한국모방에 입사했다. 여동생 승례가 제 일처럼 좋아라 했다.

"울 언니 최고다!"

"월급 타면 우리 맛있는 거 많이많이 사 줄 거지?"

"히이, 애들한테 막 자랑해야지!"

남동생 승훈이와 승대도 방 좁은 줄 모르고 폴짝폴짝 뛰어댔다. 승화는 자신도 모르는 새 빙긋 웃음을 지었다.

정사과에 배치를 받은 승화는 기숙사에도 입소할 수 있었다. 층층마다 이어져 난 각각의 방은 열대여섯 명씩 들어갈 수 있었고, 물품보관용 캐비닛도 여덟 개나 설치되어 있었다. 비누와 수건, 세숫대야 같은 개인용품들을 놓을 수 있는 공간도 따로 마련되어 있었다. 층마다 다리미실이 있고, 일층 강당에는 티브이와 탁구대도 설치되어 있었다. 승화가 머릿속으로 그려본 상상화 그대로였다. 무엇보다도 회사 바로 옆에 위치해 있어 출퇴근 걱정을 하지 않아도 되었다.

한 달에 1200원씩 하는 기숙사 비용이 부담스럽긴 했다. 승화는 재빨리 머릿속 주판알을 튕겨보았다.

'양성 일당이 140원이랬지. 석 달이 지나야 70원씩 더 올려준다 했고.'

4000원 남짓한 한 달치 월급에서 기숙사비를 떼고 나면 3000원 정도가 남을 뿐이었다. 옥수동 산동네 풍경이 눈앞에 아른거렸다. 하루에도 몇 번씩 물지게를 이고 질 형제들 모습이 눈앞에 아른거렸다. 적어도 빨랫비누는 사야 할 테고…… 꼭 필요한 돈을 뺀 나머지 월급만큼은 집에 갖다 줘야겠다고 승화는 다짐에 다짐을 더했다.

승화가 속한 방은 1층 103호였다. 조성희, 추화자, 우삼순, 권미자 등과 함께였다. 기숙사에 든 첫날이었다. 잠자리에 들려던 참이었다. 불현듯 앞으로도 쭉, 엄마 아버지와 떨어져 지내야 한다는 생각이 뇌리를 스쳤다. 오빠와 동생들, 특히 승례와 떨어져 지내야 한다는 것도 믿기지 않았다. 혼자라는 것이 실감이 나지 않았다. 무서웠다. 외롭고 두려웠다. 승화는 이불을 뒤집어쓴 채 펑펑 울었다. 누가 들을세라 입술을 앙 깨문 채 펑펑 울었다. 밤이 깊은 줄도, 날이 새는 줄도 몰랐다.

월급을 탔을 때였나. 승화는 처음으로 집에 다니러 갔다. 아버지는 아닌 척, 승화를 이리저리 살폈다. 아직도 일정한 일자리를 찾지 못한 눈치였다.

"지내기 어때?"

"괜찮아요."

아버지가 꾸역꾸역 한숨을 집어삼켰다. 목울대가 연신 쿨렁거렸다.

"힘들지 않아? 아픈 덴 없고?"

엄마 얼굴에도 그늘이 깊었다. 그런 엄마에게 차마 속내를 꺼내 보일 수가 없었다. 그립다는 말을 할 수도 없었다.

"그럼, 얼마나 좋은데."

승화는 애써 목소리를 띄웠다. 승홍 오빠가 보이지 않았다.

"참, 오빠가 안 보이네?"

엄마가 억지 미소로 대답을 대신했다. 기술을 배우러 다닌다더니, 여전히 밖으로만 도는 모양이었다. 여동생 승례가 승화 팔에 매달렸다.

"기왕 왔는데 자고 갈 거지?"

"언제 한번 기숙사에 놀러 와."

승례와 눈을 맞추며 윙크를 해보였다. 다음번엔 맛난 과자 많이많이 사 올 거라고, 남동생들하고 손가락을 걸기까지 했다. 다시는 예전처럼 가족들과 옹기종기 모여 살 수는 없을 거란 예감을 떨쳐내기라도 하듯.

8월이 되면서 회사 곳곳이 술렁이기 시작했다. 노동조합 정상화를 요구하는 총파업이 있었고, 곧이어 지동진 씨를 신임 지부장으로 하는 민주노조가 출범했다. 회사 측은 회사 측대로 대의원과 조합원들에 대한 부당 징계를 개시했고, 그로 인한 크고 작은 충돌이 줄을 이었다.

유니언 숍(union shop)이라나. 사용자가 종업원을 고용할 때는 자유이나, 일단 채용이 되면 반드시 노동조합에 가입해야 하며 조합으로부터 제명, 탈퇴한 자는 회사가 해고해야만 한다는 것을 정한 노동협약상의 조항에 따라 승화 역시 정사과에 배치되면서 동시에 노동조합에도 가입이 된 상태였다.

‘나도 조합원이잖아.’

장마철인지 비까지 유독 극성을 부려댔다. 그러거나 말거나 다른 양성 공들과 마찬가지로 승화는 우산을 쓰고라도 열심히 시위대를 따라다녔다.

‘돈 많이많이 벌어서 동생들 다 공부시켜줘야지!’

임금 인상도 된대고……. 하여튼 모두 좋아지자고 하는 일이라니 무작 정 따라다닐밖에. 뭐가 뭔지 모르면서도 재거나 가리지 않았다.

멀찍이서 지켜보던 사무실 직원들이 비아냥댔다.

“양성공들 주제에 왜들 저리 열심이래?”

“암것도 모르는 것들까지 저리 뛰어다니는 거 보면 기도 안 찬다니 까.”

“뭘 알고나 다녀야 말리든 말든 하지. 차암.”

“어이, 양성들! 그런 데 따라다님 안 되거든?”

“그럴 시간에 실 한 타래라도 더 짜야는 거 아냐?”

삼삼오오 모여선 채 야유를 퍼붓기도 했다. 하지만 승화는 들은 척 하지 않았다. 그럴수록 더 힘을 내어 시위대에 섞여들었다. 9월 3일에도 근무를 마치고 겨우 잠자리에 들었던 승화는 잠결에 꿈결에 명동성당에 따라갔고, 경찰 버스를 나눠 타고 회사로 돌아와 밤 내내 식당을 떠나지 않았다.

1973년 소그룹 ‘소나무’에 가입하다

오전 6시부터 오후 6시까지. 오후 6시부터 오전 6시까지. 노조가 활 성화되기 전까지, 주야 맞교대로 편성된 작업 시간은 사람들을 지치게 하기에 충분했다. 게다가 휴일에는 열여덟 시간을 꼬박 일해야 했으니.

그런데도 누구도 싫다, 좋다, 말 한마디 하지 못했다. 아니, 할 줄을 몰랐다. 그냥 시키면 시키는 대로 했을 뿐이었다. 일은 또 왜 그리 많은지. 작업대를 벗어날 즈음이면 온몸에 마비가 올 지경이었다. 그나마 야근일 땐 야근수당을 받을 수 있고, 휴일엔 휴일수당을 받을 수 있다는 게 유일한 위안이었다.

그렇듯 빠듯한 일상 속에서 기숙사 방 식구들과 보내는 시간은 서로에게 활력소가 되어주곤 했다. 누군가는 퇴근해 들어오기 바쁘게 뜨게 바늘을 챙겨 도장집을 짜고 손수건을 짰다. 또 누군가는 십자수로 액자며 티브이 덮개를 만들었다. 누군가는 주야장천 책만 보았고, 누군가는 온몸이 퉁퉁 붇도록 목욕실을 차지하고 앉았고, 또 누군가는 빨래하고 웬수라도 진 듯 기어이 빨랫감을 만들어서라도 푹푹 삶아대고…… 죽어라 잠만 자대는 경우도 있었다. 그럴 때면 괜스레 그 옆에 누웠다 자신도 모르게 잠이 드는 바람에 밥 시간을 놓치기도 했다. 드물긴 했지만 횡허케 옥상으로 올라가 고향 생각을 훌훌 털어내고 오는 경우도 있었다. 삼삼오오 짝을 지어 강당으로 가서는 티브이도 보고, 탁구도 치고…… 티브이 채널이 TBC로 고정돼 있는 게 흠이긴 했지만 그만큼도 어딘가 싶을 따름이었다. 특히 밤이 으슥해질 즈음 벌이는 가보시끼는 무엇과도 견줄 수 없을 만큼 소중한 시간이었다. 식당 밥이 부실한 것도 용서가 될 정도였으니. 월급을 타는 대로 갚아야 한다는 부담쯤은 문제도 아니었다.

"오늘 당번은 누가 좋을까요?"

"까짓 내가 가지 뭐."

"나두 같이 갈게요."

하루는 조성희가, 하루는 우삼순 언니가, 또 하루는 권미자와 승화가…… 외출 허락을 받을 수만 있으면 누구든 상관없었다.

"오늘은 봄길빵이 어때?"

"날도 꾸물거리겠다, 기왕이면 부침개가 어떨까요."

"캬아, 좋다."

"후식으로다 라면땅도!"

채 방을 나서기도 전부터 너나없이 군침을 흘려댔다. 승화도 얼결에 침을 꿀꺽 삼켰다. 그러면서 월급날, 계란을 판째 사다가 빨래 삶는 양동이에 삶아 방식구들과 나눠 먹던 기억을 떠올려보았다. 맛도 맛이지만 영양 보충에도 그만이었다.

어느 하루였는지. 그날도 어김없이 대림시장에 간 방 식구들을 기다리고 있던 참이었다. 언니 하나가 불쑥 승화에게 조언을 구했다.

"참! 이번 참에 나도 소그룹 하나 들까 하거든. 어디가 좋을까."

"글쎄요."

"니네 소그룹 이름이 뭐랬지?"

"소나무요."

"맞다 소나무랬지? 기왕이면 나도 거기에 들면 어떨까."

"언제든 환영이지요."

"우리 소그룹에 들어오는 건 어때?"

"내가 속한 소그룹도 좋은데. 백마라고, 이름도 멋지잖아요."

옆에 있던 방 식구들도 덩달아 신나했다.

방용석 지부장이 전면에 나서주면서부터였을까. 노동조합이 정상화되면서, 소그룹이 유행처럼 번져 있었다. 소그룹을 안 하면 이상한 사람으로 취급받을 정도였다. 500원이나 하는 회비가 부담스럽긴 했지만 승화도 자연스레 '소나무'라는 소그룹에 가입해 있었다. 무언가를 배울 수 있다니, 망설일 이유가 없었다.

소그룹을 하면서 무언가를 배우고 싶다는 욕구는 더 커져만 갔다. 노동조합을 통해 듣고 배우는 것들 역시 학구열을 부추기기에 부족함이 없었다. 1976년이었나. 승화는 마침내 한림학원 중학교 과정을 공부했고, 신길동에 위치한 삼성새마을청소년중고등학교에 다니며 고등학교 과정을 수료할 수 있었다. 비인가학교이긴 했지만 교복을 입고 등하교하는 시간이 어찌나 기다려지던지. 근무시간에 맞추어 주간반에도 가고, 야간반에도 가고…… 홀린 듯 공부를 했다. 나중엔 기숙사도 포기한 채 이영순과 함께 대림동 자취방으로 이사를 했다. 학교 다니기에 훨씬 좋을 거라는 게 이유였다.

'우리 집이 부자가 되면 정말 좋을 거야.'

힘들어도 기어이 힘을 냈다. 엄마 아버지가, 오빠와 동생들이 그리워도 눈물을 아낄 수 있었다.

1978년 정사과 대의원에 당선되다

1974년을 마감할 즈음, 한국모방은 원풍모방으로 상호가 변경되었다. 그 와중에도 노동조합의 외침이 좋아 승화는 시간이 허락될 때마다 노조 사람들을 쫓아다니곤 했다. 누가 시켜서가 아니었다. 강요해서도 아니었다. 오로지 승화 자신의 의지였다. 그러다 보니 어느 순간 자연스럽게 융화될 수 있었고, 주변 사람들에게도 노조의 외침을 들려주려 애썼다. 노조에 자연스레 녹아들어갈 수 있도록 돕기도 했다. 노동조합은 점차 안정화되어갔고, 승화는 정사과 대의원에 당선되었다.

그러나 10·26사태에 이어 전두환 정권이 들어서면서 노동조합에 대한 탄압은 도를 넘어 있었다. 방용석 지부장을 비롯한 191명이 정화 대상자에 포함되어 수배를 받게 되었다. 그해 12월 7일이었다. 쟁의차장이었던 승화 역시도 보안사에 끌려가 조사를 받았다. 쟁의부라 해서 특별히 쟁의적이거나 싸움을 잘 하는 게 아니었지만, 그런 설명조차 보안사의 누구도 귀 기울이려 하지 않았다. 계엄 때가 아닌가. 군인들에게 조사를 받는다는 사실만으로도 승화는 무서웠다. 게다가 쟁의차장이라는 이유로 옷이 홀랑 벗겨진 채 온갖 곳을 검사받아야 할 때면……. 제아무리 여군이라지만 너무나 수치스러워 견딜 수가 없었다. 그렇다고 무엇도 해볼 수가 없으니. 승화는 치미는 화를 어찌 삭여야 할지 몰랐다. 차라리 죽고만 싶었다.

"야, 이년아. 울긴 왜 울어?"

"우리가 잡아먹기라도 할까 봐?"

혹 울기라도 할라치면 막말을 퍼붓기 일쑤였다. 욕설이 난무했다.

회사에서는 회사에서대로 난리도 아니었다. 보안사 군인들을 투입시켜 현장을 감시케 했다. 기숙사를 감시했고, 노조 사무실 문을 잠가놓은 채 출입을 통제했다. 그로 인해 충돌한 것만도 몇 번이던지. 조합원들 모두 보안사로 끌려간 간부들이 돌아오기만 손꼽아 기다렸다.

"벌써 한 달이 다 돼 가는데……. 언제쯤 돌아올 수 있을까."

"크리스마스도 다가오겠다, 조만간 풀려나지 않겠어?"

"그렇겠지?"

"아무리 계엄이라지만 지은 죄도 없는 사람들을 마냥 잡아 가두진 못할 거야."

크리스마스쯤엔 모두 풀어주겠거니, 환영 파티를 계획하기도 했다. 하지만 기대와는 달리 이무술만 현장을 다녀갔을 뿐이었다.

한편으로 보안사에서는 간부들을 위로한답시고 맛있는 음식을 차렸네, 코미디언 이주일을 불렀네, 수선을 피워댔다.

'현장에 가봐야 하는데. 마냥 이러고 있을 때가 아닌데.'

승화는 음식 한 덩이 목구멍으로 넘어갈 리 없었다. 이주일이고 저주일이고 알 바 아니었다. 다른 간부들도 마찬가지였다. 20여 일 남짓을 그렇게 갇혀 있었나 보다. 쟁의부장을 포함한 여럿이 해고 등의 처분을 받아야 했다. 주로 부장급들을 다 해고한 후 승화를 비롯한 네 명만이 풀려날 수 있었다.

회사에 다시 출근하고 얼마 지나지 않아 노조는 새로운 집행부를 구성했고, 보안사의 연이은 방해공작에 고스란히 노출되어 있었다. 회사 또한 회유에, 협박에…… 노조를 깨기 위해서라면 물불을 가리지 않았다. 노조 스스로도 분열과 갈등에 시달리느라 하루도 편한 날이 없었다.

'아무것도 않고, 아무 생각도 않고 그냥……, 쉴 수 있었으면.'

승화는 지금의 상황에서 벗어나고만 싶었다. 하루해가 뜨고 지는 것조차 성가셨다.

'모래내로 이사도 했고, 동생들도 학교 잘 다니고 있잖아.'

가족들이 옥수동 산동네를 벗어났다는 그 자체로도 경사가 분명했다. 여동생 승례가 여상을 졸업할 날도 그리 멀지 않았다. 착하고 예쁘고, 성실한 내 동생. 승례를 생각하면 승화는 빙긋 웃음이 절로 나왔다. 기왕이면 방통대라도 다녀보라고 권해줘야겠다는 생각이 들었다.

'그래, 조금만 더 힘을 내자!'

승화는 스스로를 얼렀다. 달랬다. 그리고 부추겼다.

1982년 새해가 시작되면서 지난해 12월 24일 해고된 신필섭 대의원과 양분옥 조사통계부장의 부당해고 철회와 상여금 지급 등을 요구하는 농성을 벌이게 되었다. 노조 간부를 해고하는 것은 노조를 무력화하고 조합원들을 위축시키려는 의도였다. 계속해서 탄압으로 밀어붙이는 정부와 회사에 더 이상 물러설 수 없다는 조합원들의 투지는 더욱 거세졌다.

2월 정기 대의원 선출에서는 3분의 2 이상이 물갈이가 되면서 젊은 층이 대거 대의원으로 당선이 되었다. 이제는 물러서지 말고 맞서라는, 지도부에게는 압력 같은 것이었다. 대의원 선거에 이은 3월 임시 대의원 대회를 통해 정선순을 조합장으로 선출했고, 박순애, 이제호 등과 함께 승화는 부조합장이라는 직책을 맡게 되었다.

그리고 두 달이나 지났을까. 노무과장이 경비원과 사원 30여 명을 동원, 조합원들을 폭행하는 사건이 일어났다. 승화를 비롯한 조합원들은 '원풍모방 노동조합 탄압을 즉각 중지하라'는 유인물을 만들어 배포하기 시작하면서 여론투쟁에 돌입했다.

유인물을 돌리던 김예희가 경찰서로 연행되었고, 차언년과 임태송이 경찰서에 송치되었고, 이혜영, 이선순, 김성구 등이 연행되어 갔고……, 하루가 멀다 하고 조합원들 여럿이 곳곳에서 이런저런 수난을 겪기 일쑤였다. 그뿐이 아니었다. 가공과의 김성구는 본인도 참석치 않은 인사위원회를 통해 소속 상사 구타 혐의로 해고 조치를 당했고, 박순애 부조합장을 비롯한 네 명의 조합원들은 토요일 오후 늦게 해고를 통지받아야 했다. 회사 상규정 제12조 위반 혐의가 징계 사유라고 했다. 하도 기가 막혀 말문이 막힐 지경이었다.

"다들 퇴근한 줄 뻔히 알면서 그 늦은 시간에 게시판에다 해고통지서를 붙이는 경우가 어딨대?"

"해고장을 비닐로 꽁꽁 싼 걸로도 모자라 철망까지 쳐 놓았다잖아."

"그뿐이면. 게시판 주변으로 경비들까지 쫙 깔려 있다니…… 나 원 참. 하다하다 이제 별짓을 다하네."

"추석이 코앞인데, 더는 참으면 안 되는 거 아냐?"

"추석이나 지나고 어찌할지 생각해보자고."

주말 내내 집행부는 집행부대로 뭘 어찌해야 할지 갈피를 잡을 수가 없었다.

다음 날인 9월 27일 월요일이었다. 노조 사무실에 모여 대책회의를 하던 중이었다. 오후 1시쯤이었을까. 느닷없이 쳐들어온 구사대에 의해 조합장이 감금되었고, 사무실은 난장판이 되어버렸다. 몇몇은 부상을 입은 채 병원으로 달려가야 했다.

참다 못한 조합원들은 작업대를 박차고라도 삼삼오오 모여들었다. 출근을 서둘던 이들 역시 누가 먼저랄 것도 없이 노조 사무실 앞으로 모여들었다.

"식당까지 문을 닫아버린 걸 보면 진즉부터 계획한 거 아니겠어?"

"조합장도 저리 된 마당에, 양 부조합장이라도 나서줘야지 않겠어?"

모두들 분기탱천해 있었다. 추석이 나흘 앞으로 다가온 것쯤은 문제도 아니었다. 조합장은 감금되고, 이옥순 총무와 박순애 부조합장은 구사대에게 맞아서 병원에 가고…… 혼자 남은 승화는 어떻게든 사태를 수습해야 했다.

"저기, 저기들 좀 봐!"

그때였다. 누군가 다급하게 소리쳤다. 사람들이 우르르 담 쪽으로 몰려갔다. 사람들을 따라 담으로 다가가던 승화는 하마터면 그 자리에 주저앉을 뻔했다. 경찰 버스가 회사 주변을 빙 둘러싸고 있는 게 아닌가. 경찰이란 경찰은 총동원을 시킨 것 같았다. 방송사들은 방송사들대로 차를 대기시키랴, 기자들을 투입하랴, 분주했다.

"뭐야, 다들 짜고 치는 고스톱이잖아."

"닭장차가 대체 몇 댄 거야?"

"기자들은 왜 또 저리 많이들 왔대? 카메라만 수십 대가 넘겠는데?"

모두들 허옇게 질린 표정들이었다. 더는 머뭇거릴 입장이 아니었다.

"근무조는 작업장으로 돌아가 일하시고, 다른 조들은 일단 회사 정문 앞으로 모이라고 기숙사생들에게 알리세요."

이제 싸움을 해야 할 때가 왔다고 판단했다. 그러나 아무리 그렇다고 작업까지 팽개쳐가며 농성에 돌입해서는 안 될 것 같았다. 저들에게 명분을 주지 않기 위해서라도 파업은 안 된다고 생각했다. 승화는 상집간부들을 모아 회의를 했다. 상집회의를 통해 작업은 정상적으로 하고 대신 저녁식사 시간에 A, B, C반 전원을 농성장에 집결하도록 했다. 농성장은 노동조합과 식당이 가까운 넓은 정사과로 정했다. 또 조합장을 감금한 폭력배를 고발 조치하고 조합장이 잘 버틸 수 있도록 조를 짜서 교대로 노래와 구호를 외치기로 했다.

저녁 7시 30분에 정사과로 조합원들이 모였다. 승화는 마이크를 잡았다.

"조합원 여러분! 이제 마지막 싸움을 할 때가 온 것 같습니다. 그동안 우리는 회사와 정부로부터 수많은 탄압을 받아오면서, 함께 고민하고 토론하며 함께 결심했습니다. 그 각오를 한데 뭉쳐서 저 잔인하고 비굴한

자들에게 보여줄 때가 된 것입니다. 우리는 노동조합이 정상화될 때까지 싸우기로 결정했습니다. 단 한 사람의 조합원도 흐트러짐 없이, 행동으로 보여줍시다. 나는 정선순 조합장이 저들에게 굴복하지 않을 것으로 확신합니다. 밥을 먹지 못해 기운이 없겠지만 작업 도중 기계를 이탈하는 일이 없도록 하기 바랍니다. 저들은 우리의 파업을 고대하고 있기 때문입니다."

조합원들의 눈빛도 빛났다. 앞으로 어떤 일이 벌어질지 불안하기는 했지만 투쟁의 의지는 불타고 있었다.

승화는 정선순 조합장이 쉽게 구사대에 굴복하지 않을 것이라는 확신이 있었다. 다만 걱정이 되는 것은 폭력배들에게 감금된 상태에서 무슨 일을 당할지, 그것이 가장 큰 걱정이었다. 현장에서는 우리가 파업을 하지 않고 질서정연하게 움직이자 오히려 구사대가 당황하기 시작했다. 회사에서 밥을 제공하지 않으니 자연스레 단식으로 이어졌지만 조합원들은 고픈 배를 움켜쥐고도 어느 누구 하나 불평하지 않았다.

다음날 새벽, 조합장이 마대에 싸여 어디론가 끌려 나갔다. 밖에서 경비를 서고 있던 인충호가 보고 뒤를 쫓았으나 놓치고 말았다. '혹시 죽은 것은 아니겠지' 하는 불안이 스쳤지만 조합원들에게 그런 마음을 노출할 수는 없었다. 조합원들이 위축될 수 있으니 조합장이 끌려 나간 사실을 함구하도록 하고 날이 밝을 때까지 좀 기다려보자며 태연한 척했지만 불안은 가시지 않았다.

다행히 조합장과 같이 감금되어 있던 노동조합 사무원이 풀려나와 조합장이 얼마나 잔인하게 협박당했는지를 들을 수 있었다. 사표를 강요하는 구사대의 모진 협박에도 끝까지 굴복하지 않고 의연하게 버텼다고 했다.

날이 밝아오자 1980년 계엄사 합동수사본부에서 수사를 맡았던 최 수사관이 찾아왔다. '이제 농성을 끝내라, 문제가 있으면 법적으로 해결해야 되지 않겠느냐' 는 것이었다. 우리는 '남부경찰서에 고발장을 접수했는데도, 경찰이 회사에 상주를 하고 있는데도, 조합장을 감금했는데도 아무 일도 하지 않는데 법은 무슨 법 타령이냐, 조합장이 죽었는지 살았는지 알 수가 없는데 지금 무슨 소리를 하는 거냐'고 소리를 질렀다.

"혹시 강제로 끌고 나갈지 모르니, 마대로 서로를 묶고 팔짱들 단단히 끼고 있자."

"이렇게 바닥에 드러누워 있으면 적어도 우격다짐으로 끌고 나가는 일은 없을 테지?"

정사과 농성 현장은 긴박감이 흘렀다. 재고 자시고 할 상황이 아니었다. 멈칫거리거나 슬그머니 빠져나가려는 이들도 없었다. 내가 너였고 네가 나였다.

단전과 단수가 이어졌다. 꿈쩍만 해도 당장 끌려 나가고 말 처지였다. 당연히 먹을 것도, 마실 것도, 꿈도 꿀 수가 없었다. 화장실에도 갈 수 없으니 임시로 마련한 통에다 똥오줌을 처리해야 했다. 신협을 통해 간신히 챙겨온 생리대도 얼마 못 가 동이 나고 말았다. 보다 못해 밖에서 빵이며 생필품을 넣어주려 했지만 경찰들에 의해 저지되고 말았다.

씻지도 못하고, 먹지고, 자지도 못하고……. 한번은 노무과장이 죽을 챙겨왔다. 그러고는 선심이라도 쓰듯 먹기를 권했다.

"뭘 믿고 그걸 먹어요?"

"나 참. 다들 배고플 거 아닌감?"

모두들 뒤틀린 배를 움켜쥔 채 죽 그릇을 외면했다.

"그 안에 뭘 집어넣었을지 모르는데 먹긴 왜 먹어?"

"그러다 죽을지 누가 알겠어. 안 그래?"

"지들이나 배 터지게 먹으라지."

입안에 침이 마르고 뱃속이 요동을 쳐대도 모르쇠로 일관했다.

부모들이 와서 강제로 끌고 나가거나, 탈진해 쓰러져 업혀 나가거나…… 그런 경우가 아니고는 누구 한 사람 그곳을 벗어나려 하지 않았다. 오히려 서로를 응원하고, 위로했다. 무엇도 할 수 없이 그 모습들을 지켜보는 승화의 눈가가 뜨거워졌다. 끝까지 일사불란하게 움직여주는 조합원들이 있어 힘이 났다. 한편으로는 강제로라도 조합원들을 데려가려는 부모들을 설득해야 했다. 사실과 전혀 다른 기사나 내보내는 기자들을 따돌려야 했다. 타협을 하자며 찾아오는 근로감독관들과도 싸워야 했다. 승화는 기어이 이를 악물어 마음을 다잡았다.

"일단 추석은 쇠고 나서, 그때 가서 하든 말든 하는 게 좋지 않겠어?"

나중에는 수사관까지 들여보내 회유를 시도했지만 승화는 눈도 꿈쩍하지 않았다.

추석을 앞두고 때마침 휴가를 얻어 제주도로, 설악산으로 놀러 갔던 조합원들까지 소식을 듣고 달려왔다. 하지만 정문이 폐쇄되어 있었다.

"어쩐지 이번 휴가가 영 내키지 않는다 했더니만."

"우리도 어떻게든 저 안으로 들어가야 하는 거 아냐?"

"당연하지. 고향이야 내년에 가면 되는 거고, 지금이라도 힘을 보태야지."

회사 옆 파밭 고랑을 기어 농성장으로 몰래 들어오기도 했고, 야밤을 틈타 경비실 유리창을 깨고 숨어들기도 했다. 추석 선물로 사 두었던 스카프도, 효자손도 내팽개쳤다. 멋스럽게 차려입었던 바바리코트가 찢겨진 줄도 몰랐다.

승화는 어떻게든 농성장의 상황을 알리려고 믿을 만한 조합원을 통해 밖으로 편지를 보냈다.

정문을 통과하는 것에 대해 여론화시켰으면 좋겠고, 대책위원회에서 방문을 했으면 좋겠습니다. 축 처져 있는 조합원을 격려해줄 사람이 필요합니다. 무전기는 지금 보낸 사람 편에 보내주십시오.

그리고 단식 문제에 대해서도 여론이 분분합니다. 단식을 계속해야 된다고 생각하지만 불만스러워하거나 걱정하는 조합원도 있습니다. 단식을 중단해야 될지도 고민입니다.

연락하기가 너무 어렵습니다. 어떤 대책이 있어야 되겠습니다.

쓰러지는 사람이 갈 병원도 선정해놓으세요. 안에 약이 필요합니다. 속이 아프고 기운이 없는 사람이 쓰러져 있습니다. 어제는 죽을 조금 먹었습니다. 여기에 맞는 약을 보내주십시오.

가족들이 너무 많이 찾아와서 강제로 끌려가는 사람이 늘어나고 있습니다. 해고자들은 밖에서 그 역할을 해주십시오. 어쩔 수 없이 끌려 나간다면 밖에서 만나기로 했습니다. 안에는 약 종류가 하나도 없습니다. 알아서 좀 보내주십시오.

속옷이 필요하니 팬티와 생리대를 보내주었으면 합니다.

1982년 9월 30일 승화

답답했다. 고립된 싸움은 적막하고 힘들었다. 회사는 사무실에다 대책본부를 차려놓고 안기부, 경찰, 노동부 등이 총동원되어 머리를 맞대고 목을 조여 왔다. 밖에 연락할 곳도 없고 무슨 소식이 들려올지 초조하기만 했다. 원풍노조를 '민주노조의 마지막 보루'라고들 했으니 이 싸움에 동참하는 민주 인사들이 있겠지, 우리만 이렇게 싸우다가 당하도록 만들지는 않겠지, 밖에는 지부장님도 계시고 조합장도 있으니 뭔가 대책이 있겠지, 기대를 해보면서도 아무것도 알 수가 없는 상황이 답답했다.

더구나 조합원들은 단식을 하자는 쪽과 끝내자는 쪽으로 의견이 분분했다. 이런 상황은 조합원들 사이에서 갈등 요인이 되기도 했다. 파업을 한 것도 아니어서 5일 동안을 굶으면서 현장 작업까지 했으니 오죽하겠는가. 총지휘를 맡고 있는 승화로서는 어떻게 해야 할지 판단이 힘들 지경이었다. 그러나 싸움이 쉽게 끝날 것 같지 않았다. 장기화될 농성에 대비하여 죽을 먹기로 의견을 모으고 일단 한 끼에 두 수저씩만 먹도록 했다. 갑자기 먹으면 탈이 날 수 있기 때문이었다.

한 조합원이 현장을 지휘하는 간부가 쓰러지면 안 된다며 죽이라도 먹으라고 챙겨왔다. 그러나 어찌 그 죽을 먹을 수가 있었겠는가. 서로를 아끼고 신뢰하는 마음에 눈물 한 움큼만 꿀떡 삼켰다. 현장 구석구석 다니면서 여기저기 흩어져 있는 조합원들을 격려하고 챙기는 일들은 조직부장 노금순과 정영례, 박혜숙 등이 야무지게 하고 있었다. 그들이 없었다면 버티기가 더 힘겨웠을 것이다.

여기저기에서 이런저런 의견들이 쏟아져 들어오면 속 시원히 털어놓고 의논할 수 없는 것이 외로웠고 힘들었다. 간부들에게는 마지막 싸움이라고 생각하고 죽을 각오로 최선을 다하도록 했지만 정작 승화로서는 앞으로 어떤 일이 일어날지 모르는 두려움이 있었다. 그러나 600여 명의 조합원들이 참여하고 있는 이 싸움에서 의연한 모습을 보여야 했다. 특히 환자 발생 등 불가피하고 긴박한 상황이 생기면 바로바로 대처를 해야 했기에 한시도 긴장을 늦출 수가 없었다. 잠도 잘 수 없었다. 승화의 심정을 잘 알아채는 이영순이 수시로 승화를 살피고 묵묵히 보내는 신뢰의 눈길이 마음에 스며들어 위안이 되었다. 씩씩한 노금순은 큰 문제들을 결정할 때마다 버팀목 같은 존재였다.

구사대들은 수시로 폭력을 시도했고 막아내는 것에도 한계가 왔다. 농성 장소를 옮기면 좀 나을까 현장을 돌아보며 고민도 했다. 전방의 기계 사이나 아니면 지하의 환기통으로 옮기는 것이 가장 안전할 것 같았다. 그러나 600여 명을 이동시키는 것이 쉽지 않고 또한 지하로 들어가면 다시 나올 수는 없을 것 같았다. 그런 고민을 하는 중에 최후의 날이 오고야 말았다.

어둠을 틈타 구사대들이 덮치듯 쳐들어왔다. 그들은 스크럼을 짜고 있던 조합원들을 마구 짓밟고 다녔다. 배가 됐든, 머리통이 됐든, 가리지 않았다. 예서제서 비명이 터져 나와도 멈칫댈 줄 몰랐다.

"남자 새끼들이 쪼다마냥 여자들 치마 속에 끼어 있냐?"

"거, 확 떼다가 개나 줘버리지?"

남자들을 색출한답시고 여기저기 쑤시고 다니기까지 했다.

"이런 년들은 똥물을 확 뿌리는 게 최곤데."

"하무하무. 똥물 만한 약이 어딨다구?"

협박도, 야유도 마다하지 않았다.

"설마, 진짜로 똥물을 퍼붓는 건 아니겠지?"

"저리 무지막지하게 구는 걸 보면 뭔 짓인들 못할까."

"까짓, 해볼 테면 해보라지!"

그렇잖아도 허기와 갈증, 탈진으로 엉망이 되어 있던 참이 아닌가. 모두들 공포에 휩싸인 채 몸서리를 쳤다. 긴 밤을 어찌 견딜지 막막할 따름이었다.

추석날 새벽이었다. 구사대로는 역부족이었는지. 어느새 모여든 사복경찰에 의해 스크럼을 짜고 누웠던 조합원들은 하나, 둘, 농성장 밖으로 끌려 나가야 했다. 넷? 다섯? 여럿이 동시에 덤벼들어, 막무가내로 팔다리를 낚아채기도 했다. 젖 먹던 힘까지 다해 서로의 팔짱을 끌어당겨봐도 소용없었다. 바닥이라도 파고 들 기세로 버팅겨대도 소용없었다.

"이리 무지막지한 아저씰 남편입네 믿고 사는 여자가 정말 불쌍타."

"우리 같이 힘없는 사람들을 탄압해 벌어다 주는 돈으로 먹고사는 처자식들은 또 어떻구."

"그래도 집에 가선 최고로 잘난 사낸 척 하겠지?"

온갖 비아냥거림도 소용없었다. 욕설도, 악다구니도 소용이 없었다.

끌려 나가면서 운동화 한 짝이 벗겨지고 찢겨져 나갔다. 누군가는 발길에 밟혀 업혀나갔고, 누군가는 옷이 찢겨진 채 운동장 바닥을 기고 또 기었다. 또 누군가는 토악질을 해대느라 정신을 차리지 못했다. 피멍든 상처를 움켜쥔 채 끌려가는 이들도 부지기수였다. 둔탁한 통증이 이나 싶더니 한순간, 승화는 정신을 잃고 말았다.

겨우 정신을 차려보니 한독병원이었다. 사방에 경찰이 쫙 깔려 있어 도망칠 틈이라곤 없었다. 승화는 링거를 꽂은 채 남부경찰서로 연행되었다. 연행되는 닭장차는 대림동에서 돈보스코회관 쪽을 향해 한 바퀴를 돌아서 남부경찰서로 달렸다. 늘 다니던 그 길이 그렇게 낯설고 쓸쓸해 보일 수가 없었다. 간간이 조합원들이 보였다. 4박 5일 동안 조합원들이 한 치의 흐트러짐도 없이 지도부를 믿고 열심히 싸웠는데 이렇게 끌려나오다니……. 승화는 자신이 부족해서 이렇게 되고 말았다는 자괴감에 견딜 수 없었다. 그러나 길거리에 내동댕이쳐지면서도 끝까지 노동조합 간부들에게 신뢰를 보내준 조합원들이 눈물겹도록 고마웠다. 육교 위 현수막에는 '정의사회구현'이라는 글귀가 펄럭였다. 눈물이 났다. 무슨 놈의 세상이 이렇게 아무 일도 없는 듯이 고요할 수 있을까.

남부경찰서에는 이제호, 박순애 부조합장, 그리고 이옥순 총무도 연행이 되어 있었다.

네 사람은 승화 아버지가 보증을 서준 덕분에 풀려나긴 했지만, 제2차 출근투쟁 후 전국에 지명수배령이 내려져 있었다. 마땅히 갈 곳이 없었다. 도청 때문에 가족은 물론이고 지인들과의 전화 통화조차 쉽지 않았다. 승화는 방용석 지부장과 정선순, 박순희 등과 함께 쌍문동으로, 망원동으로 거처를 옮겨다녀야 했다.

"쌍놈의 쌍문동! 망할 놈의 망원동!"

자조 섞인 한탄을 쏟아내면서도 행여 다시 잡힐세라, 지인들에게 피해를 줄세라, 잠시 잠깐도 마음을 놓을 수가 없었다. 어쩌다 택시로 이동해야 할 때가 있었다.

"못 찾겠다 꾀꼬리 꾀꼬리 꾀꼬리 나는야 오늘도 술래……."

라디오에서 어쩜 그리도 조용필의 〈못 찾겠다 꾀꼬리〉가 자주 흘러나오던지. 웃어야 할지 말아야 할지 모른 채 모두들 운전기사 눈치를 살피기에 여념이 없었다. 한 달 남짓을 그렇게 떠돌다 결국엔 도곡동 아파트를 빌려 숨어 지내야 했다. 하지만 11월 12일 노조 간부 전원이 체포되었고, 영등포구치소에 수감되었다.

1983년 광복절 특사로 석방되다

1983년 8월 13일, 1년형을 언도받고 수감 중 광복절 특사로 풀려났다. 열 달 만에 나온 바깥세상이 어색했다. 낯설었다. 한편으로는 무엇도 겁날 게 없었다.

그해 겨울이었다. 하루는 원풍 쪽을 담당하고 있던 안기부 직원으로부터 전화를 받았다.

"그래, 어찌 지내쇼?"

"이 번호는 어떻게 알고……."

게다가 뜬금없이 웬 전환지. 무척이나 불쾌했다. 당장 끊어버리고만 싶었다. 그러거나 말거나 남자는 한 번 만나자며 능청을 떨었다.

'까짓 못 만날 것도 없지.'

승화는 신촌의 한 다방에서 남자를 만났다. 다방에 들어서기 바쁘게 남자는 승화 눈치를 살폈다. 주변을 살피는 것도 잊지 않았다.

"통장 하나 만드시지?"

"통장이라니요?"

무슨 이유로? 승화는 감조차 잡을 수가 없었다.

"통장을 만들어 나한테 번호만 일러주쇼. 그러면 그 통장에다 내가 다달이 돈을 입금시켜주지."

온라인 입금이 일반화되지 않은 시절이었다.

"저한테 돈을? 왜요?"

"뭐 별 건 아니고……."

남자는 새삼 주변을 곁눈질해 살폈다. 승화 표정을 곁눈질해 살폈다. 눈빛도, 표정도, 뺀질거린다는 느낌을 지울 수가 없었다.

"그냥 그쪽 사람들이 누가 누구를 만나는지 나한테 알려만 주면 되거든. 그래만 주면 매달 일정액을 입금시켜주겠다, 뭐 그런 얘기지."

대체 날 어찌 보고……. 기분이 더러웠다. 승화는 하마터면 탁자를 박차고 일어설 뻔했다. 커피 잔을 남자 얼굴에 내던질 뻔했다.

"아니 지금 나보고 프락치를 하란 말인가요? 제가 그리 만만해 보이나 보죠?"

"아니, 그런 건 아니고. 나를 다시 만나지 않아도 되고, 전화로 하루에 한 번씩 보고만 해도 되는 일이라서."

"사람 잘못 보셨네요."

"당장 취업도 어려울 것 같고, 생활에 도움도 될 텐데……. 허 참. 기껏 생각해줬더니만 이 무슨?"

남자도 쉬 물러날 기세가 아니었다.

"대체 사람을 어찌 보고. 한 번만 더 그런 얘기하면 당신 매장시킬 겁니다."

공공장소라는 것도 잊은 채 승화는 악을 써댔다. 가슴이 벌렁거렸다. 얼굴이 화끈거렸다. 주변 사람들이 하나, 둘, 관심을 보였다. 승화와 남자를 번갈아 보며 수군거렸다. 문 쪽에 앉았던 젊은 한 쌍은 아예 대놓고 둘을 쳐다보았다. 여차하면 아무나라도 붙잡고 떠벌려대고 싶었다.

"무슨 수작인지 모르겠지만, 기분 증말 드럽거든요?"

"그게 아니래도 자꾸 그러네."

안되겠다 싶었는지 남자가 허둥지둥 자리를 떴다. 승화는 냉수를 몇 잔이고 들이켰다. 그런데도 벌렁거리는 가슴은 쉬 진정되지 않았다. 어느 결에 눈물까지 그렁거렸다.

'내가 그리 만만해 보였나? 멍청해 보였나? 아니면 문제가 있어 보인 건가? 것도 아님……'

집으로 돌아오는 내내 승화는 분을 삭이지 못했다. 집에 돌아와서도, 잠자리에 들어서도 분을 삭이지 못했다. 몇 날 며칠이 지나도록 분을 삭일 수가 없었다. 다시 연락만 해봐라. 그땐 정말 가만두지 않을 작정이었다. 다행히도 그날 이후 남자로부터 다신 연락이 없었다.

언젠가 원풍 식구들과 만난 자리에서 승화는 결국 그 얘기를 꺼냈다.

"난 어땠는지 알아?"

한 친구가 대뜸 피시식 웃었다.

"유인물을 뿌리다 잡혀갔을 때였는데, 지부장님 담당이라는 형사가 피식피식 웃어대는 거야. 기분 정말 나쁘더라고. 그러다 회사로 돌아오고 얼마 후였나. 기숙사에서 막 출근을 하려는데 누가 면회를 왔다는 거야. 그래서 면회실로 가 보니까 아무도 없는 거야. 어, 누가 왔지? 누가 왔지? 두리번거리는데 사감 말이 밖으로 나가 보라는 거야. 저기, 대림시장 앞에서 기다릴 거라나. 나가? 말어? 쭈뼛대다 막상 나가 보니까 그 형사가 면회를 온 거 있지. 하는 말이 책도 거기 있겠다, 왜 한 번 안 놀러 오냐는 거야. 지부장님 한참 숨어 다니실 때 내가 거기서 구류를 살고 나온 적이 있었거든. 알았다고 언제 책 찾으러 가마 했지. 그랬더니 나더러 커피라도 한 잔 하자는 거야. 할 말이 있다나. 출근해야 한다고, 그냥 여기서 말하라고 했지."

막상 얘길 하다 보니 새삼 화가 치미는가 보았다. 친구가 주먹 쥔 손으로 가슴을 쓸어내렸다.

"기껏 한다는 말이 지부장님 어디 있냐고, 알려달라는 거야. 시장통 길바닥이었는데, 내가 막 욕을 해댔지. 사람들이 보거나 말거나."

"그랬더니?"

"도망치듯 가버리더니 두 번 다시는 안 오더라고."

"난 또 어쨌게?"

다른 친구도 비슷한 경험을 털어놓았다. 그런 제의를 받은 게 나뿐이 아니라고? 승화는 그제야 고개가 끄덕여졌다. 그러면서도 더러운 기분은 조금도 가시질 않았다.

1988년 여동생 승례 결혼하다

평민당 대외협력위원회에서 일할 때였다.

어느 하루, 여동생 승례가 전화를 해왔다. 승화의 말대로, 여상을 졸업한 승례는 방송통신대학에 입학했고, 불어과를 졸업할 수 있었다. 그런 중에 방용석 지부장의 소개로 '일월서각'이라는 출판사에도 취직할 수 있었다. 언제든 어디에 내놓아도 제 몫을 너끈히 해내는 승례가 승화는 늘 고마웠다. 자랑스러웠다.

"언니, 나 결혼해도 돼?"

풍선을 매단 듯 승례 목소리가 붕붕 날아다녔다.

"결혼?"

"으응."

일월서각에 다니면서 알게 된 김찬조라는 남자와 사귄 지도 어언…….

조만간 결혼 얘기가 오가겠구나, 은근히 기다려지던 참이었다. 그런데도 승화는 시치밀 뚝 뗀 채 너스레를 떨어댔다.

"누구, 하고?"

"누구긴……."

승례가 주춤, 말끝을 흐렸다. 언니가 왜 저러나 싶었다.

"혹시, 학교 선생이라는 그 사람?"

"응."

명문대를 나왔고, 고등학교 선생이었고, 참교육 선생님이라고 했다. 무엇보다도 승례를 아끼고 사랑해 줄 거란 믿음이 있었다.

"그 사람이 결혼하자 그러는데……."

"그런데?"

승화는 터져 나오는 웃음을 참기가 힘들었다.

"나, 결혼해도 돼?"

승례가 재차 승화의 답을 청했다. 승화가 여태 혼자라는 게 아무래도 마음에 걸리는 모양이었다.

"니가 좋으면 하는 거지, 왜 나한테 그런 걸 물어?"

"누구보다도 언니한테 젤로 많이 축하받고 싶어 그러지."

승화가 어찌 살아왔는지 누구보다도 잘 알고 있지 않은가. 승례의 마음이 전화선을 타고 고스란히 전해져왔다.

"맨입으론 좀 어렵겠고……."

승화야말로 동생 승례가 사랑하는 이와 함께 오래오래 행복하게 잘 살아주기를 바라고 또 바랄 뿐이었다.

"변치 않고 영원히 사랑하겠단 약속부터 해."

"그럴게."

"아주 오래오래 행복하게 잘 살 거란 약속도."

"응."

"요즘엔 달랑 딸 하나 낳는 게 유행이라니, 그것도 약속할 수 있지?"

"약속, 할게."

"자, 그럼 손가락 걸고 지장 찍고, 복사도 하고……."

"고마워, 언니."

언니의 깊은 속을 모르지 않았다. 승례 목소리가 울먹울먹했다.

어릴 적 제천을 떠나오던 기차 안이 주마등처럼 스쳐 지나갔다. 손에서 놓을 줄 모르던 브라더 미싱이, 이불을 뒤집어쓴 채 서울깍쟁이 운운하며 속닥거리던 밤이, 하루에도 몇 번씩 물지게를 지고 오르내리던 옥수동 산길이…… 동화 속 장면처럼 머릿속에 주르륵 내걸렸다. 콧등이 싸아, 아려왔다.

"잘 살아."

자신도 모르는 새 승화 눈가에 눈물방울이 그렁거렸다.

승화는 평민당 대외협력위원회를 거쳐 안양 노동회관의 관장으로 안양 지역의 노동운동을 하게 되었다. 공장에 다니던 차언년을 간사로 오게 하여 원풍에서 교육한 것들을 노동회관에서 다시 풀어나갔다. 1988년 말쯤이었으니 노동운동이 수면 위로 떠오르던, 민주노총이 힘을 받고 노동조합이 대거 결성되던 때이다.

안양 지역에는 중소기업들이 많이 있었지만 노동운동이 활발한 시점은 아니었다. 한국노총과 민주노총 사이에 서 있는 노조들이 많았다. 또 노동조합은 있지만 내부 조직력이 취약하고 간부들의 의식 또한 높지 않앉다. 이러한 노동조합 30여 개와 관계하며 조직력을 다지는 일들을 지원했다.

안양 노동회관에서는 노동자 교육과 문화 강습을 통해 기타반, 풍물반, 탈춤반을 운영하고 노동 문제를 상담했다. 또 실질적으로 현장에서 필요한 소그룹 등 조직적으로 형성할 수 있는 일들을 지원했다. 언년은 문화 강습을 도맡아 하면서 수시로 노동조합들을 방문해 일상과 문제점을 파악하고 지원하면서 지역의 노동조합 속으로 녹아 들어갔다.

노동회관은 1년에 한 번씩 발표회도 가졌다. 노동조합 전체 교육을 할 때는 방용석 지부장이 직접 교육을 했고, 야외로 나가서 교육을 하거나 노동자들을 만날 때는 박순희 부지부장이 참여했으니 안양 노동회관은 또 다른 제2의 원풍이었다. '조합주의'니 '경제주의'라는 말도 많았지만, 뭐라고 규정짓든 알 바도 아니고 중요하지도 않았다. 노동자들에게 필요한 것은 현장의 실천을 통한 단계적 의식 변화라고 생각했기에 많은 노동조합들과 함께할 수 있었다. 그때는 고 김대중 대통령이 평민당 총재로 있을 때였다. 그는 실질적으로 많은 도움을 주기도 했고 노동회관을 챙기도록 힘을 보태주기도 했다.

5년여 동안의 노동회관 시절, 언년과 승화는 서로에게 힘이 되었고 죽이 잘 맞는 동지로서 후배 노동자들과 신나게 일했던 의미 있는 한때였다.

이렇게 관장직을 수행하는 동안, 승례 부부는 참 예쁘게도 살아갔다. 딸 가영이도 태어났다. 승화와 한 약속이 무색치 않게, 정말로 오래오래 행복하게 잘 살아줄 거라 믿어 의심치 않았다.

1995년 가영이, 내 딸이 되다

가영이가 네 살이 되던 해였다.

무더위가 한참 기승을 부리던 7월의 어느 날이었다. 이른 아침, 승례에게서 전화가 걸려왔다. 당장이라도 숨이 넘어갈 듯 다급한 목소리였다.

"가영 아빠가, 가영 아빠가 뺑소니 차에 치였대."

조금 전 사망했다는 소식이었다.

'말도 안 돼.'

믿기지 않았지만 승화는 허둥지둥 가영 아빠가 안치된 병원으로 달려갔다. 그러고는 넋을 잃은 승례를 꼬옥, 품어 안았다. 승례가 그제야 참았던 숨을 길게 내쉬었다.

가영 아빠가 근무하던 학교 운동장에서 장례식을 치르던 날. 전교생 거의가 자리를 함께해주었다. 가는 이가 덜 외로울 거라는 생각에 승화는 자꾸만 하늘가를 핼금거렸다.

"저기 떠나가는 배 거친 바다 외로이 겨울비에 젖은 돛에 가득 찬바람을 안고서 언제 다시 오마는 허튼 맹세도 없이……."

스피커에서 추모곡이 흘러나왔다.

"꾸밈없이, 꾸밈없이 홀로 떠나가는 배 바람 소리 파도 소리 어둠에 젖어서 밀려올 뿐."

정태춘의 〈떠나가는 배〉가 운동장을 넘어 하늘로 훨훨 날아올랐다. 동료 교사들도 울고, 학생들도 울고……. 승화는 이를 악물어 울음을 참고 있는 승례의 손을 가만가만 토닥여주었다.

입버릇처럼 뇌던 유언대로 가영 아빠는 화장을 해 경포 앞바다에 뿌려주었다. 그리고 돌아오는 길, 승화는 자신도 모르는 새 〈떠나가는 배〉를 입안 가득 주절거렸다.

한 해가 어찌 지나갔는지. 가영이의 다섯 번째 생일이 가까워 있었다. 승례가 불쑥 꺼내든 말에 승화는 어안이 벙벙했다.

"언니, 나 유방암이래."

"장난치지 마!"

버럭 화를 냈는지도.

"장난…… 아닌데."

수술을 받아야 한다고 했다. 청천벽력 같은 소식에 승화는 한참을 무엇도 생각할 수가 없었다. 뭘 어째야 하지. 하지만 분명한 것은 현실을 끝내 모른 척할 수만은 없다는 것이었다.

수술에 이은 여러 차례의 항암치료도 암세포를 이겨내지 못했다. 되레 폐까지 전이가 되었다 했다. 승례는 통증을 이기지 못해 정신을 잃기 일쑤였다. 생각난 듯 펑펑 울어대기 일쑤였다.

그러던 어느 날, 우연처럼 승례가 쓴 편지를 보게 되었다.

가영 아빠.

당신이 계신 곳은 그 어디인가요. 당신은 지금 무엇을 하며 무슨 생각을 하고 있을까. 내가 가슴 아파하며 가영이와 힘들게 하루하루를 보내고 있다는 사실을 조금이라도 알고 있는지. 나는 요즘 당신을 보낸 것 때문만이 아니라 내 몸의 이상 때문에 그야말로 자포자기 상태로 살아가고 있어요. 나야 이렇게 살다 가면 된다지만 가엾은 가영이는……. 가영이를 어떻게 하면 좋을지 모르겠어.

아무리 생각해도 가영이는 나와 함께 행동을 해야 할 것 같아요.

누구에게 어떻게 맡기고 눈을 감겠어요. 당신이야 그래도 내가 있으니까 마음이 놓였겠지만 나는 안 돼. 절대로 혼자 두고 갈 수 없어요.

밤마다 당신에게 나의 희망 사항을 마음속으로 얘기하잖아요. 그렇게 해줘요. 나는 더 이상 힘들어. 혼자 지탱을 할 수가 없어요.

승화는 승례를 붙잡고 앉아 다짐을 했다.

"만에 하나 네가 잘못되면 가영인 내가 책임질 거야. 그러니 괜한 걱정 따윈 말고 오직 치료에만 전념하자. 응? 응?"

"나, 살아야겠지?"

"네가 다 나을 때까지 가영인 외할머니한테 맡기기로 하고."

그런 승화의 마음이 전해졌는지. 승례는 기꺼이 가영일 외갓집에 맡겼다. 그리고 다시는 울지 않았다.

승화는 만사 제쳐둔 채 승례의 기 치료를 따라다녔다. 생식을 찾아다녔다. 하지만 나아질 기미라곤 보이지 않았다. 하루가 다르게 악화될 뿐이었다. 이제 정말 얼마 남지 않았음을 직감할 수 있었다.

승화와 가족들은 석수동 산 밑에 위치한 연립주택을 얻었다. 승례의 마지막을 위해서였다. 승례도 다소곳이 가족들의 선택을 따라주었다. 그러나 2층 201호에서의 한갓진 시간은 그리 길지 못했다.

1993년 6월 26일. 그날 승례는 산보를 나가겠다고, 기어이 고집을 부렸다. 산보를 다녀와 소파에 비스듬 앉아 쉬는가 싶더니 어느 한순간, 숨이 멎어 있었다. 그런데도 볼이 발그레한 것이…… 한참을 믿기지 않았다. 아버지가 차마 감지 못한 승례의 눈을 감겨주었다. 유언대로 화장을 해 가영 아빠가 뿌려진 경포 앞바다에 뿌려주었다. 여섯 살배기 가영이와 전세금 2000만 원이 승례가 남긴 재산의 전부였다.

그리고 겨우 세 해를 보냈을 즈음, 아버지마저 덜컥 세상을 버리고 말았다. 폐암이라고 했다.

'무에 그리들 바빴을까.'

어느덧 승화는 생의 덧없음을 온몸으로 체험할 수 있었다. 운명이라는 것을 고스란히 받아들일 수밖에. 오롯이 자신의 의지라 믿었던, 원풍에서의 긴 세월 또한 운명이었을 뿐이라는 생각이 오래도록 뇌리에서 떠나지 않았다.

초등학교 입학을 앞두고서야 가영이는 승화의 집으로 왔다. 유치원을 졸업할 때까지 만이라도 손녀딸을 데리고 있었으면 하던 엄마의 바람 때문이었다.

입학식 날이었다. 곱게 차려입고 입학식에 가려던 참이었다.

"우리 딸! 학교 가야지?"

"이…… 모…….."

가영이가 승화의 치맛자락을 슬그머니 잡아당겼다.

"어? 지금 이모라고 불렀어?"

"……."

가영이가 쭈뼛쭈뼛 승화 눈치를 살폈다.

"우리 집에 오면 당장에 날 엄마라고 부르겠다더니? 그래놓고선 이모라고 부르는 건 약속 위반이잖아."

승례가 죽고 얼마 후였는지. 가영이도 볼 겸 엄마한테 다니러 갔을 때였다. 승화는 준비해간 선물을 가영이 손에 들려주었다. 그러면서 "가영이가 어서 이모네로 와서 살면 좋겠다. 그럼 맨날맨날 같이 잠도 자고 정말 재밌을 건데. 그치?"라며 농담처럼 진심어린 말을 건넸었다. 그러자 가영이가 "이모 집에 가면 이모한테 엄마라고 부를게"라며 승화를 향해 빙긋 웃었다. 그 모습이 어찌나 깜찍하고 앙증맞던지. "약속했다!" 승화는 가영이의 볼을 쓰다듬으며 환하게 웃었었다.

"나도 그러려고 했는데……."

그때 했던 약속을 가영이도 잊지 않은 모양이었다.

"근데, 말이 잘 안 나와."

가영이가 보일락 말락 고개를 떨구었다. 그딴 호칭이 무슨 대수라고. 어린 가영이의 마음이 어떨지 짐작이 가고도 남았다. 가슴 저 밑바닥에서 뜨거운 것이 솟구쳤다.

"이모, 삼 일만 있다……. 내가 삼 일 후에 엄마라고 부를게."

"그래, 그래. 가영아."

승화는 무릎을 구부려 가영이와 눈높이를 맞추었다. 그러고는 하나로 바투 묶은 머리 고무줄을, 가슴에 단 이름표를 요리조리 살폈다. 김가영. 이름표에 쓰인 이름 석 자를 가만히 되뇌었다.

"약속할게."

가영이가 해맑게 웃었다. 마치 어릴 적 승례를 보는 것 같았다. 승화는 핸드백을 챙기는 척, 속울음을 삼켰다.

그리고 사흘 후. 부스스 잠에서 깨어난 가영이가 승화를 찾았다.

"엄마!"

"오냐, 내 딸!"

승화는 싫다고 버팅기는 가영이의 엉덩이를 자꾸만 투덕거렸다.

2001년 반야철학원을 개원하다

노동회관을 정리한 승화는 언년과 함께 시흥동에 레스토랑을 개업했다. 노동운동은 후배들이 잘하고 있으니, 돈을 벌어서 재정이 취약한 운동권에 도움을 주겠다는 거창한 생각이었다.

그러던 어느 날 남부경찰서 정보계장이 노동부 직원과 함께 찾아왔다. 술도 한 잔 할 겸 인사를 하러 왔다고 한다. 안양 노동회관을 할 때는 안양 관할의 담당 형사가 관리를 하더니 서울로 올라오니 다시 담당이 바뀐 것이었다. 원풍이 끝난 지 10년도 넘었는데 참 질기기도 했다.

승화는 타고난 천성 탓인지 손님이야 많든 적든 하루 종일 부지런을 떨었다.

"저런 보물을 왜들 못 찾는대?"

언년은 서른이 훨씬 넘어서도 혼자 사는 승화를 늘 안쓰러워했다. 어떻게든 승화를 짝지어주고 싶어했다. 그러던 어느 날, 평소 친하게 지내던 분이 말쑥하게 생긴 남자를 승화에게 소개시켜주었다. 승화보다 한 살 위라고 했다. 남자는 하루가 멀다 하고 레스토랑을 찾아왔고, 떠밀리듯 데이트를 하다 보니 정이 들기도 했다.

아는 것도 많았다. 배우고 싶은 것도 많은 듯했다. 그런 자유분방함이 부러우면서도 낯설었다. 가장 좋았던 점은 서로 생각이 비슷해 말이 통하는 사람이었다는 것이다.

하루는 남자가 청혼을 해왔다.

'운명이라면 어쩔 수 없을 거야.'

자신과는 너무도 다른 모습이 마음에 걸렸다. 그러면서도 굳이 겪고 넘어가야 할 일이라면 피하지 말자. 승화는 마음을 다졌다.

1994년 12월, 조계사에서 조촐하게나마 결혼식을 올렸다.

'이제 곧. 그래 이제 곧.'

승화의 바람과는 달리, 결혼을 하고도 오랫동안 남편의 자유분방함은 줄어들 줄을 몰랐다. 불교 공부를 해서 법사가 되었지만 늘 무언가에 심취해 지냈다. 늘 밖으로 돌기에 바빴고 생활력은 당연히 제로에 가까웠다. 그러다 보니 같이 살면서 부딪치는 일이 많아지면서 서로를 미워하면서 사는 것이 힘겨운 지경이 되었다. 점점 나빠지는 감정으로 서로를 대하는 것 또한 또 다른 업을 짓는다고 생각되었다. 고심에 고심을 한 끝에 승화는 이혼을 결심했다.

7년 만에 남편과 헤어지고 명리학 공부를 시작했다. 사는 것이 뭔가, 삶이란 어떤 것인가, 정해진 운명이란 있는 것인가, 고뇌하면서 자신을 들여다봐야 되겠다는 생각이 들었고 정말 사주팔자가 있는 것인지 확인하고 싶어서였다. 어쩌면 오래 전 가영 아빠와 엄마를 그리고 연이어 아버지를 저세상으로 보내주면서 시작했을지도. 2001년 11월. 승화는 철학원을 개원했다. 그러던 중 스승님에게 '백련(白蓮)'이란 호를 받았다. 진흙을 뚫고 피는 유백색의 연꽃. 세상이 혼탁해도 맑은 기운과 마음으로 살아내라는 뜻이었다. 잘 살아내라는 의미가 담긴 것이라서 부담스럽기도 했지만 맘에 와 닿았다. 당연히 '백련사주학원'으로 개명을 했고 명리 공부를 하고자 하는 후학들을 가르치며 사주 상담과 홈페이지도 운영을 하고 있다.

그런 중에 가영이가 대학에 입학을 하게 되었다. 어찌나 대견하던지, 고맙던지. 가영이에게 더없이 소중한 선물을 해주고 싶었다. 뒤로 넘어갈 만큼 비싼 거라도 기꺼울 것 같았다.

"입학 선물로 뭐 사 줄까?"

"엄마 아빠한테 술잔 올리러 가고 싶어."

가영이는 제 엄마 아빠가 뿌려진 경포 앞바다에 가보고 싶다고 했다. 다른 건 필요 없다고 했다.

어릴 적 줄곧 스님이 될 거라던, 아빠놀이 말고는 관심조차 보이지 않던, 치마는 몰라라 한 채 줄곧 바지만을 고집하던, 초등학교 5학년 때 사춘기를 겪으며 내내 공격적이던……. 그런 가영이의 아픔을 알 것 같았다. 승화는 기꺼이 술과 안주를 챙겨 가영이와 함께 동해바다로 향했다. 막내 동생 승대가 함께 가주마 나섰다.

2010년 오늘도 별일 없이 산다

작가에게 전화를 받았다.

승화를 인터뷰하고 싶다고 했다. 책으로 엮을 거라고. 그러면서 혹시 자료가 있거든 챙겨와 주었으면 했다. 원풍 시절과 관련한 자료든 지극히 개인적인 자료든…… 관련 기사든 인쇄물이든 편지나 쪽지든, 무엇이든 상관없다고 했다. 사진도 챙길 수 있으면 챙겨 날라나.

'뭐가 됐든…….'

그토록 피하고 싶던 기억들을, 일부러라도 모른 척했던 기억들을 더는 모른 척할 수가 없을 것 같았다. 승화는 작정을 하고 책장을 뒤졌다. 서랍을 뒤적였다. 그러면서 경포 앞바다에 술잔을 기울이던 가영이의 모습을 기억해냈다. 바윗돌쯤은 아랑곳없이 절을 올리던 가영이의 모습을 기억해보았다. 집으로 돌아오는 내내 차 시트에 파묻히듯 잠들어 있던 표정이 어쩜 그리도 평온해 보이던지. 꿈결처럼 미소 짓던 모습이라니. 세상 시름 따위 흔적도 없었다.

'반드시 겪고 넘어가야 할 일이겠지.'

승화는 책장 구석진 곳에 꽂힌 스크랩북을 꺼냈다. 서랍 깊숙이 팽개치듯 모아둔 수첩과 편지 뭉치, 사진 등을 집어 들었다. 먼지가 뿌옇게 쌓여 있었다. 군데군데 곰팡이가 슬어 있었다.

'1980 DIARY'

승화는 몇 번이고 호흡을 가다듬었다. 그러고도 한참이 지나서야 오래전 수첩을 한 장, 한 장, 들춰 나갔다.

'1월 1일 기숙사 파티에 참석, 2월 16일 PM 1 기숙사에서 윷놀이 등 (신인령 선생님과 환담) 지부장님 집에서 저녁식사, 4월 28일 반도상사 농성에 참가(산업선교에서 탈춤), 7월 11일 임시대의원대회(상집간부 모임), 10월 10일 엄마 생신, 11월 26일 상집 간담회 PM 2.30~6. 2차 후속 참석 못 함……'

칸칸이 적힌 일정들이 낯설었다. 새삼스러웠다.

'학교 책값 1700, 승훈이 2000, 탈춤 2000, 오징어 1000, 미원세트 2700, 식용유 960, 스타킹 280……'

수험표가 5000원에 잡비 1000원, 학급비가 500원. 촘촘히 기록한 지출 내역도 새삼스럽기만 했다. 몇 번이고 수첩을 뒤적이고서야 승화는 두툼한 파일을 펼쳤다. 시퍼런 비닐 표지가 왠지 촌스러웠다. 삼성새마을청소년중고등학교장 직인이 찍힌 학생증이 제일 먼저 눈에 들어왔다. 양 갈래로 묶은 머리며 하얀 교복 카라, 정면을 응시한 눈빛이 풋풋했던 시절을 고스란히 보여주는 듯했다. 몇 살쯤 되었을까. 체크남방에 어깨를 타넘는 생머리 차림의 증명사진 속 모습 또한 아뜩해 보일 뿐이었다. 살포시 한숨지으며, 승화는 스크랩된 자료들을 한 장, 한 장, 들춰나갔다.

'存廢위기에 놓인 元豊모방.' '元豊毛紡勞組 간부 13명 指名手配 · 示威 때 油印物 제작 配布한 혐의.' '大赦免 1,765명 · 學園事犯등 百42명은 復權' 등등, 기사 제목들이 굵직굵직했다. 정선순 조합장의 얼굴 사진도 보였다. '텅텅 비다시피 한 원풍모방의 출근부 비치대'라는 소제목을 단 사진도 보였다. 주요 복권자 명단 중에 '양승화'라는 이름도 끼어 있었다. 지면으로 보는 이름 석 자가 승화 자신의 것이 아닌 듯 어색하기만 했다.

민한당사에서 농성 중인 노동자들을 방문하려다가 영등포경찰서로 연행되던 중 전경에게 복부를 심하게 걷어차이고 온몸을 구타당한 상태에서 즉심에 넘겨져 구류 29일을 선고받고, 정식재판 청구로 1985년 1월 21일부터 2월 1일까지 10일간 서대문경찰서에 구치 수감된 후 적십자병원에서 치료 받은 사실을 보도한, 1985년 1월 25일자 〈중앙일보〉 기사도 있었다.

농성 連行된 女 근로자 警察에 매맞았다 腹痛

京仁 지역 해고 근로자 10여 명이 농성 중인 民韓黨舍에 들어가려다 경찰에 연행돼 구류 10일 처분을 받고 서울 西大門경찰서 유치장에 수감 중인 前豊元모방 종업원 梁承花 양(28)이 24일 하오 5시 30분쯤 복부에 통증을 일으켜 병원에서 치료를 받았다. 梁 양은 지난 21일 경찰에 연행되면서 경찰관으로부터 배를 세차게 걷어채인 후부터 심한 복통을 느껴왔다고 주장했다. 이에 대해 경찰은 梁 양이 경찰관에게 맞은 것이 아니라 유치장 안에서 식사를 제대로 하지 않아 탈수

현상을 보이고 있다고 말했다.

식사를 제대로 하지 않았다고? 탈수 현상이라고? 승화는 자신도 모르는 새 헛웃음을 흘렸다. 그때 겪었던 통증이 고스란히 느껴지는 듯했다.
한참을 뒤적여, 원풍모방노동조합 상무집행위원회 명의로 된 「원풍모방 노동조합의 입장」이라는 인쇄물을 펼쳤다.

조합원 모두에게 노동조합의 입장을 알립니다. 하나. 1982년 9월 27일 일부 담임들과 회사 간부들의 합작에 의해 노동조합을 강제 점거한 폭력 사태는 회사와 당국의 사전 계획에 의하여 자행한 노동조합 파괴책동이 분명하다. 둘. 소위 '노동조합정상화위원회'라는 이름을 내세워 노동조합 이름을 도용하여…….

며칠 꼬박을 먹지도 씻지도 자지도 못하고 견뎌야 했던 9·27 당시가 눈에 선했다. 임시로 마련한 통에다 똥오줌을 처리하면서도, 구사대에 의해 마구 짓밟히면서도, 막무가내로 팔다리를 낚아채이면서도, 기어이 버텨내던 조합원들의 모습이 눈에 선했다.
"하나. 모든 조합원은 노동조합의 공식적인 발표가 있을 때까지 퇴근을 중지한다. 둘. 문제가 해결되지 않을 경우 추석 휴무 기간 동안 귀향활동을 중지한다. 셋. 모든 조합원은 우리의 정당한 주장이 승리할 것을 확신하고 끝까지 투쟁에 참여한다. 1982년 9월 27일 원풍모방노동조합 상무집행위원회."
마치 그때 그곳에 서 있는 듯, 승화는 인쇄물에 적힌 행동 강령을 또박

또박 읽어나갔다. 그러고는 서류 틈에서 '민주화운동 관련자 증서'를 찾아냈다.

　귀하는 대한민국의 민주 헌정 질서 확립에 기여하고 국민의 자유
와 권리를 회복·신장시켰으므로 「민주화운동 관련자 명예회복 및
보상 등에 관한 법률」의 규정에 의하여 이 증서를 드립니다.
　2007년 7월 30일 민주화운동 관련자 명예회복 및 보상심의위원회

　이 증서에 담긴 의미가 어떤 것인지. 승화 개인은 물론이고 원풍에게
있어 더할 수 없이 중요한 것이었다.
　또 얼마큼을 뒤적였는지. "뺑소니 차량을 찾습니다"라고 쓰인 전단지
가 눈에 들어왔다.

　인명은 재천이라고 했습니다. 그러나 김찬조 선생님의 운명을 하
늘에 맡기기엔 너무나 억울하고 안타까워 여러분의 협조를 부탁 드
립니다. 고인이 된 김찬조 선생님은 참다운 교육지로서 헌신하다가
뺑소니 차량에 의한 교통사고를 당해 유가족은 물론 주변 사람들을
안타깝게 했습니다……. 신고하신 분에게는 성의껏 사례하겠습니다.
지금도 어린 가영이(4살)는 죽은 아빠가 돌아오기를 손꼽아 기다리고
있습니다. 부디 연락 주십시오.

　종래엔 눈앞이 뿌얘졌다. 목구멍이 들썽거렸다. 승화는 진둥한둥 전단
지를 제자리에 도로 꽂아 넣었다. 학생들이 가영 아빠에게 쓴 편지 묶음

이 두툼했다. '사랑하는 선생님'으로 시작하는 편지도 있었고, '슬픈 마음을 안고 씁니다'로 시작되는 편지도 있었다.

한참을 가슴을 쓸어내리고서야 승화는 영등포구치소에 수감되었을 때 주고받았던 편지 뭉치를 집어 들었다. 구치소에서 견딘 시간들이 불쑥불쑥 고개를 디밀었다. 검열필. 종이마다 찍힌 파란 도장이 선명했다. 승례가 보낸 엽서에도 '검열필'이란 도장 자국이 선명했다. 승화는 승례가 쓴 안부 글을 또박또박 읽어나갔다.

"언니에게. 뭐라고 인사말을 해야 할지 모르겠어. 어쨌든 집안 식구들 모두 잘 있으니까 걱정하지 말고 언니 몸이나 잘 돌보면서 지내. 아프면 돈 아끼지 말고 약 사 먹고. 필요한 거나 먹고 싶은 거 있으면 면회 갈 때 얘기해. 영순이 언니를 비롯하여 언니 친구들 모두 잘 지내고 있으니까 밖에 일은 신경 쓰지 말고 마음 편히 지내. 다음에 편지 또 할게."

한 장, 한 장, 승례가 말을 건네는 듯 생생했다.

"To. 언니. 집안 걱정 하지 말고 언니나 몸조심해. 승대는 열심히 공부하고 있으니까 조금도 걱정하지 말어. 밖에 있는 사람들 모두 다 잘들 지내고 있어. 재판 날이 얼마 남지 않았으니까 생각 정리 잘해서 빠뜨리는 일이 없도록 하고."

행간을 채운 그리움이 가슴 깊숙이 스며들었다. 승화는 일부러라도 어깨를 곧추세우며, 김대중 전 대통령의 필체가 담긴 봉투를 집어 들었다. 평민당 안양노동회관 시절의 인연으로 보내준 결혼 축하 편지였다. 굵은 펜으로 써내려간 문장이 힘차 보였다.

친애하는 양승화 씨에게.

결혼 진심으로 축하합니다. 양승화 씨는 그 성실하고 노력하는 성품과 지금까지 살아온 남을 위한 삶의 자세로 해서 훌륭하고 성공적인 결혼 생활을 할 수 있을 것으로 믿습니다. 부디 행복한 생활을 차지 하십시요. 지금까지 나와 당을 위해 도와준 점 거듭 감사드리며 조그마한 성의 표시를 드리니 받아주시기 바랍니다.

1994년 12월 9일 김대중.

"바람처럼 성공적인 결혼 생활을 하지 못해 죄송합니다. 그렇긴 하지만, 이렇듯 잘 살고 있으니 아무 걱정 마십시오. 부디 영면하십시오."

작년 이맘 때 운명을 달리하실 줄은. 승화는 차분히 하늘가를 올려다보았다. 그러고는 마음을 다해 빌고 또 빌었다.

사진 뭉치를 풀었다. 언제 적 사진인지. 원풍 식구들과 찍은 흑백사진이 보였다. 배경으로 보이는 사진관 커튼이 고풍스러웠다. 소나무 모임에서 놀러 갔을 때 사진도 있었다. 둥글게 모여앉아 기타를 치고, 박수를치는 모습들이 더없이 활기차 보였다. 가영이네 가족사진도 끼어 있었다. 안경을 쓰고, 바바리를 차려입은 가영 이빠의 모습이 너없이 정갈했다. 바로 옆, 가영이를 품에 안은 승례 표정이 행복으로 충만해 있었다. 1995년 3월 3일. 가영이의 초등학교 입학 사진이 시선을 잡아끌었다. 저 어린 게 어느새 이렇게 컸나, 뿌듯했다.

"양승화, 너 참 잘 살았구나."

수첩을, 스크랩북을, 편지 뭉치를, 사진 뭉치들을 차곡차곡 정리해나갔다.

묵은 기억의 뭉치들 중에 단연 큰 덩어리는 원풍노조에서의 기억들이었다. 승화의 삶 속에 원풍노조 사람들의 자리는 이미 신체의 한 부분이 되어 있었다. 가족처럼 상처도 행복도 같이해야 하는 전생의 업보 같은 인연들이었다. 나도 모르게 스미고 스며든 사람들…….

원풍 사건이 발생한 지 28년, 4박 5일을 굶주리고 폭행당하면서도 의연하게 농성장을 지켜내던 그 얼굴들은 각인처럼 남아 언제나 승화를 일으켜 세우고 그리움에 젖게 한다. 세월은 수백 명의 그 얼굴들을 이름 따로, 얼굴 따로 기억되기도 하지만 떠올리기만 해도 심장은 뭉클 요동해 오는 것이다.

어느 결에 눈물이 흘렀다. 그러면서 또 그만큼의 미소가 입가 가득 번져나갔다.

"앞으로도 쭉, 더도 덜도 말고 지금까지처럼 그렇게…… 잘 살아보자."

승화는 가슴을 쫙 폈다. 그러고는 자신을 향해 말했다. 낮지만 단단한 목소리였다.

"너를 두고 간다는 아픈 다짐도 없이 남기고 가져갈 것 없는 저 무욕의 땅을 찾아 가는 배여 가는 배여 언제 우리 다시 만날까."

승화는 오랜 습관처럼 〈떠나가는 배〉를 양 볼 가득 주절거렸다.

30년에 술 한 잔

06 김오순 이야기 이재웅

김오순 1961년에 전북 정읍 산외면 상두리에서 태어났다. 열여섯 살에 노량진에 있는 원풍모방 제2공장에 입사했다가 원풍모방 제2공장이 문을 닫은 이후에는 대림동의 본공장으로 옮겨가 일했다. 원풍노조의 청포도라는 소그룹에서 활동했으며 1년 여간 총무를 역임했다. 스물네 살에 결혼해 남편과의 사이에서 딸과 아들을 두고 있다. 서른아홉부터 전북대학교 병원에서 청소용역 파견근로자로 일하고 있으며, 현재 민주노총 전북본부 일반노조의 지부장을 맡고 있다.

산골 소녀

　김오순은 1961년에 태어났다. 무더운 6월이었는데, 그녀의 부모는 통상 그녀를 보리밥 먹을 때 태어났다고 했다. 고향은 전북 정읍 산외면의 상두리이다. 가족은 부모와 오빠 셋, 그녀와 여동생 둘이었다. 그녀의 집은 무척 가난했다. 논이 여섯 마지기, 밭이 다섯 마지기 정도 있었지만 대개가 남들 소유로, 아버지가 얻어 짓는 형편이었다.

　집안은 가난했지만 밥을 굶기니 하지는 않았다. 아버지는 추수한 쌀을 모두 시장에 내다 판 다음 싼값의 보리를 다량으로 사들였다. 그렇게 부족한 식량을 메워나갔다. 그렇다 해도 때로 보리마저 부족할 때가 있었다. 그럴 때는 보리를 절구에 갈아서 나물을 넣고 버무린 다음, 그것으로 밥을 지어 먹곤 했다.

　넉넉한 살림은 아니었지만, 아버지는 자식들에게만큼은 관대했다. 또한 정이 많고 인자한 사람이었다. 자식들을 충분히 가르치지는 못했지만 힘이 닿는 한 뒷바라지를 하려고 했다. 자식들이 무엇을 요구하든 '안 된다' 라는 말을 거의 해본 적이 없는 사람이었다.

어느 해에는 극심한 가뭄이 들었다. 개울의 물도 말라버릴 정도였다. 그런 상황에서 논농사를 정상적으로 짓기는 역부족이었다. 농사라는 것은 예나 지금이나 사람의 힘이 반이고 자연의 힘이 반인 것이다. 아버지는 논에 물을 대야 할 시기에 물을 댈 수 없게 되자, 바싹 마른 논 위에 벼 대신 조를 심었다. 조는 벼에 비해 상대적으로 가뭄에 강한 작물이었기 때문이다.

그해 가족들의 밥상에는 늘 조밥이 올라왔다. 어린 김오순은 조밥이 도저히 입맛에 맞지 않았다. 그녀는 너무 어렸기 때문에 가난이 무엇인지, 왜 조밥이 항상 밥상 위에 올라오는지 알지 못했다. 그녀는 조밥을 먹지 않겠다고 땡깡을 부리며 울었다.

아버지는 그런 김오순을 나무라지 않았다. 오히려 어떤 수완을 발휘했는지 알 수 없으나 그 후로 김오순에게만은 조밥 대신 보리밥을 먹을 수 있도록 했다. 작은오빠는 이 일을 두고 김오순이 조밥을 먹지 못한다는 뜻으로 '조바보' 라고 부르곤 했다. 그러면 김오순은 작은오빠를 '무바보' 라고 불렀다. 그것은 작은오빠가 무가 들어간 밥을 안 먹었기 때문이다.

김오순이 초등학교 6학년이 되어 수학여행을 가야 할 때였다. 예쁜 옷을 입고 싶었던 김오순은 아버지에게 수학여행을 가지 않는 대신에 옷을 사 달라고 졸랐다. 아버지는 고민 끝에 김오순이 원하는 대로 수학여행 비용으로 옷을 사 주었다. 새 옷이 생긴 김오순은 뛸 듯이 기뻤다. 하지만 새 옷을 입자마자, 또다시 수학여행이 가고 싶어지는 것이었다. 그래서 자신이 약속한 것을 깨고 다시 아버지에게 수학여행을 보내달라고 떼를 썼다. 이번에는 화를 낼 법도 하건만, 아버지는 그런 김오순을 이해하고 묵묵히 수학여행 비용을 내주었다.

또 이런 적도 있었다. 당시 김오순은 원풍모방에 다니느라 서울에 올라가 있었다. 하루는 초등학교 남자 동창들이 아버지를 찾아와 올 추석에 동창회를 가질 계획이어서, 십시일반 돈을 갹출하고 있으니 김오순의 몫으로 돈을 좀 내달라고 했다. 아버지는 딸자식의 동창회라는 말에 선뜻 돈을 내주었다. 김오순은 나중에 추석에 내려가서야 그 사실을 알았다. 사실 김오순은 동창들과 연락이 두절된 지도 꽤 되었고, 딱히 동창회에도 참석할 마음이 없었기 때문에 아버지가 괜한 돈을 썼다 싶었다. 하지만 아버지가 자신을 생각하는 마음을 느낄 수가 있었다.

이런 아버지였기에 김오순은 훗날에도 아버지를 좋아했고, 또 그리워했다. 한번은 이런 적이 있었다. 김오순이 결혼을 해서 살아갈 때, 하루는 몹시 아파서 남편에게 하소연을 했다. 그런데 남편은 돈을 주면서 약을 직접 지으라고 했다. 남편의 입장에서는, 환자가 병의 증세를 가장 잘 아니 약을 직접 짓는 것이 좋겠다는 생각이었을 것이다. 김오순은 그때 서러워서 많이 울었다. 그것은 어린 시절 자신이 아프다고 하면 지체 없이 약국까지 자전거를 타고 가서 약을 지어오곤 했던 아버지의 모습이 갑자기 생각났기 때문이었다. 김오순에게 아버지는 그만큼 인정이 많고 따뜻한 사람이었다. 그래서 아버지가 78세에 폐가 굳어가는 병으로 돌아가셨을 때, 그녀는 누구보다도 많이 울었다.

김오순은 어린 시절 부모가 들일을 나가면 오빠들과 함께 집 안을 청소하곤 했다. 큰오빠는 스물네 살의 이른 나이에 결혼을 해서 가족들과 함께 지내고 있었다. 올케언니가 들일을 나가면 갓난아기인 조카도 돌보곤 했다.

여름이면 마을 아이들과 함께 뽕밭에 가서 오디를 땄다. 당시에는 양잠이 국가적으로 권장되던 시절이라서 마을 사람들이 누에를 많이 쳤고, 그 때문에 마을 주변에는 뽕밭이 많았다. 가을에는 감을 따러 다녔다. 상두리는 전형적인 산골 마을이었다. 마을 주변 어디든 천연의 과일나무가 많았는데 그중에서도 감나무는 지천에 널려 있었다. 외지의 장사꾼들은 아이들이 수확한 오디와 감을 사러 상두리를 찾아오곤 했다. 감이나 오디 같은 것들을 싼값에 사들여 외지에 나가 판매하는 것이다.

상두리는 산골 마을이었지만, 가구 수는 적지 않았다. 60여 가구쯤 되었다. 그만큼 아이들도 많았다. 김오순 또래 아이들은 열대여섯 명 정도였다. 김오순은 또래 아이들과 어울려 하루를 보냈다. 아이들이 하는 놀이는 대개 시골 아이들의 놀이가 그렇듯이 뚜껑살이, 오징어살이, 편치기, 땅따먹기, 오재미와 줄넘기, 숨바꼭질 같은 것들이었다.

여덟 살이 되면서 김오순은 초등학교에 들어갔다. 초등학교는 하죽초등학교로 면에 위치해 있었다. 그녀는 매일 아침 일어나서 30여 분 정도를 걸어 학교에 갔다. 당시 초등학교는 입학 연령대가 다양했다. 누군가는 일곱 살에 학교에 입학했다. 그런가 하면 누군가는 열 살에 학교에 입학했다. 그래서 한 교실에 서너 살 나이 차가 나는 학생들이 함께 수업을 듣는 일이 다반사였다.

김오순은 어린 시절부터 공부에는 흥미를 붙이지 못했다. 당시 초등 교육은 완전한 무상 교육은 아니어서 육성회비를 내야 교과서를 얻을 수 있었다. 김오순은 학년이 끝나면 자신이 배웠던 교과서들을 다른 아이들에게 팔았다. 그리고 그 돈으로 과자를 사 먹곤 했다.

그녀는 앵두를 따다가 비닐에 싸고, 그것을 도시락에 넣어서 학교에 가져가기도 했다. 자신이 먹기 위해서가 아니라 아이들에게 팔기 위해서였다. 그녀는 그렇게 앵두를 팔아서 생긴 돈으로 역시 군것질을 했다.

김오순은 얌전한 아이였다. 또 친구들과도 큰 마찰 없이 지내는 성격이었다. 그런데 하루는 큰 사고를 쳤다. 올케언니네 이모에게는 김오순 또래의 한 아이가 있었는데, 어느 날 그 아이와 사소한 시비가 일었다. 김오순이 머리를 끌어 흔들었는데 그 아이의 머리에 이상이 생기고 말았다. 올케언니네 이모 쪽에서는 사돈 간이라는 이유로 그것을 문제 삼지는 않았지만 대신 어머니에게 크게 혼이 나야 했다. 김오순은 그 이전에도 그 이후에도 어머니에게 그렇게 혼나본 적이 없었다.

귤과 배와 자장면

김오순은 아버지의 현명한 처세 덕분에 끼니 걱정은 하지 않고 살았다. 그렇다고 해서 살림이 어렵지 않은 것은 아니었다. 그래서 오빠들 역시도 일찍 학업을 포기하고 모두 생계를 위한 진로를 찾아 나섰다.

김오순은 초등학교를 졸업했지만 중학교에 진학할 수가 없었다. 하지만 큰 불만은 없었다. 공부에 별로 흥미가 없었기 때문에 반드시 학교에 가고 싶다거나 하는 욕구가 적었다. 또 마을의 또래 애들도 모두가 자신과 비슷한 처지였기 때문에 여건이 되면 중학교에 가고 그렇지 않으면 못 가는가 보다 하고 생각했다. 무엇보다도 오빠들 역시 초등학교를 졸업하고 그만이었기 때문에 그녀는 자신도 그리해야 하는 줄 알았다.

김오순은 그즈음 막연하지만 자신도 무엇을 해야 하지 않을까 하고 생각했다. 하지만 무엇을 해야 하는지도 알 수 없었고, 또 무엇을 하고 싶은지도 알 수 없었다. 그녀는 막연한 생각 속에서 어머니를 도와 밥을 짓고,

빨래를 하고, 또 들일을 나가곤 했다.

그러던 중에, 서울에 사는 이모할머니 댁에서 연락이 왔다. 김오순이 초등학교 졸업 후에 집에서 지낸다는데 서울에 올라오면 일자리가 많으니 서울에서 지내면서 일자리를 구해보라는 것이었다. 부모님은 그것이 일리가 있다고 여기고, 김오순을 전주 덕진동에 있는 할머니 집으로 보냈다. 할머니 집에서 하루를 머물고, 그다음에 서울로 올라가기로 한 것이다. 김오순도 그러리라 하고 할머니 집으로 갔다. 그런데 막상 할머니 집에 도착하자 모든 것이 두렵고, 또 아버지 어머니가 그리워지는 것이었다. 한 번도 아버지 어머니와 오랫동안 떨어져 지낸다는 생각을 한 적이 없었기 때문이다.

그녀는 결국 날이 밝자마자 할머니에게 집으로 돌아간다는 말도 하지 않은 채 길을 나섰다. 그때 그녀는 차비도 없어서 전주 덕진동에서 정읍 산외면 고향 마을까지 걸어갈 작정이었다. 그날은 비까지 쏟아졌다.

그녀는 비를 맞으면서 걸어갔다. 그리고 구이저수지에 이르렀을 때쯤이었다. 한 중년의 아저씨가 김오순을 보고는 딱하게 여겼는지 무슨 일로 그렇게 비를 맞고 걸어가느냐고 물었다. 김오순이 자초지종을 이야기하자 아저씨는 버스를 타고 가라며 차비를 주었다. 김오순은 그 중년 아저씨의 도움으로 버스를 탈 수 있었다. 그러나 그녀는 버스비가 아까워서 도중에 하차해 다시 집까지 걸어갔다.

한편, 아버지와 어머니는 김오순을 할머니 집에 보내놓고 마음이 편치 않았다. 특히 아버지는 자식에 대한 정이 많은 까닭에 돈이 다 무엇이냐, 어린 것을 너무 멀리 떼어놓는다, 돈이 없으면 나중에 팬티 한 장 입혀서 시집보내면 그만 아니냐며 후회했다. 결국 어머니는 다시 김오순을 데려오기로 하고 전주 할머니 집으로 향했다. 그러나 어머니가 도착했을 때에는 이미 김오순이 할머니 집을 나서 고향을 향해 걸어가고 있을 때였다. 김오순과 어머니가 길이 엇갈린 것이다. 그 때문에 가족들이 김오순을 걱정하며 백방으로 찾아다니는 소동이 일어났다. 그리고 그 소동은 김오순이 시골집에 도착하고서야 끝이 났다.

그때 그 일로 곤혹을 치렀지만, 나중에는 잊지 못할 즐거운 추억이 되었다. 그리고 그때 일을 떠올릴 때마다 차비를 건네줬던 그 중년의 아저씨가 고마웠다. 그리고 한참 후 그녀가 서울에 올라왔을 때, 하루는 어린 여자아이가 집이 전북 어디인데 차비가 없어서 갈 수 없다며 구걸을 했다. 김오순은 그때 그 중년 아저씨가 떠올라 여자아이에게 차비를 선뜻 내주었다. 그녀는 그것으로 중년 아저씨에게 빚진 돈을 갚았다고 생각했다.

어쨌거나, 김오순이 처음 돈벌이를 나가려던 일은 그렇게 소동으로 끝이 났다. 그 후 그녀가 다시 돈벌이로 시작한 일은 누에를 치는 일이었다. 상두리에서 10여 킬로 떨어진 곳에 금천이라는 동네가 있었다. 그곳에서는 누에를 유달리 많이 쳤다. 그래서 언제나 누에 치는 일을 도울 일손이 필요했다.

김오순과 마을 아이들은 그곳에 일을 하러 갔다. 뽕잎을 따고, 누에에게 밥을 주고, 누에의 배설물들을 치우는 것이 그들의 일이었다. 기간은 한 달 남짓이었다. 숙식은 고용한 사람들이 제공했다. 김오순은 그렇게 번 돈을 부모님에게 그대로 가져다주었다.

그렇게 열다섯 살이 지나고, 열여섯 살 되던 해 추석이었다. 늘 그렇듯이 그해 추석에도 외지에 나가 있던 사람들이 하나둘 고향을 찾아왔다. 고문순도 상두리를 찾아왔다. 고문순은 김오순의 초등학교 친구였다. 그녀는 초등학교 때 가족을 따라 서울의 상도동으로 이사를 갔는데, 어린 시절 친구들을 만나기 위해 간만에 시골 고향에 내려온 것이었다.

고문순은 김오순의 집을 찾아왔다. 두 사람은 방에 들어가서 이런저런 이야기를 나누었다. 김오순은 고문순을 통해 서울과 서울 사람들의 이야기를 들을 수 있었고, 또 그녀가 원풍모방에 다니고 있다는 사실도 알 수 있었다. 마침 그 자리에는 김오순의 어머니도 있었는데 원풍모방의 이런저런 이야기를 듣고는 자신의 딸도 그곳에서 돈벌이를 하면 좋겠다고 생각하게 되었다. 그리고 고문순이 돌아간 후에 딸에게 의향을 물었다. 김오순은 자신의 미래에 대해 이렇다 저렇다 생각해본 바가 없었다. 그래서 어머니가 좋다면 그것도 나쁘지 않겠다고 막연히 생각하고, 서울로 올라가기로 했다.

마침내 김오순이 서울로 올라가는 날이 되었다. 어머니는 딸이 어리고 또 시내에도 자주 나가보지 않았기 때문에 동네의 한 청년에게 고속버스 터미널까지 배웅해줄 것을 부탁했다. 김오순은 동네의 청년을 따라 읍의 터미널까지 함께 갔다. 청년은 김오순이 심심할까 봐 터미널 근처의 가게에서 귤을 사 주었다. 산골 출신인 그녀는 복숭아나 수박, 참외 등은 먹어본 적이 있었다. 그것은 그녀 주변에서 흔히 볼 수 있는 과일들이었기 때문이다. 하지만 귤은 그녀가 처음 보는 과일이었다. 그 전에는 이런 과일이 있는지도 몰랐다. 그녀는 귤의 색깔이며 껍질이 신기하게만 보였다.

그녀는 버스를 타고 가면서 귤을 하나씩 까 먹었다. 그런데 머리가 어지럽고 속이 미식거리는 것이었다. 나중에는 구역질이 일고, 구토까지 했다. 그것은 실제로는 차멀미였다. 그러나 공교롭게도 그녀는 장시간 버스를 타본 적이 없었고, 그래서 차멀미가 무엇인지도 몰랐다. 그녀는 자신이 귤을 먹었기 때문에 머리가 아프고, 구토를 했다고 생각했다. 그리고 귤이라는 과일이 자신과는 맞지 않는다고 여겼다. 그 뒤로 서울에 올라와서도 귤만은 먹지 않았다.

사실 김오순은 세상에서 쉽게 접할 수 있는 것들을 늦게 접하는 경우가 많았다. 가령 초등학교 수학여행을 갔을 때, 그녀는 난생처음으로 배라는 것을 타보았다. 당시 수학여행 코스에 군산에서 장항으로 들어가 연필 만드는 공장을 견학하는 코스가 있었는데, 군산에서 배를 처음 타본 것이다. 그녀는 크고 무거운 배가 바다 위에 떠서 간다는 것이 마냥 신기하고 재미있었다.

자장면이라는 것도 수학여행에 갔을 때 처음 보았다. 그녀는 자장면을 보며 무슨 음식이 저리 새까말까 하고 이상하게 생각했다. 그녀는 자장면 대신 우동을 주문해 먹었다. 그것은 비단 김오순뿐만이 아니었다. 산골 출신의 다른 친구들도 모두가 자장면을 이상한 음식이라고 생각하며 우동을 주문해 먹었던 것이다.

원풍모방 2공장

서울로 올라온 김오순은 친구인 고문순의 집에서 하숙을 시작했다. 그녀는 난생처음으로 혼합곡으로 지은 밥을 먹었다. 혼합곡은 납작보리에 쌀을 혼합한 것인데, 보리밥만 먹고 지내온 그녀로서는 혼합곡으로 지은 밥 맛이 무척 좋았다.

그녀는 본래 서울에 올라온 목적대로 원풍모방에 취업을 했다. 그런데 김오순이 취업한 곳은 대림동의 원풍모방 본공장이 아니라 노량진에 있던 제2공장이었다. 건물은 4층 높이였는데 1층은 스팀 다림질하는 곳이었고, 2층은 생산된 옷을 마감하는 곳이었으며, 3층과 4층에는 요꼬라는 옷 짜는 기계가 있었다. 그곳은 일명 보세공장으로 불렸는데, 스웨터 같은 털실 종류의 옷을 주로 생산했다. 그 건물 외에도 제2공장에는 많은 건물이 있었다. 하지만 김오순은 자신의 일터와 집만을 왕복하다시피했기 때문에 무슨 용도의 건물인지는 알 수 없었다.

아침과 저녁은 보통 친구의 하숙집에서 해결했고, 점심은 주로 공장의 구내식당을 이용했다. 공장 식당에서는 무를 넣은 선지국이 주로 나왔다. 처음에는 별 거부감이 없었지만 매번 같은 음식을 먹다 보니 나중에는 물리고 말았다. 그때부터 그녀는 선지국을 좋아하지 않게 되었다.

그녀는 그곳 일에 익숙해졌고, 또 매일 출근하면서 또래의 몇몇 아이들과도 친해졌다. 쉬는 시간이면 그 아이들과 함께 공장 뒤편의 작은 가게에 가곤 했다. 그곳에서 군것질을 하곤 했는데, 김오순은 라면땅을 좋아해서 즐겨 사 먹곤 했다.

가게에 가려면 뒷담 밑의 소위 개구멍이라는 것을 통과해야 했다. 일단 출근을 하면 원칙적으로 퇴근 시간까지는 공장 밖으로 나가는 것이 금지되어 있었기 때문이다. 정문은 항상 경비가 지키고 있었다. 그래서 그 뒷담 개구멍은 김오순 또래의 아이들에게는 일종의 즐거운 숨통 같은 것이었다. 사실 관리자들뿐만 아니라 경비도 그 개구멍을 알고 있었지만 모두가 모른 척 해주었다.

아주 드물긴 했지만, 때로는 쉬는 시간에 공장 안에서 친구들과 함께 사진을 찍기도 했다.

원풍모방 제2공장에는 여성 경비가 있었다. 그것은 김오순 또래의 여자아이들이 몰래 공장의 제품을 빼돌리는 것을 방지하기 위해서였다. 그래서 퇴근 시간이면 일일이 몸수색을 받고야 퇴근할 수 있었다.

그녀의 서울 생활은 자신의 집과 일터를 오가는 것이었다. 그녀는 서울이 얼마나 넓은지 몰랐고, 또 지리도 잘 알지 못했다. 그래서 문득 외로움을 느끼곤 했다. 그나마 서울 생활이 덜 외로울 수 있었던 것은 올케언니 동생이 올라와 친구의 집에서 함께 하숙을 하면서부터였다.

올케언니 동생은 막내 오빠의 동창생으로 김오순보다 세 살이 많았다. 김오순이 그랬던 것처럼 일자리를 찾았는데 빵을 만드는 삼립에 취업할 수가 있었다. 그 덕에 빵만큼은 배불리 먹을 수 있었다. 삼립에서는 불량이 난 빵을 현장 노동자들에게 싼값에 판매하고 있었는데, 올케언니 동생이 퇴근 때면 간혹 그것을 구입해 들어오곤 했기 때문이다.

김오순은 집과 일터밖에 몰랐지만, 월급을 받아도 수중에는 남는 것이 거의 없었다. 그것은 우선 받는 월급이 많지 않았고, 또 하나는 월급에서 하숙비의 비율이 컸기 때문이다. 김오순은 월급을 받으면 하숙비부터 치렀는데, 친구인 고문순의 집이었기 때문에 내색을 할 수는 없었지만 비싼 방값과 식비가 늘 불만이었다.

그러던 어느 날엔가는 어머니가 서울로 올라온 적이 있었다. 김오순은 어머니가 너무 반갑고, 또 소홀하게 대접하고 싶지 않았기 때문에 어머니를 위해서 선물을 사고 또 이런저런 경비를 썼다. 그 때문에 그 달 하숙비가 밀렸는데 여간해서는 갚기가 쉽지 않았다. 그런 식으로 돈의 지출이 조금만 많아지면, 월급을 받아도 생활은 그만큼 힘들어졌다.

김오순은 생각 끝에 올케언니 동생과 상의해서 거처를 노량진 쪽으로 옮겼다. 공장에서도 가깝고, 또 방값이 싼 곳에서 자취를 하기 위해서였다. 그런데 그 후 얼마 안 되어 올케언니 동생이 회사 기숙사로 들어가게 되었다. 그리고 때마침 막내 오빠가 서울에 올라왔다. 막내 오빠는 집안에서 한 사람은 제대로 가르쳐야 한다고 작정하고 훗날 대학교까지 보낸 유일한 사람이었다. 당시에는 고등학교를 졸업하고 군입대 전 일자리를 얻기 위해 상경한 것이었다. 그때부터 막내 오빠와 서울에서 서로 의지하며 지내게 되었다.

대림동 원풍모방

김오순은 원풍모방 제2공장에 1년 정도를 다니다가 대림동의 본공장으로 자리를 옮기게 되었다. 제2공장이 경영 악화로 부도가 났기 때문이다.

제2공장이 부도가 나자, 원풍모방에서는 새로운 신입을 뽑는 것보다 제2공장의 노동자들을 대림동의 본공장으로 흡수하려고 했다. 많은 동료들이 본공장으로 옮겨갔다. 김오순은 어찌할까 생각하다가 서울이 낯설고 또 다른 곳의 일자리를 알아보는 것도 부담스러웠기 때문에, 역시 본공장으로 옮겨갔다. 입사에 따른 별도의 시험이나 절차는 없었다.

김오순과 많은 친구들이 본공장으로 옮겨갔지만, 또 적지 않은 이들이 원풍모방을 그만두고 떠나기도 했다. 헤어지던 날 그들은 서로 부둥켜안고 울었다. 그리고 그 후에도 가끔씩 만나 서울의 거리와 유명지 등을 찾아다니며 함께 시간을 보내곤 했다.

대림동 본공장으로 옮기면서 가장 좋았던 것은, 월급이 오른 것이었다. 제2공장 역시 본공장과 마찬가지로 원풍모방의 회사였고 노동조합도 있었지만, 모든 면에서 본공장이 우선시되었기 때문에 얼마간의 월급 차가 있었던 것이다. 김오순은 대림동 본공장에 와서야 그것을 알 수 있었다.

그녀가 본공장에 와서 또 하나 좋았던 것은 기숙사 시설이 있어 비싼 방

값을 들이지 않아도 된다는 것이었다. 김오순은 본공장에 들어간 후에 노량진의 방에서 나와 대림동 기숙사로 들어갔다. 막내 오빠는 상도동 쪽에 방을 구해 그쪽으로 옮겨갔다.

당시 원풍모방노조에서는 입사와 동시에 노조 가입이 의무화되어 있었다. 그래서 김오순은 제2공장에서부터 조합원 신분이었다. 하지만 그곳에서는 노조 활동이 활성화되어 있지는 않았다. 김오순은 본공장에 와서야 본격적인 노조 활동을 할 수 있었다.

당시 모든 원풍노조 조합원들이 그랬듯이 그녀도 소그룹에 소속되어 활동하게 되었다. 그녀가 소속된 소그룹은 '청포도'라는 그룹이었다. 구성원은 일고여덟 명 정도였다. 대개가 직포과와 전방과 사람들이었다. 김오순은 청포도에 들어가서 꽃꽂이와 요리 등 다양한 실생활 교육을 받았다. 교육이 이루어진 곳은 산업선교회였다.

그녀는 많은 교육 과정 중에서 요리 시간이 가장 재미있었다. 요리 교육은 실습과 함께 이루어졌는데, 음식을 직접 만들고 맛보는 시간이 좋았던 것이다. 그중에서도 도넛 만들기 시간을 지금까지도 인상 깊게 기억하고 있다. 도넛을 만드는 과정도 재미있었을 뿐만 아니라 요리 실습이 끝나고 시식을 할 때 그 맛이 너무 좋았기 때문이다. 그녀는 이때까지도 그렇게 맛있는 도넛은 먹어본 적이 없었다.

이러한 실생활 교육 외에 원풍노조의 교육 프로그램에 따라 사회적 인식에 필요한 다양한 교육도 받았다.

야간작업 조인 날에는 그룹 내에서 특별히 관계가 돈독했던 김옥녀, 최영자와 함께 소양산이나 도봉산, 북한산에 산행을 가기도 하고 시내를 돌아다니기도 했다. 특히 도봉산에 자주 갔는데, 그곳 카페에서 파는 카레가 맛있어 도봉산에 오르면 꼭 그 카페에 들르곤 했다. 산행을 갈 때면, 2000원씩을 추렴했다. 그것으로 장을 보고, 휴대용 취사도구들을 챙겨 산에 올라가 밥을 해 먹곤 했다. 산에서의 취사가 허용되던 시절이었다. 기숙사의 이웃 방끼리 연합을 해서 야유회를 떠나기도 했다. 야유회 장소는 포도밭이나 딸기밭 같은 곳이었다. 김오순은 청포도 그룹에서 9·27사건이 날 때까지 5년 정도를 활동했다.

김오순은 대림동 본공장에 다니면서 공부를 다시 시작했다. 중학교에 다니기 시작한 것이다. 본래 학교 공부에 그리 흥미가 많지 않아서 꼭 학교를 가야겠다는 생각은 없었다. 그런데 기숙사에 있던 많은 동료들이 중학교에 다녔고, 특히 친했던 옆방 친구가 중학교에 다니는 것을 보고 호기심 반, 중학교를 다녀두면 좋기는 하겠지 하는 생각 반으로 공부를 시작한 것이었다.

원풍노조의 많은 조합원들이 중학교에 다니려고 했던 것은, 배움의 욕구도 강했지만 그만한 여건이 마련되어 있었기 때문이다. 원풍노조에서 장학금을 지원했고, 또 단체협약 시 조합원이 원할 경우 중등교육을 무상으로 마칠 수 있도록 조치를 취했기 때문이다. 그래서 조합원들은 일명 월사금이라는 것을 걱정하지 않고 무상으로 중등교육을 받을 수 있었던 것이다.

원풍모방 조합원들은 여러 중학교를 선택해 다녔는데, 김오순이 선택했던 중학교는 새마을중학교였다. 신길동의 옛 진로회사 자리에 위치해 있었다. 일종의 비인가 학교였다. 당시에는 그런 비인가 학교가 많았다. 교육열은 높고, 배우려는 사람들은 많은데 그것을 정식 인가 학교에서 모두 수용할 수 없었기 때문이다. 새마을중학교는 3년을 다니지 않아도 교육 과정을 모두 이수하기만 하면 졸업이 가능했다. 그래서 누구는 1년 반 만에 졸업을 하기도 했고, 누구는 2년 만에 졸업을 하기도 했다.

오전반과 오후반으로 나뉘어져 수업이 진행되었다. 오전반은 8시부터 12시까지였고, 오후반은 4시부터 10시까지였다. 당시 원풍모방은 3교대로 일을 했는데, 오후 10시부터 오전 6시, 오전 6시부터 오후 2시, 오후 2시부터 오후 10시까지였다. 여덟 시간의 노동을 마치고 지친 몸으로 다시 공부를 해야 하는 것은 분명 괴로운 일이었다. 특히 오전반 수업을 들으려면 밤샘 작업을 하고 오전 6시에 퇴근해 아침 식사를 하는 둥 마는 둥 하고 학교에 가야 했다.

그런데도 수업 시간에 조는 일이 거의 없었다. 그만큼 배움에 목말라 있었다. 김오순은 좋은 성적을 거두거나 뛰어난 학생은 아니었다. 하지만 그녀는 열심히 공부했다. 그곳에서 난생처음 영어도 접해 읽고 쓸 수 있게 되었다.

9·27 사건

김오순은 원풍모방이 첫 직장이었고, 노조에도 사동석으로 가입되었기 때문에 노동조합이 왜 노동자에게 필요한지 정도는 알고 있었다. 또 이런 저런 의식화 교육을 통해 사회에 눈을 떠갔지만, 그것이 그리 절실한 것은 아니었다. 그렇다 해도 막연히 사람들이 좋았고, 노조 활동이 자신이 해야 할 일 중 하나라고 생각했기 때문에 소그룹 활동에는 빠지지 않고 참여했다. 그녀는 청포도 그룹에서 1년 정도 총무를 맡기도 했다.

평일에는 공장에 나가 일과 노조 활동을 하고, 토요일과 일요일에는 큰오빠의 집에 갔다. 큰오빠는 성남에서 잡화점 겸 연탄가게를 운영하고 있었다. 그녀는 그곳에 가서 연탄을 나르고 배달하는 일을 돕기도 했다.

그녀는 기숙사에서 3년 정도를 지내다가 회사 뒤편에 작은 방을 얻어 자취를 시작했다. 방은 전세로 얻은 것이었는데, 큰오빠가 전세금 200만 원을 보태주었다. 그 전세방에서 막내 오빠와 여동생이 함께 지냈다. 막내 오빠는 군대에 다녀와 대학에 다니고 있었고, 여동생은 협성고등학교에 다니고 있었다. 두 사람의 학비는 큰오빠가 보탰고, 생활비는 김오순이 보탰다.

김오순이 자취를 하던 집에는 세 가구가 더 살았다. 본채에는 주인집 내외와 할머니와 아들이 살았고, 그 옆 건물에는 할머니를 모시고 있는 아저씨가 살았다. 그리고 뒤쪽에는 신혼부부와 그들의 아기가 살았다. 김오순은 그들과 함께 지내는 것이 즐겁고 행복했다.

김오순이 자취를 시작하자, 기숙사의 친구들은 소풍을 나오듯 자주 집에 놀러 왔다. 그녀들은 수다를 떨고 부침개를 해 먹었다. 소개팅을 주선하기도 했다. 어느 날 주인집 아들이 친한 친구가 몇 있는데 김오순의 친구들과 소개팅을 해보면 어떻겠느냐고 제안했기 때문이다. 김오순은 그 제안을 받아들여서, 친한 동료 세 명을 소개팅 자리로 이끌었다. 그들이 소개팅을 한 곳은 대림동의 한 음악다방이었다. 당시 음악다방은 젊은 여성들이 자주 찾는 곳이었고, 그곳의 DJ는 선망의 대상이 되기도 했었다.

모든 것이 평온했다. 이런 상황 속에서 그녀는 9·27사건을 전혀 예상치 못했다. 그래서 그녀는 추석 때 고향에 내려갈 기대에 부풀어 있었다. 그녀는 9·27 사건이 발발하기 직전 야간조에 배정되어 밤샘 작업을 했는데, 작업을 마치고 이른 아침에 친한 동료 한 명과 함께 고속버스 터미널에 가서 표를 예매해두었다. 밤샘 작업으로 몸은 피곤했고, 이른 아침임에도 불구하고 고속버스 터미널은 사람들로 북새통을 이루고 있어서 어렵사리 표를 구했다. 그런데 9·27 사건이 터진 것이다.

그녀는 9·27사건이 터지자, 고향에 내려갈 수 없다는 것을 알고, 일단 예매했던 표를 반환하러 공장을 빠져나왔다. 넉넉지 못한 살림에 한 푼의 돈이 아까웠기 때문이다. 표를 반환한 다음에는 다시 공장으로 돌아갈 요량으로 대림동으로 갔다. 그런데 이미 원풍모방의 정문은 막혀 있었고, 일대가 통제되고 있었다. 거리는 기자들과 구경꾼들로 북적거렸다. 그 중에는 김오순처럼 원풍모방 밖으로 나왔다가 안으로 들어가지 못하는 동료들이 더러 있었다. 여기저기서 소음이 끊이지 않았다.

김오순은 어찌된 일일까 싶어 주변의 행인에게 물으니, 난리가 났다는 답변만 돌아왔다. 김오순은 명확한 상황 파악도 하지 못한 채 다른 동료들과 함께 밖에서 서성거리기만 하고 있었다. 그때 안으로 들어가지 못한 조합원들은 광화문의 새문안교회로 가서 대기하라는 소리가 사람들의 입에서 입으로 전달되었다. 그것이 안에서 전달된 노조 간부의 지시인지 아니면 밖에 나와 있던 동료의 제안인지도 정확히 몰랐다. 다른 동료들도 마찬가지였다. 하지만 언제까지고 정문 밖에서 서성거리고만 있을 수 없었기에 일단 새문안교회로 갔다.

그곳에 도착해보니, 몇몇 동료들이 와 있을 뿐, 어떻게 해야 한다는 말도 없고, 리드를 하는 지도부도 없었다. 단지 안에서 누가 다쳤다, 경찰들이 어떻게 했다 하는 소문들만 접할 수 있었다.

그렇게 김오순은 9·27 사건 당시 정사과에 들어가지도 못하고, 또 동료들과 합류하지도 못하고 겉돌 수밖에 없었다. 그러다가 조합원들이 모두 원풍모방 공장에서 끌려나온 후에야 그들과 결합할 수 있었다. 그때부터 김오순은 조합원들과 함께 시위에 참여했다. 함께 거리 행진을 하고, 노래를 부르고, 유인물을 나눠주었다.

그러던 중에, 10월 8일 회사 게시판에 40여 명의 해고자 명단이 공표되고, 10월 13일에는 2차 해고자 명단이 공표되었다. 김오순은 2차 해고자 명단에 포함되어 있었다. 해고 사유는 불명확했다. 열여섯 살에 상경한 김오순에게 원풍모방은 첫 직장이었고, 다른 직장은 생각해본 적이 없었기 때문에 큰 충격을 받았다. 그리고 그때부터는 출근투쟁에 더욱 더 적극적으로 참여했다.

조합원들은 기자들을 좋아하지 않았다. 대부분의 기자들이 원풍노조를 비난하고 왜곡하는 기사를 싣고, 사진도 그에 맞춰 오해를 살 법한 장면만 찍어가기 때문이었다. 김오순은 다른 동료들과 함께 그런 기자들에게 항의를 하고, 몸싸움을 했다. 그런가 하면 욕을 하고 카메라를 빼앗아 부수기도 했다. 이런 모습들이 TV에 그대로 보도되었는데 작은아버지가 그 장면을 보게 되었다. 그리고 김오순의 아버지 어머니에게 이 사실을 알려 집안이 발칵 뒤집어지기도 했다.

김오순은 전에는 선배들이 만들어놓은 틀 안에서 그저 선배들을 따라다녔기 때문에 자신이 조합원이라는 것을 몸으로 실감할 수 없었다. 그러나 출근투쟁을 통해서 자신이 조합원이라는 사실을 실감할 수 있었고, 또 조합원의 역할도 해나가는 것만 같았다. 그녀는 노조 활동을 왜 해야 하는가를 그때 처음으로 절실히 느꼈다.

떠돌이

김오순은 9·27 사건 이후 몇 달 동안 자취집과 산업선교회를 오가며 시위에 참여했다. 하지만 상황은 진전될 기미가 없었다. 그러다가 인명진 목사가 산업선교회에 발을 들이지 말라는 발언을 한 이후, 지도부 측에서 후일을 도모하기 위한 해산 제안이 있었다. 조합원들은 회의 끝에 그것을 받아들였다.

김오순은 그 제안을 수용하자마자 곧바로 새로운 직장을 구했다. 모아 둔 돈이 없었기 때문에 경제적 압박이 심했던 것이다. 시위를 계속한다 하더라도 어떻게든 돈을 벌면서 하지 않으면 안 될 상태였다. 그녀는 직장을 찾아 떠돌았다. 그리고 작은 인형 공장에 취업할 수 있었다. 그때 그녀의 나이는 스물세 살이었다.

그녀는 인형 공장에서 솔로 인형의 털을 마감하고, 또 미싱된 실 자국을 덮는 작업을 했다. 그곳은 월급이 턱없이 적을 뿐만 아니라, 작업량도 만만치 않았다. 또 휴일 보장도 없어서 일요일에도 일을 해야 했다. 원풍 시절의 환경과는 여러 모로 비교가 되었다. 그녀는 자연히 원풍 시절을 떠올리곤 했다.

그녀는 인형 공장을 6개월여 만에 그만두었다. 그리고 다른 일들을 찾아다녔다. 하지만 다른 일들 역시 처우 조건이나 작업 환경이 마음에 맞지 않았다. 그녀는 한 곳에서 며칠을 버티지 못하고, 이곳저곳을 떠돌았다. 그러다가 다시 마음을 붙인 곳은 작은 전자 회사였다. 전자 제품에 들어가는 단말기나 부품을 조립해 납품하는 회사였다. 그곳 역시도 월급이 적었고, 작업 환경도 좋지 않았다.

작업은 컨베이어 벨트 앞에 앉아 손으로 부품을 조립하는 간단한 일이었다. 하지만 오랜 시간 동안 한 자리에서 꼼짝도 하지 않고 단순 작업을 반복해야 했고, 또 열 몇 개의 부품을 짧은 시간 안에 조립을 하려면 집중을 해야 했기 때문에 정신적으로는 여간 고역이 아니었다.

가장 견디기 힘든 것은, 부품 작업이 라인별 책임할당제로 이루어진다는 것이었다. 앞 사람이 부품 조립이 늦으면, 김오순은 한없이 기다려야 했다. 그런가 하면 김오순이 늦으면 그다음 사람 역시도 시간 내에 자신의 작업량을 다 채우지 못하고 기다려야 했다. 따라서 한 사람이라도 부품 조립이 늦게 되면, 그 라인의 작업 시간은 그만큼 연장될 수밖에 없었다. 결국 정해진 시간 안에 작업량을 맞추려면 쉬는 시간에도 쉬지 못하고 작업을 계속할 수밖에 없었다.

사정이 이렇다 보니, 옆 사람의 부품 조립이 늦어지면 그다음 사람은 그만큼 불만이 많아질 수밖에 없었다. 숙련이 덜된 사람은 늦어지는 대로 옆 사람에게 미안해서 감정이 상하고, 숙련이 잘된 사람은 잘된 사람대로 불만이 쌓이는 것이다. 이것은 경쟁 아닌 경쟁을 낳았다. 어떻게든 옆 사람보다 빨리 부품 조립을 해야 한다는 강박관념이 생기고, 그래서 마치 경쟁하듯이 작업에 집중하는 것이다.

김오순은 처음부터 이런 작업장 분위기에 잘 적응할 수 없었다. 원풍모방 작업장에서의 생산 방식이 몸에 익어 있었기 때문이다. 원풍모방에서는 각 기계당 한 사람씩 배정되어 있었고, 옆 사람의 작업 속도와 상관없이 정해진 시간 안에 자신의 작업량을 마치면 되었다. 게다가 원풍모방에서는 소그룹 활동을 통해서 마음 둘 동료들을 얻을 수 있었고, 전체 수련회 등을 통해서 동료 의식을 공유할 수도 있었다. 그러나 그곳 직장 생활은 직장 생활일 뿐, 정이나 친분을 쌓아갈 수 없었다. 그럼에도 불구하고 김오순은 일자리를 찾아 떠도는 생활이 힘들었고, 또 자신의 첫 직장이 너무 좋았기 때문에 다른 일터에서 적응하지 못하는 것은 아닌가 하는 자격

지심이 있어서 어떻게든 적응을 해보려고 했다. 그러나 역시 7개월여 만에 그곳을 그만두지 않을 수 없었다. 그리고 또다시 직장을 찾아 전전하는 생활을 시작했다.

김오순은 그렇게 여러 직장을 찾아 떠돌면서 왜 노조가 필요한지, 그리고 왜 노조 활동이 필요한지를 다시 한 번 절실하게 느낄 수 있었다. 그리고 이것은 훗날 그녀가 민주노총 전북본부 일반노조에서 활동할 때, 누구보다도 적극적으로 나서는 계기가 되었다.

가구 짜는 남자

어느덧 스물네 살 추석이 되었다. 그때까지도 그녀는 직장을 찾아 이곳저곳을 전전하고 있었다. 심신이 지칠 대로 지친 채 버스에 올라 추석을 쇠러 고향을 찾아갔다.

고향에 내려간 그녀는 주위로부터 결혼을 하는 게 어떻겠느냐는 말을 들었다. 어머니는 스물여덟 살의 청년에게서 선자리가 들어왔다는 말도 했다. 전혀 예측하지 못한 상황이었다. 하지만 그녀는 결혼 이야기에 솔깃했다. 어떻게든 안정을 취하고 싶었기 때문이다. 막연히 결혼을 하면 혼자서 세상을 헤쳐나가는 것보다는 낫지 않을까 생각했던 것이다.

그녀는 선을 한 번 보기로 했다. 그런데 맞선 장소가 남자의 집이었다. 추석이 끝나고 다시 서울로 올라가는 날, 어머니와 오빠, 언니, 그리고 여동생과 함께 남자의 집을 찾아갔다.

사실 김오순은 마음을 가볍게 가지려는 생각 중에도, 만약 이 남자와 결혼을 하면 서울에 가 살리라 하고 막연히 기대했었다. 그 또래의 많은 여자들이 그렇듯이 시골 생활에 큰 흥미를 가지고 있지 못했던 것이다. 그런데, 선을 보러 가면서 어머니가 그제야 맞선 상대자의 조건을 밝혔다. 그는 시골에 살면서 가구 짜는 기술을 가지고 있다고 했다. 김오순은 시골에 산다는 말에 아쉬움이 컸지만 그렇다고 해서 맞선을 취소하고 돌아갈 수도 없는 노릇이어서 묵묵히 남자의 집으로 향했다.

그녀는 결혼한 후에야 남편이 된 그 남자가 시골에서 살게 된 내력을 알 수 있었다. 그 내력은 이랬다.

남편은 일찍이 서울로 올라가 농방에서 가구 짜는 일을 배웠다. 일을 배울 때는 농방의 주인이 남편에게 사업을 물려준다고 약속했다고 한다. 남편은 그 약속을 믿고 농방에서 여러 해를 보냈다. 하지만 정작 농방의 주인은 그 약속을 깨고 남편의 동료에게 사업을 넘겨주었다. 남편은 그것이 화가 나서 서울 생활을 정리하고 고향에 내려온 것이었다.

이후 남편은 고향에서 자신이 직접 농방을 차렸다. 그리고 주문을 받아 재료를 사고, 가구를 제작하고, 그것을 판매했다. 하지만 사람이 적은 시골에서 가구 제작 주문이 많을 리가 없었다. 김오순을 만날 당시 남편은 자신의 보험금을 넣기도 빠듯할 만큼 경제적으로 힘이 들었다.

어쨌거나, 시댁에서 지금의 남편인 이찬형 씨를 처음 만났다. 첫인상이 무척 순하고 착해 보여서 마음에 들었다. 남편도 김오순을 마음에 들어했다. 그래서 맞선을 보고 헤어진 후 데이트를 하자며 서울에 두 번이나 올라왔다.

인연이 닿으려고 그랬는지, 두 사람의 결혼은 빨리 이루어졌다. 추석 끝 무렵에 맞선을 보고, 그해 11월에 결혼식을 올린 것이다. 결혼 장소는 예식장을 겸하고 있는 면 사진관에서였다.

그녀의 시댁은 경제적으로 그렇게 넉넉하지 않은 형편이었다. 네 마지기 정도의 논이 있었고, 닷 마지기 정도의 밭이 있었는데 모두 남의 밭과 논을 빌려 짓는 일종의 소작 형태였다. 거기에 시아버지가 한국전쟁 참전 용사로 국가유공자로 지정되어 얼마간의 생활 지원금이 있었다. 사정이 이렇다 보니, 김오순은 결혼 후에 따로 살림을 차릴 수가 없었다. 그래서 시댁으로 들어가 생활했다.

시아버지와 시어머니는 독실한 크리스천이었다. 두 분은 점잖고, 예의 가 깍듯하며 주말이면 함께 교회에 다녔다. 이런 까닭에 김오순은 시집살 이라는 것을 애초에 모르고 생활할 수 있었다. 오히려 반대로 김오순은 성 격이 급하고 활달했기 때문에 두 분이 며느리의 눈치를 살필 정도였다.

그러던 어느 날이었다. 경찰관 두 명이 찾아왔다. 그들은 원풍노조와 관련하여 이것저것 물었고, 또 김오순이 어떻게 생활하고 있는지 동태를 살피려고 했다. 김오순은 태연한 중에도 경찰이 참 끈질기구나 하는 생각 을 했다. 그녀가 그런 생각을 했던 것은, 경찰이 벌써 세 번째 그녀를 찾아 왔기 때문이다.

첫 번째는 그녀가 원풍모방을 떠나와 이런 저런 일자리를 찾아 전전하 던 때로, 어느 날 그녀의 자취방에 느닷없이 형사 두 명이 들이닥쳤다. 그 녀가 잠을 자고 있던 새벽 2시경이었다. 경찰은 그때까지도 원풍노조의 상집간부들을 뒤쫓고 있었는데, 그 상집간부 중 한 명이 김오순과 함께 지 내고 있는 것은 아닌가 하는 의심을 하고 있었기 때문이다.

김오순은 그날 상황 파악도 제대로 안된 상태에서 잠잘 때 입는 셔츠와 반바지 차림으로 경찰서까지 끌려가야 했다. 경찰서에서 조사를 받고, 구 류를 살고, 그리고 각서를 쓴 연후에야 집으로 돌아올 수 있었다. 그녀는 무척 놀라고 억울했지만 하소연할 곳이 없었다.

그 후 그녀가 결혼을 얼마 앞두지 않은 상태에서 또 한 번 경찰이 찾아왔다. 그때는 그녀도 화가 나서 결혼을 얼마 남겨두지 않는 사람을 이렇게 뒤쫓아다니느냐고 화를 냈었다.

경찰이 다녀간 후, 남편과 시부모님은 김오순이 한때 원풍노조에서 활동한 이력이 있다는 것을 알게 되었다. 하지만 크게 신경 쓰지 않았다. 평소 그런 쪽에 관심이 없었던 데다가, 김오순이 그런 활동을 했다면 거기에는 그만한 사정이 있겠지 하고 막연히 생각했기 때문이다.

남편은 결혼한 이후, 경제적인 안정을 꾀하려고 다방면으로 노력했다. 그는 농방을 운영하는 동시에 시아버지와 함께 전부터 지어오던 담배 농사를 확장해서 짓기도 했다. 하지만 사정은 여의치 않았다. 그러자 남편은 그때부터 다시 목수 일을 배우기 시작했다.

김오순과 남편은 언제까지고 시댁에 얹혀살 수는 없었기 때문에 어쨌거나 분가를 해야 했다. 남편은 전세금을 마련하기 위해 목수 일을 배우자마자 서울로 올라갔다. 그리고 1년 6개월 만에 전세금을 마련해 다시 돌아왔다. 김오순은 그 돈으로 겨우 분가를 할 수 있었는데, 그때가 시댁에서 지낸 지 9년째에 이르던 해였다.

두 사람은 전주로 분가를 했다. 딸애는 초등학교 1학년에 막 들어갔고, 둘째 사내아이는 여섯 살이었다. 남편은 목수 일을 계속했다. 당시에는 집을 짓겠다는 사람이 많아 남편은 매우 바쁘게 지냈다. 그만큼 수입도 커서, 4년 만에 작은 평수지만 집도 장만하고 또 시부모를 위해 시골집도 다시 지을 수 있었다. 그러나 IMF가 터지면서 남편의 일도 급격히 줄어갔다. 그 후로 6여 년간 거의 일을 하지 못했다.

30년에 술 한 잔

김오순은 오랫동안 전업주부로만 지냈다. 그러나 남편의 수입이 거의 없다시피 하면서 자신도 생활 전선에 뛰어들지 않으면 안 되었다. 아들이 초등학교 4학년 되던 해에 전주대학교 근처의 식당에서 홀 서빙과 주방 일을 돕는 일을 시작했다. 함께 계를 묻던 친구가 소개해준 일자리였다. 일당은 2만 6000원이었다.

그녀는 그곳에서 2년 정도를 일했다. 그때쯤에는 남편의 일자리 사정이 점차 나아져 1년에 6개월 정도는 일을 할 수 있어 생활에 큰 문제가 없었기 때문이다. 하지만 아이들이 성장하면서 가계의 지출이 늘어났고, 김오순은 다시 일자리를 얻지 않을 수 없었다. 그때 식당 일을 소개해주었던 친구가 이번에도 도움을 주었다. 전북대학교병원에 청소하는 일자리가 있으니 알아보라는 것이었다. 김오순과 전북대학교병원과의 인연은 그렇게 시작되었다.

김오순이 전북대학교병원에서 청소 일을 시작한 것은, 1999년 3월쯤이었다. 당시 전북대학교병원은 다른 큰 병원들이 그렇듯이, 시설이나 주차, 청소 업무 등을 용역회사에 맡겨두고 있었다. 그래서 김오순도 용역회사를 통해 그 일을 맡을 수 있었다.

용역회사와 계약을 맺고 일을 한 것은 처음이었다. 그 때문에 원청과 용역회사와의 관계라든가, 용역회사와 용역원의 관계에 대해서 잘 알지 못했고, 계약 사항에 대해서도 자세히 알지 못했다. 그저 열심히 일하면 그만큼 보수가 나오려니 하고 있었다. 그러나 용역회사는 아무런 보수도 지불하지 않고 토요일과 일요일에도 수시로 일을 시켰다. 그녀는 점차 의혹이 생기기 시작했다. 그러던 중에 그녀가 의료보험조합 사무실을 찾아간 일이 있었다. 영세민의 경우 아이들 교육비에 국가의 일정 부분 보조가 있어서 의료보험 관련 서류를 떼러 찾아간 것이다.

그런데 그곳에서 우연히 알게 된 사실이 있었다. 1만 2000원 하는 의료보험비를 용역회사가 절반, 용역회사에 고용된 근로자가 절반을 내게 되어 있는데, 용역회사가 이를 전부 청소하는 아주머니들에게 전가하고 있었던 것이다. 또한 용역회사가 도급가의 70퍼센트는 당자에게 돌아가고 30퍼센트만 용역회사의 수수료로 떼어야 함에도 불구하고 실제로는 50퍼센트를 자신들의 몫으로 가져가고 있었고, 그렇기 때문에 청소를 하는 아주머니들은 때로는 법적인 최저임금에도 못 미치는 돈을 가져가고 있다는 것도 알게 되었다.

용역회사를 통해 일을 얻은 아주머니들은 대부분은 이런 사실들을 몰랐다. 그들은 그저 자신들이 배우지 못했고 나이가 많기 때문에 적은 급료를 받는 것이라고 생각했다. 모든 것을 용역회사가 합리적으로 잘 처리해줄 거라고 막연히 믿고 있었던 것이다. 또 그렇지 않다 하더라도 일자리를 구하기 쉽지 않은 터에 어지간한 일은 각오해야 한다고도 생각하고 있었다. 그런 불만을 이야기해봐야 개선된다는 확신도 없고, 자신만 일자리를 잃기 때문에 누구 하나 나서기를 꺼리고 있었다. 여기에는 또 다른 이유도 있었는데, 모두가 노조 활동의 경험이 없기 때문에 불합리한 상황 속에서 어떻게 그것에 대응해야 하는지 알지 못했던 것이다.

김오순은 원풍모방에서 활동하던 것들이 많이 생각났다. 그래서 혼자 이것은 이렇게 하면 좋지 않을까, 저것은 저렇게 하면 좋지 않을까 하는 생각들을 많이 했다. 그러나 그녀 역시 자신이 무엇인가를 기획해본 경험이 없기 때문에 어디서부터 시작해야 하는지 알 수 없었다. 막상 나서더라도 동료들이 따라줄까가 의문이기도 했다. 그녀는 용역회사가 정직하지 못하다는 것을 알고 있었지만 몇몇 동료들처럼 혼자서는 어찌해볼 수 없기 때문에 묵묵히 지낼 수밖에 없었다.

그렇게 3년여 정도 지난 어느 날이었다. 그녀는 치과에서 세 명의 동료와 함께 일하고 있었는데, 치과 조무사로 일하며 전북대학교병원노조에서 상근을 하던 한 조합원이 제안을 해왔다. 민주노총 전북본부 일반노조가 만들어지는데 조합원으로 가입해볼 의향이 있느냐는 것이었다. 그는 김오순이 원풍모방노조 경험이 있다는 것을 전해 듣고 제안을 했던 것이다.

그는 후에 전북대학교병원노조의 부지부장이 된 사람으로, 그가 그런 제안을 했던 경위는 이랬다. 2001년, 현재 민주노총 전북본부 일반노조의 나미리 위원장을 비롯한 몇몇 사람들이 민주노총 전북본부 일반노조를 만들기 위해 애쓰고 있었다. 그리고 이 과정에서 용역회사 파견노동자들의 노조 가입을 권장하고 있었다. 그 연장선 상에서 전북대학교병원 용역회사 파견노동자들에게도 일반노조에 가입할 의사가 있는 사람들이 있다면 함께하자는 통보를 해왔고, 그것이 김오순에게 전달되었던 것이다. 김오순이 그런 제안을 받았던 때는 이미 전북대학교병원 시설 쪽에서 몇몇 사람들이 일반노조에 가입해 있는 상태였다.

김오순은 동료 세 명과 함께 기꺼이 일반노조에 가입서를 냈다. 그것은 원풍노조를 통해 노조의 역할과 필요성을 잘 알고 있었기 때문이다. 그녀는 거부감이 없었던 것이다.

그 이후, 2002년 5월의 어느 날, 박명희와 김오순을 비롯한 몇몇 동료들은 점심시간을 이용해 비밀리에 노조에 가입되어 있지 않은 동료들을 교수 연구동의 쉼터에 불러 모았다. 동료들의 가입 원서를 받아 민주노총 전북본부 일반노조 대학병원지부를 출범시키기 위해서였다. 이때 50여 명의 동료들이 노조에 가입을 했다. 그들은 노조가 무엇을 하는 곳인지 어떻게 노조 활동을 하는 것인지 명확히 알지 못했지만, 자신들의 억울한 처지를 해결하기 위해서는 어떻게든 힘을 모아야 한다는 막연한 공감대가 있었다. 그러던 차에 몇몇 사람들이 앞장을 서주니 하나둘 뜻을 모았던 것이다. 노조 가입은 30~40여 분 만에 모두 끝이 났다. 노조에 대한 별도의 설명 없이 가입 원서를 제출하고, 작성하는 것으로 끝이 났던 것이다. 그렇게 짧은 시간에 한꺼번에 노조 가입이 이루어질 수 있었던 것은, 이미 박명희와 김오순을 비롯한 동료들이 노조에 가입한 것이 입소문을 통해 회자되고 있었고, 그래서 노조에 대한 이야기가 암암리에 퍼져 있었기 때문이다.

이렇게 지부가 꾸려지자, 용역회사인 청원을 상대로 불합리한 계약 관행을 개선하기 위한 단체협약을 제안했다. 한편으로는 의료보험비용 전가와 관련해 경찰에 고소를 했다.

지부는 출범한 지 얼마 되지 않았기 때문에 조직적인 체계가 잡혀 있지 않았고, 그래서 직책이 없었다. 하지만 박명희가 일종의 대표를 맡고 있었다. 김오순은 일을 시작한 지가 얼마 되지 않는 반면에, 박명희는 오랫동안 일을 해 많은 동료들을 알고 있었고, 또 리더십도 있었기 때문이다. 그런데, 의료보험비용과 관련해 경찰에 고소를 하고, 그 때문에 지부의 대표가 경찰서에 드나드는 일이 생기자 박명희는 대표의 역할을 마다했다. 나이가 많았던 박명희는 경찰서에 드나드는 것 자체를 두려워했던 것이다. 그때부터 김오순은 박명희를 대신해 일종의 대표 격으로 협상에 임했다.

민주노총 전북본부 일반노조 대학병원지부가 제시한 단체협약 내용은 의료보험비용을 파견노동자에게 전가한 것과 휴일수당 없이 휴일에 근무시킨 것에 대해서 배상을 하라는 것이었다. 또 임금을 법 규정에 따라 최저임금 이상으로 보장하라는 것과 상여금, 여름휴가비, 중식비, 연차 등을 제도화하라는 것이었다. 이것은 본래 계약 관계에서 기본이 되는 것들이었다. 하지만 용역회사는 파견노동자들이 대체로 나이가 많고 무학에다가 힘이 없는 아주머니들이라는 점을 이용해, 그동안 모르쇠했던 것이다. 그럼에도 불구하고 용역회사 측은 단체협약 요구를 세 번이나 거절했다. 용역회사는 어떻게든 자신들의 기득권을 놓치고 싶지 않았던 것이다.

급기야 전북대학교병원의 청소 아주머니들이 파업에 들어갔다. 이때 김오순이 주도적인 역할을 할 수 있었는데, 역시 원풍노조에서 활동하면서 보고 듣고 깨달았던 것들이 큰 도움이 되었다. 전북대학교병원의 원무과, 총무과 직원들은 본래 용역회사의 사정에 관심이 없었고, 또 용역회사를 통해 들어오는 인부들이 어떤 대우를 받는지에 대해서도 큰 관심이 없었다. 그러다가 청소하는 아줌마들이 파업에 들어가자 그제야 도대체 어찌된 일인가 하고 관심을 보이기 시작했다.

그들로서는 청소 아주머니들의 파업이 달갑지만은 않았다. 아주머니들이 일손을 놓을 경우 사무실이며 화장실, 병실 등을 모두 자신들이 청소해야 했기 때문이다. 그들은 노조 측이 괜한 분란을 일으키는 것은 아닌가 하는 반감과 의혹을 가지고 있었다. 지부에서는 그들의 의혹을 풀어주기 위해서 여러 차례 호소문을 보내고 청소 아주머니들의 월급 통장을 공개하기도 했다. 통장을 공개한 것은 용역회사가 원청의 하도급을 얼마만큼 가져가고, 청소 아주머니들에게 실질적으로 얼마만큼 주고 있는지 보여주기 위해서였다. 그제야 원청 직원들도 용역회사가 부당한 이득을 취한 사실을 알고, 파업을 하는 동안 응원을 해주기도 했다. 일반노조는 이렇게 원청 직원들을 설득해갔다.

용역회사의 입장에서는 이 모든 것이 괴로울 수밖에 없었다. 그들로서는 자신들이 이제까지 일방적으로 불법적 운영을 해온 사실이 드러나는 것에 대해 여러 모로 난처한 입장이었다. 또 하나는 원청인 전북대학교병원과의 관계였다. 원청의 입장에서는 용역회사와 청소 아주머니들과의 관계에서 법적으로는 제3자이기 때문에 상관할 필요가 없다고 여기고 있었지만, 여론과 대외적인 이미지상 분란이 많은 용역회사와 장기적인 계약을 맺고 갈 수는 없었다. 게다가 청소 아주머니들의 통장이 공개된 이후에는 심정적으로 아주머니들을 지지하고 용역회사를 비난하는 공감대가 있었다. 결국 이러한 사정 때문에 용역회사는 울며 겨자 먹기로 협상에 임할 수밖에 없었다.

협상은 모두 지부가 원하는 쪽으로 이루어졌다. 그들이 요구한 것이 이미 법적으로 보장되어야 했던 사안들이기 때문이었다. 이런 성과가 나타나자, 가장 놀란 것은 정작 청소 아주머니들이었다. 억울한 것이 많았기 때문에 노조에 가입을 했지만 그 기대는 막연했었다. 그런데 자신들이 노조를 만들고 단결하자, 전에는 불가능해 보였던 것들이 한순간에 해결되기 시작했던 것이다. 이것은 청소 아주머니들이 크게 각성하는 계기가 되었다.

김오순은 이후 지부장을 맡아 전북본부와 긴밀히 협의해나가는 한편, 동료들의 결집력을 강화해나갔다. 이때도 그녀에게는 원풍노조에서의 활동들이 큰 도움이 되었다. 그리고 이미 짜인 틀 속에서 참가했던 원풍노조 시절에는 깨닫지 못했던 부분들을 새롭게 깨달아갔고, 그래서 그때 이런 활동들이 필요했구나 하는 것도 점차 알아갈 수 있었다. 그녀는 조합원으로서 노조 활동에 참가한다는 것과 조합원들을 이끌어간다는 것이 전혀 다르다는 것도 그제야 어렴풋이 알 수 있었다.

현재 일반노조 전북대학교병원지부의 청소용역 조합원들은 85명 정도이고, 연령대는 대개가 60세 안팎이다. 그들은 그전에는 세상의 편견과 부당함에 대해 싸울 줄 몰랐지만, 노조를 시작하고 나서는 그런 것들에 관심을 가지기 시작했다. 또 자신들이 힘을 모으면 싸울 수 있다는 것도 알게 되었다. 그래서 그들은 그 어느 지부보다도 단결력이 좋다.

김오순은 노조 지부장을 맡은 이래 8년째 지부를 이끌어오고 있다. 본래 내규에는 지부장은 1년에 한 번씩 지부 조합원들의 선출에 의해 맡게 되어 있다. 하지만 그녀는 지부를 설립하고 단체협약을 하는 과정에서 마음고생을 했고, 주도적인 역할을 했기 때문에 지부 조합원들은 그녀를 오랫동안 신임해왔던 것이다. 그녀는 매년 지부장을 선출할 시기가 되면, 등을 떠밀린 단독 후보이기가 예사였다.

6년째에 되던 해에 그녀 외에 후보가 한 명 더 등록된 적이 있었다. 그녀는 자신이 너무 오랫동안 지부장을 맡아온 것은 아닌가 하는 생각이 들었다. 그리고 한때 노조 활동으로 인한 스트레스가 심했고, 집안 살림과 직장 생활로도 벅찼기 때문에 지부장을 인계하려고 했다. 하지만 조합원들이 그 후보는 지부가 어떤 고생을 해서 설립되었는지도 모르고, 여러 관계에 대한 파악도 미흡하기 때문에 다시 김오순을 추대했고, 김오순은 현재까지 지부장을 맡아오고 있다.

노조는 8년째에 접어들면서 많은 부분 안정이 되었다. 우선 상위 기관인 민주노총 전북본부 일반노조가 안정되었다. 일반노조는 어느덧 600여 명의 조합원들을 갖추게 되었다. 우성아파트에 본부 사무실을 두고 한 달에 한 번 각 산업 현장의 대표 조합원들이 회의를 한다. 그리고 1년에 두 번은 대의원대회를 열고 있다. 대의원은 15명에 1명꼴이다.

용역회사와의 관계도 안정되었다. 예전에는 원청에서 도급가가 나오면 용역회사에서 일방적으로 좌지우지했었다. 하지만 지금은 노조와 용역회사가 같은 테이블에 앉아 도급가를 배분한다. 도급가 중에서 세금으로 나가야 할 돈이 얼마이고, 그 외에 나가야 할 경비가 얼마이기 때문에 임금은 이 정도로 산정되어야 한다고 말할 수 있는 것이다. 또 신입을 채용할 때도 용역회사가 일방적으로 결정하는 것이 아니라 노조가 결정한다. 노조가 있기 전에는 생각지도 못했던 일이다.

그렇다고 해서, 청소 아주머니들의 처우가 급격히 개선된 것은 아니다. 여전히 노동 환경도 열악하고, 임금도 열악하다. 그래서 김오순은 작년 망년회에서 정년퇴임을 앞둔 동료 언니에게 '큰 회사에서 30년을 근무하면 표창이라도 받을 텐데, 언니는 30년을 근무하고도 아무것도 받아가는 것이 없으니 내 술이나 한 잔 받아가시오' 하고 씁쓸하게 술을 따라 준 적이 있다.

김오순은 지부장 자격으로 신입의 교육을 담당하고 있다. 그녀는 의식화 교육이 중요하다는 것을 알고 있지만, 여러 여건상 체계화된 교육이나 외부 강사를 초빙한 교육은 이루어지지 않고 있다. 김오순이 교육을 하는 부분은 주로 노동조합이 왜 필요한가, 그리고 자신들이 어떻게 노동조합을 만들고 또 이끌어왔는가 하는 부분이다. 또 조합원의 권리와 의무에 관한 것이다. 그녀는 원풍모방의 노동조합과 동료들 그리고 자신의 활동에 대해서 자주 이야기한다. 그것은 그녀가 그 시기를 통해서 변화되었다는 것을 그때에도 알았고, 그리고 지금에는 더 명확히 알고 있기 때문이다.

그녀는 최근에는 용역회사의 문제뿐만 아니라 원청의 문제에도 관심을 가지고 있다. 그것은 원청인 전북대학교병원이 용역회사에 지불하는 도급가를 동결하거나 낮추면서, 근본적인 생존 문제를 야기하고 있기 때문이다. 그런가 하면 일반노조에도 가입되어 있지 않은 많은 노동자들에 대해서도 관심을 가지고 있다. 그녀는 자신들의 경우 일반노조에 가입되어 있어서 노동자로서의 권리를 주장할 수 있지만, 똑같이 힘든 일을 하면서도 노조가 없기 때문에 아무런 권리도 주장할 수 없는 사람들이 많다는 것을 점차 깨달아가고 있는 것이다.

네 개의 의미

07 양태숙 이야기 이재웅

양태숙 1960년 경기도 양평군 강하면 운심리에서 태어났다. 열아홉 되던 해인 1978년 여름 원풍모방에 입사했다. 원풍노조의 개미그룹에서 활동했으며 총무를 역임하고 이후 2~3년간 대의원으로 활동했다. 스물두 살에 결혼해 남편과의 사이에서 딸 셋을 두고 있다. 현재 중장비임대업을 하는 남편을 도와 함께 일하고 있으며, '울타리'라는 친목모임을 통해 원풍노조 활동을 지속하고 있다.

외딴집의 말괄량이

양태숙은 1960년에 태어났다. 경기도 양평군 강하면 운심리라는 작은 시골 마을이었다. 집은 마을에서 조금 떨어진 외딴집이었다. 그녀는 다섯 남매 중 넷째였다. 부모님 밑에 언니와 오빠 둘, 그리고 양태숙과 남동생이 있었다. 그녀의 조부모는 슬하에 3남 4녀를 두었다. 딸들은 모두 출가하여 운심리를 떠났고, 양태숙의 아버지를 비롯한 세 형제는 운심리에 남아 살아가고 있었다. 아버지는 세 형세 중 둘째였다.

어린 시절 그녀의 집은 가난했다. 하지만 어릴 때는 가난을 크게 느끼지 못했다. 그녀가 가난을 직접적으로 느낀 것은 초등학교 고학년에 올라가면서였다. 그 무렵 집에서는 감자 가루로 만든 수제비나 개떡을 밥 대신 먹곤 했는데, 그녀는 그것이 무척이나 싫었다. 그럼에도 불구하고 그것으로 끼니를 때울 수밖에 없다는 것을 알게 되면서 서서히 가난이라는 것에 눈을 뜨게 된 것이다.

또래의 마을 아이들은 그녀를 부잣집 딸로 생각했다. 그것은 평소 그녀가 부잣집 딸처럼 옷을 차려입고, 또 신발을 신고 다녔기 때문이었다. 당시 그녀가 입고 다녔던 옷이며 신발은 사실 고모가 가져다준 것이었다. 고모는 양태숙과 몇 살 차이 나지 않는 아이들이 있어, 그 아이들이 커서 못 입게 된 옷과 신발을 가져다주곤 했던 것이다.

가족이 가난했던 데에는 여러 가지 이유가 있었다. 그중 하나는 아버지 때문이었다. 천성이 무르고 인정이 많은 데다, 재물에 대한 집착이 없었다. 두 가지 나쁜 습성도 있었다. 하나는 술이었다. 많이 마시지는 못했지만 술을 좋아했고, 또 술자리 분위기를 좋아해서 자주 술을 마시곤 했다. 또 하나는 노름이었다. 아버지는 노름판에 자주 끼어들었는데, 노름빚 때문에 부모로부터 물려받은 전답을 잃기도 했다.

양태숙과 그의 남매들은 아버지의 나쁜 습성을 어린 시절부터 보아왔기 때문에, 노름을 가까이 한 사람이 없었다. 그런데 나이가 들수록 유달리 가족 전부가 화투를 좋아하는 것이었다. 그래서 가족들이 명절에 모여 화투 삼매경에 빠져들 때면, 아버지를 닮아 우리들이 화투를 좋아하는 모양이라고 너스레를 떨곤 한다.

아버지의 이런 허물에도 불구하고, 고모나 친척들은 세 형제 중에서도 그녀의 아버지를 좋아했다. 천성이 착하고 인정이 많았기 때문이었다. 고모나 친척들은 운심리에서 하루 혹은 며칠씩 묵을 일이 생기면 작은아버지나 큰아버지의 집에 가지 않고, 집이 좁아 불편한데도 불구하고, 그녀의 아버지를 찾아와 신세를 지곤 했다. 그때마다 아버지는 고모나 친척들을 소홀히 해서 보내는 법이 없었다. 없는 살림에도 이것저것 보따리에 싸서 손에 들려줬던 것이다.

아버지가 돌아가신 것은, 다섯 남매가 모두 장성하여 가정을 꾸린 어느 추운 겨울날이었다. 무슨 까닭인지 그해 아버지는 유독 다섯 남매의 집을 빠짐없이 방문했다. 그리고 여느 해와는 다르게 어머니에게도 잘해 주었다. 평소 지병이 있는 것이 아니었기 때문에 가족들은 그것을 특별히 이상하게 여기지는 않았다. 그저 나이가 들면서 가족들을 위하는 마음이 더 커졌으려니 했다. 그런데 다섯 남매의 집을 방문한 지 일주일 만에 아버지는 세상을 등졌다. 언 강으로 친구네 그물 걷는 일을 도와주러 갔다가 얼음이 깨지는 바람에 사고를 당했던 것이다. 그제야 가족들은 아버지가 그해 보여주었던 언행을 떠올리면서, 아버지가 죽음을 예견한 것은 아닐까 하고 놀라워했다.

아버지가 돌아가신 후, 어머니는 시골의 논과 밭을 처분했다. 그리고 그 돈을 큰오빠네 집을 사는 데 일부 보태고, 남동생 결혼 비용과 산본에 조그만 아파트를 사는 데 사용했다. 그 후 어머니는 큰오빠네 집으로 들어갔다.

어쨌거나 아버지의 그런 성정 탓에 양태숙의 어린 시절, 어머니가 생계의 많은 부분을 떠맡지 않으면 안 되었다. 하지만 어머니 역시도 생활력이 강한 편은 아니었나. 무엇보다도 농사를 짓는 데 서툴렀다. 어머니가 시골에서 태어나긴 했지만 막내딸이었기 때문에 험한 들일을 해본 적이 없었기 때문이다. 그래서 보따리 행상을 하거나 콩이나 이불 따위 등을 머리에 이고 이 동네 저 동네를 떠돌며 장사를 해서 가족들을 부양했다.

어머니는 음식 솜씨가 좋았다. 그래서 동네 잔칫집에 자주 불려가곤 했다. 그런가 하면 매사에 깔끔한 성격이어서 늘 단정한 외모에 깨끗한 옷차림이었다. 당시 시골에서는 농사철이면 남녀노소를 불문하고 옷에 땀 냄새와 흙먼지가 마를 날이 없었고 피부도 햇볕에 새까맣게 그을렸기 때문에, 어머니의 외모와 옷차림은 부잣집 마나님 같은 인상을 주었다. 결국, 이유야 어찌되었건 간에, 아버지나 어머나나 모두 억척스러운 사람들이 아니었다. 그래서 어려운 살림은 더욱 기울 수밖에 없었다.

이런 가난 속에서도 양태숙은 활기차고 명랑하게 자랐다. 그것은 그녀가 본래 외향적인 성격이었기 때문이다. 어떤 면에서 그녀는 말괄량이였다.

그녀는 승부욕이 강했다. 일례로, 술래잡기를 하거나 야코잡기(편을 갈라, 한편은 집단 술래가 되고 다른 한편은 도망자가 되는 단체놀이) 등을 할 때면 지기가 싫어 시시때때로 고집을 부리곤 했다. 그때, 그런 그녀를 가장 잘 이해해주던 친구가 신필수라는 동네 친구였다. 신필수는 양태숙보다 세 살이 많았기 때문에 어린 그녀를 이해해주었던 것이다. 나이 차이에도 불구하고, 두 사람이 친구 관계였던 것은 신필수가 어려운 가정 형편과 그에 따른 잦은 이사로 교과과정을 제대로 이수하지 못해 양태숙과 같은 학년이었기 때문이었다.

그녀는 어린 시절 이런저런 사고를 많이 쳤다. 큰아버지 집에는 큰 살구나무가 한 그루 있었다. 길 바로 옆에서 자라고 있었는데, 작은오빠와 함께 곧잘 그 살구나무 밑에서 돌이며 나뭇가지를 던져 살구를 따 먹곤 했다. 하루는 그녀와 작은오빠가 돌멩이를 던졌는데 그중 하나가 사촌동생의 이마에 맞아 크게 다쳤고, 그 이마의 흉터는 아직까지 지워지지 않았다.

그녀가 작은오빠를 크게 다치게 한 일도 있었다. 본래 작은오빠는 어려서부터 기민하고 눈치가 빨라 무슨 일을 하든 요령이 좋았다. 하지만 그만큼 익살스럽고 장난이 심하기도 했다. 당시 양태숙의 큰언니는 돈을 벌러 외지에 나가 있었다. 작은오빠는 큰언니의 목소리를 흉내내 어머니를 마당까지 불러내곤 했다. 그런가 하면 어머니가 숨겨둔 꿀이나 곶감, 엿 등을 찾아내 몰래 먹고는 시치미를 떼곤 했다.

하루는 작은오빠가 양태숙을 놀렸다. 양태숙은 작은오빠를 잡아서 혼내주려고 했지만, 작은오빠가 워낙 빠르고 날랬기 때문에 포기할 수밖에 없었다. 한참 후 작은오빠는 양태숙을 놀렸던 일이며, 또 자신이 도망치던 일을 까마득히 잊고 부엌에서 소죽을 쑤고 있는 것이었다. 양태숙은 기회는 이때이다 하고 마루 밑의 호미를 던졌는데, 호미 날이 오빠의 머리에 맞아 머리가 피범벅이 되었다. 그 일로 양태숙은 큰오빠에게 무척 혼이 났는데, 지게 작대기로 넓적다리 등을 맞아 그 흉터가 지금까지 남아 있다.

그녀는 외딴집에 살았기 때문에 대부분 마을에 나가 놀기보다는 집 주변에서 놀 수밖에 없었다. 자연히 마을 아이들보다는 세 살 터울이 지는 작은오빠와 바로 밑의 남동생과 자주 어울렸다. 또 집 근처에 육촌 친척집이 있었는데, 그곳에도 또래의 사내아이들이 있어서 그들과도 자주 어울렸다. 결국 그녀는 동네에 나갈 때가 아니면 사내아이들과 어울려 놀며 시간을 보낸 셈이었다. 그래서 딱지치기나 구슬치기, 자치기 같은 사내아이들이 즐겨하는 놀이를 주로 했다. 어린 시절의 그녀는 어떤 면에서는 사내아이 같은 여자아이였다.

강하면 운심리는 한강의 지류가 흐르는 곳이었다. 그래서 마을 아래에는 훗날 팔당댐이 지어졌다. 당시 강 건너 동네의 한 아이의 집에 쪽배가 하나 있었다. 동네 아이들은 밤이면 그 배를 이용해 뱃놀이를 즐기곤 했다. 어둠 속에서 아이들이 작은 배에 옹기종기 올라타고, 달빛을 의지해 배를 저어 나가는 것이다. 짓궂은 사내아이들은 간혹 배를 뒤엎어서 여자아이들을 골탕 먹이곤 했다.

강 중앙에는 샛강이라는 작은 섬이 있었다. 그녀는 그곳에도 자주 놀러 갔다. 당시에는 팔당댐이 들어서기 전이어서 샛강을 중앙에 두고 흐르는 강물의 수심이 깊지 않았다. 그래서 언제든 걸어서 드나들 수 있었던 것이다. 그곳은 풍광이 아름답고 모래사장이 넓어 휴가철이면 많은 사람들이 찾아오는 피서지 중 하나이기도 했다.

여름방학이 되면, 동네 아이들과 함께 가까운 곳으로 소풍을 가기도 했다. 소풍을 가서 조개나 달팽이를 잡고, 미리 준비해온 쌀과 반찬으로 밥을 해 먹거나, 옥수수나 감자를 쪄 먹었다. 친구들과 밤 마실도 자주 다녔는데, 서로의 집을 돌아가며 방문해 때로는 참외나 토마토 등의 과일을 서리해 먹기도 했다.

4학년에 때는 평생 잊지 못할 선생님을 만났다. 정덕수라는 젊은 여선생님이었다. 선생님은 대학을 졸업하자마자 처음 그 학교로 부임해 왔던 것이다. 선생님은 젊었고, 또 처음으로 학생들을 맞았기 때문에 의욕이 넘쳐났다. 그래서 숙제도 많이 내주었고 학생들의 관리에도 철저했다. 한편으로는 자신의 첫 학생인 아이들을 동생처럼 아끼고 사랑했다.

가정방문 때는 학생들과 함께 방문하곤 했는데, 양태숙은 선생님을 좋아했기 때문에 자주 따라나서곤 했다. 그때는 가정방문을 가면, 학부모들은 없는 살림이었지만 감자떡이나 개떡, 고구마나 감자 등을 내놓기도 했다. 선생님은 자주 아이들을 데리고 개울가에 나가 함께 물장구를 치기도 했고, 또 산책을 다니면서 오디와 버찌를 함께 따 먹기도 했다. 양태숙은 그 여선생님을 오랫동안 잊지 못하고 결혼한 후에도 여러 번 찾아뵈었다.

최초이자 마지막 가출

양태숙에게 어린 시절은 한없이 자유롭고 즐거웠다. 그녀는 가난했고, 또 가난하다는 것을 알았지만 그것이 그녀의 명랑함과 쾌활함을 훼손시킬 수는 없었다. 하지만 중학교에 들어가면서부터는 조금씩 가난이라는 것과 정면으로 맞닥뜨리지 않으면 안 되었다. 우선 가난한 집안 환경 때문에, 초등학교 졸업 후 학업을 중단해야 하는 처지에 놓이게 되었다. 하지만 학업을 그만두고 싶지 않았기 때문에 고집을 부렸다. 그래서 당시 양장점 기술이 있던 고모가 교복을 맞춰주고, 또 간신히 입학금만 마련해 중학교에 등록을 할 수 있었다.

그녀는 운심리의 강 건너편에 있는 국수중학교에 입학했다. 운심리와 그 일대의 학생들은 모두가 통통배를 타고 강을 건넜고, 강 건너편에 도착해서는 산길을 걸어서 학교에 갔다. 통통배는 한 마을에서 1년에 쌀 몇 말씩을 주고 운영하는 것이었다. 통학 시간은 20여 분 정도였다.

양태숙은 등굣길이 즐거웠다. 다른 아이들과 수다도 떨 수 있었고, 무엇보다도 산길의 풍광이 아름다웠기 때문이다. 등굣길에 버찌나 보리수 열매를 따 먹기도 하고, 힘들면 그늘에서 쉬었다가 다시 걷기도 했다. 그녀에게 등굣길은 즐거운 산책과도 같았다.

때로 비바람이 심한 날에는 통통배가 운용될 수 없었다. 학교에서는 그런 사정을 알고 있었기 때문에 비바람이 치는 날은 강 건너의 학생들이 출석하지 않아도 결석으로 처리하지 않았다. 그러나 양태숙은 그런 날에도 1시간 정도를 걸어서 양평까지 가고, 그곳에서 다시 버스를 타고 학교에 가곤 했다. 그야말로 기를 쓰고 학교에 갔던 것이다.

하지만 학교생활이 즐겁지만은 않았다. 중학교에 가서도 가난의 압박은 여전해서 월사금을 제때에 내지 못하는 경우가 허다했다. 도시락도 간신히 싸 가는 형편이었는데, 춘궁기가 되면 그마저도 여의치 않았다.

그녀는 도시락으로 꽁보리밥을 싸가곤 했다. 어려운 시절임에도, 학생들 중에 꽁보리밥을 도시락으로 준비해 오는 친구는 없었기에 그것이 더없이 부끄러웠다. 누가 볼까 봐 한 숟갈을 뜨고 도시락을 가리고, 또 한 숟갈 뜨고 도시락을 가리곤 했다. 양태숙은 중학교에 입학한 후에야 자신의 가난을 실감할 수 있었다.

동네에는 오촌뻘의 친척이 있었다. 오촌 아저씨는 면사무소에 다니는 공무원이었다. 양태숙은 월사금을 내야 할 때가 되면, 종종 그 집에 돈을 꾸러 가곤 했다. 그녀는 부끄러운 중에도 어째서 우리 집은 돈이 없고, 오촌 친척 집에는 돈이 있을까 하고 생각하곤 했다.

아버지의 두 형제가 한마을에 살았고, 또 어렵지 않게 살았지만, 양태숙네 가족을 돌아보지는 않았다. 작은아버지는 욕심이 많은 사람이었다. 큰아버지는 이렇다 저렇다 내색을 하지 않았지만 큰어머니는 이기적이고 인색했다. 큰어머니는 양태숙네 가족이 어렵다는 것을 알면서도 재산 분할 과정에서 양태숙의 아버지에게 몫을 떼어줬다 하고 도움을 주는 일이 없었다.

남동생은 큰집 조카애(큰아버지의 손자)와 같은 또래여서 자주 마을에 가서 놀곤했다. 그러다가 배가 고프면 큰집에 가곤 했는데, 큰어머니는 그때마다 구박을 하고 눈치를 주곤 했다. 또 먹을 것은 감추어두었다가 자신의 손자에게만 주곤 했다. 심지어는 제삿날의 떡이나 과자, 사탕 따위도 제사가 끝나자마자 모두 감추었다가 손자에게만 주었다. 이런 까닭에 남동생은 더 이상 그 집에 드나들지 않았다.

당시 살아계셨던 할머니만이 양태숙 가족의 어려운 처지를 불쌍하게 여기고 있었다. 그녀는 치맛자락에 쌀이나 콩을 싸매고, 큰아버지나 동네 사람들의 눈을 피해 몰래 산길을 둘러 와서는 양태숙의 집에 가져다주곤 했다. 또 고모들이 건네주는 용돈을 모아두었다가 남몰래 양태숙의 남매들에게 건네주곤 했다.

초등학교 시절 양태숙은 더없이 명랑하고 쾌활한 아이였지만 중학교에 들어가서는 얌전하고 조용해 남에 눈에 잘 띄지 않는 학생 중 한 명이었다. 점차로 내성적이고 우울한 아이가 되었던 것이다. 선생들조차도 그녀의 이름을 모르는 경우가 많았다. 하지만 체육 담당 선생님만은 그녀를 무척 귀애했다. 다른 친구들이 체육 선생님의 편애를 부러워할 정도였다.

체육 선생님은 무척 엄격했다. 그는 군대식 방식으로 수업을 진행해나갔다. 학생들이 수업 시간에 늦게 운동장에 나오면 혼을 냈지만 양태숙에게만은 예외를 두곤 했다. 또 체육 시간에는 종종 학교 앞 고갯길을 선착순으로 돌아오는 벌칙을 부여하곤 했는데, 양태숙이 늦게 도착하면 모른 칙하고 넘어가기도 했다. 아이들은 이것을 두고 체육 선생님이 양태숙을 좋아한다고 놀리기도 했다.

양태숙은 중학교 시절, 처음으로 이성적으로 호감이 가는 남학생을 남몰래 가슴에 품기도 했다. 2학년 때 자신의 옆에 앉았던 짝꿍이었다. 그 아이는 평범한 외모에 늘 조용한 성격이었다. 성적이 좋지는 않았지만 한문만은 뛰어나게 잘했다. 양태숙은 그 아이가 무엇 하나 매력이 없다는 것을 알고 있었지만, 이상하게 마음이 끌리는 것은 어쩔 수 없었다. 중학교 졸업 후에도 그 친구의 소식이 궁금했다. 동네도 알고 있어 한 번쯤 찾아가보고 싶기도 했다. 하지만 용기를 내지 못했고, 결국에는 그저 추억의 감정이 되고 말았다.

양태숙은 어렵사리 중학교를 졸업할 수 있었다. 그러나 고등학교 입학은 무리였다. 고등학교를 가고 싶어서 고등학교 입학시험을 치르고 또 합격까지 했지만, 이번에야말로 가난 앞에서 좌절하지 않을 수 없었다. 양태숙의 오빠들 역시도 어려운 가정환경으로 중학교 졸업에 그쳤기 때문에, 자신의 고집만 내세울 수는 없는 입장이었다.

고교 진학이 좌절되자 졸업을 앞둔 12월경, 자신과 다를 바 없는 사정으로 고교 진학의 꿈을 포기해야 하는 동네 친구 둘과 함께 서울로 도망을 했다. 일종의 가출인 셈이었다. 그들이 서울로 가출한 것은, 서울과 양평이 거리가 멀지 않아 그 전에도 서울로 여러 번 나들이를 갔었고 또 친구의 친척 집도 있었기 때문이다. 무엇보다도 양평에서 함께 학교를 다니다가 서울로 전학 간 옥녀라는 친구가 천호동에서 살고 있었다. 가출 경비는 멤버들 각자가 집에서 몇 만 원씩 훔쳐 나온 것으로 충당했다.

세 사람은 가출은 했어도 마땅한 계획이 없었고 뚜렷한 목적도 없었기 때문에 서울의 대공원에 놀러 가는 등 서울 곳곳을 돌아다니면서 며칠을 보냈다. 그리고 집으로 돌아갔을 때, 이미 고교 입학식 같은 행사는 모두 끝나 있었다.

약품 회사의 급사

고교 진학이 어렵게 된 양태숙과 친구들은 각자의 진로를 모색해야 했다. 진로래야 두 가지뿐이었다. 마을에 남아 농사를 짓던지, 아니면 타지로 나가 돈벌이를 하는 것이었다.

양태숙은 서울에서 돌아온 후 집에 얼마간 머물렀다. 그러다가 집을 떠나 부천으로 갔다. 부천 소사동에는 아홉 살 나이 터울이 지는 언니가 결혼해 살고 있었다. 양태숙은 그곳에서 지내며 직장을 구하자고 작정했다.

당시 언니는 서른 언저리로 애 둘이 있었다. 형부는 인근의 백시멘트라는 회사의 공장에 다니고 있었다. 언니네 역시 생활이 어렵기는 마찬가지였다. 다락방이 하나 딸린 단칸방에 살고 있었는데, 다락방은 양태숙에게 내주고 단칸방에서 네 식구가 지냈다.

언니와 형부는 자주 싸웠다. 그때마다 이혼하자는 말이 오갔다. 양태숙은 싸우는 모습이 보기 싫었고, 그렇게 싸우고 이혼을 한다고 하면서도 또 그렇게 살아가는 두 사람이 이해가 되지 않았다.

양태숙이 언니네 집에 있으면서 구한 첫 직장은 부천 은광여고 앞에 자리잡은 문방구였다. 은광여고의 선생님이 운영하던 것으로, 그곳에서 숙식을 해결하기로 하고, 또 약간의 급료를 받기로 하고 종업원으로 일하게 된 것이다. 오늘날로 말하면 아르바이트 정도였다. 그녀는 그곳에서 고작 한 달 정도 일했을 뿐이었다. 매일 같은 또래 여학생들이 교복을 입고 학교에 다니는 모습을 지켜보는 것이 너무도 속상했기 때문이다.

때마침 언니네 집 근처에는 약품회사가 하나 있었는데, 그곳에서 생산직 직원을 구한다는 공고를 냈다. 양태숙은 그것을 보고 그 약품회사에 취업을 했다.

그 공고는 본래 생산직 직원을 구하는 것이었다. 하지만 양태숙은 예쁘장하고 똘똘한 외모였기 때문에 사무실의 급사로 재배정되었다. 급사는 일종의 사무보조직으로 사무실을 청소하고, 심부름을 하고, 전화를 하고, 점심시간이 되면 벨을 울리는 일들을 담당했다. 사무실에는 부장과 과장 세 명, 그리고 경리 보는 언니 등 일곱 명 정도가 일했다. 부장과 과장은 모두 약사 출신으로 점잖고 신사적인 사람들이었다. 월급은 적었지만 일이 힘들지 않았고, 사무실의 환경이 좋았기 때문에 그녀는 즐거운 기분으로 일할 수 있었다. 그녀는 그곳에 일이 년 정도를 다녔다.

그녀는 경리 언니와 친했는데, 어깨너머로 세금계산서 처리 등 여러 잡무들을 익힐 수 있었다. 이것은 결혼 후 남편이 장비임대업을 시작할 때, 남편을 도와 여러 금전 관리를 하는 데 보탬이 되었다.

그녀는 사무실에서 일했지만, 공장에도 자주 갔다. 급사의 업무상 심부름을 자주 다녀야 했고, 그 과정에서 반장 언니들과 같은 간부들과 친분이 두터웠기 때문이다. 그녀는 이렇게 현장에 드나들면서 현장에서 발생하는 부당한 대우들을 많이 볼 수 있었다.

예를 들면, 과장의 개인적인 기분으로 반장 언니들을 함부로 다룬다거나, 여러 가지 이유로 수당이 떼인다거나, 조장이나 반장의 권력 앞에 노동자들이 꼼짝을 못한다거나 하는 것이었다. 회사에서는 생산직 노동자들의 임금 중 일부를 의무적으로 떼어 저축을 하도록 했는데, 현장을 떠난 노동자들이 이것을 찾아가지 않는 것도 있었지만 동시에 돌려주지 않으려는 것도 있었다.

작업 환경도 무척 열악했다. 회사에서는 의약품을 주로 생산했는데, 일부 공정의 생산 현장은 악취가 심해 현장에서 일하던 노동자가 회사를 퇴근해 버스를 타면 승객들이 그 노동자의 주변에 오지 않을 정도였다. 그런데도 현장을 개선해야 한다고 말하는 사람도 없었고, 또 그것을 감히 말할 수 있는 분위기도 아니었다. 양태숙은 어린 나이에도 이 모든 것이 부당하게 보였다. 또한 이 부당함이 왜 그대로 지속되는지 이해할 수 없었다.

그녀는 월급을 받으면 큰언니에게 가져다주었다. 큰언니가 양태숙이 시집갈 때까지 월급을 관리해, 결혼 자금으로 돌려주기로 했기 때문이다. 실제로 큰언니는 그 돈을 모아 소를 구입해 시골집에 보냈다. 당시 소값은 상당해서 소를 팔아 대학을 보낼 정도였다. 이 돈이 결혼 즈음에는 화근이 되었다. 양태숙 밑으로 대학에 다니는 남동생이 있었고, 언니와 큰오빠는 그것으로 동생의 학비를 삼고 가계의 살림을 유지하려고 소를 팔려고 하지 않았기 때문이다. 양태숙은 그것이 억울해서 가족들과 불화를 일으켰다. 특히 가족들 입장을 대변하던 언니와는 큰 소리를 내며 싸웠다. 언니는 이것이 또 불만이어서 동생 결혼식에 참석하지 않으려고까지 했다.

원풍모방과의 인연과 활동

양태숙은 약품회사에서 일하는 것이 즐거웠지만, 월급이 적었고, 좁은 다락방에서 지내는 것도 힘이 들었기 때문에 독립을 하고 싶어했다. 그래서 어떻게 하면 월급이 좀 많은 곳으로 가고 큰언니로부터 독립도 할수 있을까 고민을 하다가, 1978년 7월 무렵 원풍모방으로 옮겨갔다.

양태숙과 원풍모방과의 인연은 아주 우연하게 시작되었다. 약품회사에 다니던 시절, 출퇴근길에 늙수그레한 사내와 자주 마주쳤다. 사내는 서른 중반의 유부남으로 원풍모방이 있던 대림동의 작은 의원 원무과에서 근무하던 사람이었다.

양태숙은 출퇴근길에 자주 마주치는 사내에게 어느 날부터인가는 꼬박꼬박 인사를 했다. 사내는 인사성 밝은 그녀의 모습을 기억하고 있다가 양태숙의 고민을 알고는, 원풍모방에 취직자리를 소개시켜주고 또 힘도 써주었다. 사내가 힘을 써줄 수 있었던 것은 근무하던 의원이 원풍모방의 지정 병원이었기 때문이다. 그러한 사정으로 그녀의 입사 동기들은 4월에 원풍모방에 들어갔지만, 그녀는 7월에 입사할 수 있었다.

양태숙은 그 사내가 자신을 원풍모방에 소개시켜주고 취업할 수 있도록 힘써준 것을 단순히 인간적인 호의로 받아들였다. 또 그 때문에 고마움을 느끼고 있었다. 하지만 원풍모방으로 옮겨온 후 그녀는 사내가 자신에게 이성적인 감정을 품고 있다는 것을 알았다. 어느 날엔가 사내가 그것을 고백해왔던 것이다. 양태숙은 사내의 호의를 거절했고, 그 역시 유부남이었기 때문에 더 이상 그녀에게 접근하지 않았다.

그녀는 원풍모방으로 입사한 후 언니네로부터 하루 빨리 독립을 하고 싶었다. 하지만 기숙사에 빈자리가 나지 않아 한 달 정도는 부천 소사동에서 서울 대림동까지 출퇴근을 해야 했다.

그녀는 입사를 하자마자 수정부로 배치를 받았다. 수정부는 작업 공정 중 검사 이전의 마지막 단계로, 직포의 올이 나가면 그 올을 수정도 하고 짜깁기도 하는 곳이었다. 그곳에서는 열두 명 정도가 일했다.

그녀는 그곳에서 정선순을 만났다. 그리고 노동조합에 대해 알게 되었다. 양태숙은 약품회사에 다니는 동안 노동조합에 관한 이야기를 들어본 적이 없었기 때문에 무척 놀랐다. 그러면서 사람답게 사는 것을 배울 수 있다는 것을 서서히 깨달았다. 그리고 약품회사 사람들이 부당한 대우를 받으면서도 그것에 적절하게 대응하지 못했던 것은 노동조합을 몰랐기 때문이라는 것도 알 수 있었다.

이렇게 노동조합에 대한 관심이 끌리면서 양태숙은 노동조합의 교육과 노동조합이 주최하는 다양한 모임에 적극적으로 참여했다. 예를 들면, 수련회나 목요기도회, YWCA, 명동성당 모임 같은 것들이었다. 뿐만아니라 시간이 날 때마다 친구들과 어울려 모임을 하고 놀러도 다니고, 또 산에 다니기도 했다. 그녀는 훗날 소그룹의 총무를 맡기도 했고, 나중에는 노동조합의 대의원을 맡기도 했다.

이러한 과정에서 그녀는 동료 노동자들과 동지애를 느끼고, 또 인간답게 사는 것과 정의롭게 사는 것을 배웠다. 마음속으로 크게 깨닫는 것도 많았다. 사실 원풍모방에 입사할 때까지도 그녀는 학교 진학에 대한 꿈을 포기하지 않고 있었다. 가슴 한 켠에 학교 진학을 꿈으로 두고 있었지만 원풍에 들어가 노동조합 활동을 하면서 그 꿈을 접었다. 노동조합 활동을 하면서 학교보다 더 많은 것을 배우고 있다고 여겼기 때문이다. 이 모든 것들이 진학에 대한 꿈보다 더 크게 다가왔던 것이다.

노동조합이 그 어느 때보다 안정된 시절이었다. 지부장과 간부 언니들 그리고 양태숙과 같은 평회원에 이르기까지 탄탄한 조직력을 갖추고 있었고, 어떤 면에서는 가장 선진적인 체계를 갖추고 있었다. 또한 현 조합원들과 원풍모방을 떠난 조합원들의 관계도 돈독해, 체육대회를 하는 날이면 옛 직원들과 간부들까지도 원풍모방인의 이름으로 함께 참여할 정도였다. 양태숙은 그런 모습들이 너무 좋았기 때문에, 자신도 원풍모방을 떠나고 결혼을 한 후에도 원풍모방인의 이름으로 체육대회에 참여하리라 하고 생각했다.

노동조합의 안정만큼이나 그녀의 일상도 평화로웠다. 원풍모방에서 친구들을 사귀고, 또 그들과 더불어 즐거운 시간을 보냈다. 기숙사에 머물던 시절, 외출에서 돌아온 친구가 하드며 과자를 사 오고 동료들이 그것을 먹는 만큼 돈을 지불하는 일명 가보식이라든가, 떡라면을 먹으러 대림시장의 식당을 찾아가던 일들은 지금까지도 좋은 추억으로 남아 있다.

양태숙은 이런 평화로운 일상 속에서 노동조합의 여러 활동에 열심히 참여했다. 노동조합은 소그룹별로 조합원들의 관계를 다지고 있었는데, 양태숙은 개미그룹에서 활동했다. 개미그룹은 수정부 사람들로만 꾸려진 소그룹이었다. 양태숙은 개미그룹 사람들과 함께 산업선교회에 나가 꼿꼿이 강의를 듣기도 하고, 또 의식화 교육을 받기도 했다. 소그룹 내에서도 특히 마음에 맞는 동료들이 있었는데, 이 모, 강 모, 박 모 등이었다. 그들은 양태숙을 비롯해 모두 여섯 명이었는데, 두 명씩 동갑내기였으므로, 두 명씩 세 그룹이라는 뜻에서 구구단에서 빌어온 '삼이륙'이라는 모임을 결성하기도 했다. 이 마음 맞는 멤버들과는 딸기밭이나 포도밭을 찾아가서 놀기도 하고 주말이면 산행도 함께 다녔다.

그녀는 의식이 성장하면서 노동자로서 억울하게 당하고 살지는 말자는 의식도 생겼다. 그런 까닭에 콘트롤데이타와 같은 노동 시위의 모임이나 행사에도 적극적으로 참여했다.

노동조합의 의식화 교육은 수련원 교육을 통해서 집중적으로 이루어졌다. 양태숙은 여기에도 적극적으로 참여했는데, 교육 과정의 한 프로그램인 촛불 의식 등을 통해 원풍모방의 많은 노동자들이 자신과 비슷비슷한 환경에서 성장했고, 또 성장하고 있음을 알 수 있었다. 이것은 동료들을 이해하고 그만큼 돈독해지는 계기가 되기도 했다.

그녀는 개미그룹의 총무를 거쳐, 스무 살에 노동조합의 대의원이 되었다. 노동조합 활동에 적극적이었기 때문에 같은 부서의 동료들이 대의원으로 추천했던 것이다.

그녀는 대의원 활동을 2~3년 동안 했다. 대의원은 노동조합의 전달 사항을 일반 평회원들에게 전달하고 일반 평회원의 입장을 노동조합 간부들에게 전달하는 중간자 역할이었는데, 그녀는 자신이 대의원으로 활동한다는 것이 더 없이 기뻤다.

이러한 모든 원풍노조의 활동들은 그녀의 세계관 전반을 바꿔놓았다. 그녀가 교육받았던 것들과 활동 속에서 얻어진 경험들은 원풍모방을 그만둔 후에도 인생을 살아가는 정신적인 주춧돌이 되었다. 원풍모방의 노동조합 활동을 통해 의식이 사회화되었으며, 마음속에 '어떻게 살아야겠다'는 방향도 얻을 수 있었던 것이다.

외투 속의 쪽지

양태숙은 원풍모방에 다니면서 연애를 했다. 그리고 그 연애 상대가 지금의 남편이 되었다.

양태숙이 남편을 처음 만난 것은 부천 소사동의 언니네 다락방에서 지내던 열일곱 살 때였다. 그해 설날 아침, 양태숙은 시골의 부모님 댁에 가기 위해 청량리에서 중앙선 열차에 올랐다. 그런데 그때 우연찮게 한 젊은 청년이 그녀의 옆 좌석에 나란히 앉아 가게 되었다. 그 청년이 지금의 남편인 권헌일 씨였다.

남편은 당시 군대를 지원해놓은 상태로 군 입대를 얼마 남겨놓고 있지 않았다. 두 사람은 젊은 남녀로서 말을 주고받게 되었는데, 도중에 주소도 주고받게 되었다. 당시 펜팔은 젊은 청춘 남녀에게 하나의 대유행이었다. 양태숙은 열일곱 살로, 어렸기 때문에 진지한 만남을 기대했다기보다는 다소 장난스런 교환이었다. 그래서 그녀는 남편의 주소가 적힌 쪽지를 외투 주머니에 넣고 잊고 있다가 언니네 집에 돌아온 이후에도 외투를 그대로 장롱 속에 걸어두고는 쪽지에 대해서는 아주 잊고 말았다.

그러다가 한 달 후쯤 우연히 그 외투를 다시 입게 되었는데, 주머니에 손을 넣다가 쪽지를 발견하게 되었다. 그녀는 호기심에 펜팔이나 해볼까 하는 생각을 했고, 처음으로 편지를 썼다. 이것이 다시 두 사람을 이어주는 계기가 되었다.

두 사람은 몇 차례 편지를 주고받다가, 다시금 만나기로 했다. 장소는 청량리역의 시계탑이었다. 두 사람 모두 시골 출신들로 서울의 지리는 잘 알지 못했기 때문에 그렇게 정해진 것이다. 남편은 편지에 자신이 청량리역에 나가 파란 볼펜을 들고 기다리겠노라고 했다.

두 사람은 그렇게 다시 만나 어린이대공원에 놀러 가고, 또 서울 시내를 산책하기도 했다. 하지만 그런 데이트 기간은 길지 않았다. 남편이 얼마 후 군에 입대해야 했기 때문이다.

남편은 군대에 간 이후에도, 일주일에 한 통씩 꼬박꼬박 양태숙에게 편지를 보냈다. 그것이 군을 제대할 때까지 3년 동안 줄곧 이어졌다. 양태숙은 그 편지를 받으면서 남편과 정이 들어갔다. 재미난 것은, 남편의 편지를 읽을 때마다 어떻게 이 사람은 이렇게 멋진 말을 알고 있을까, 어떻게 이 사람은 이렇게 해박할까 하고 감탄을 했는데, 사실 남편이 보내온 편지 대부분은 편지글에 능통한 후임병을 시켜 쓰게 했다는 것이다. 양태숙은 오랜 시절이 지난 후에야 이것을 알고 웃음을 지을 수밖에 없었다.

남편은 군 휴가를 나오면 양태숙과 함께 시간을 보내다 들어가곤 했다. 두 사람은 여전히 청량리 근처에서 데이트를 즐겼다. 그러던 어느 날인가, 남편이 그날따라 데이트 시간을 자꾸만 늘이는 것이었다. 당시에는 통행금지가 있었기 때문에, 남편은 양태숙을 집에 들여보내지 않으려고 그렇게 했던 것이다. 결국 남편의 의도대로 양태숙은 통행금지 시간에 걸려 집으로 돌아갈 수 없었다. 결국 두 사람은 허름한 여관으로 들어갔다. 그러나 남편은 뜻을 이루지 못하고, 결국 두 사람은 여관에 앉은 채로 밤을 지새워야 했다. 이것이 원인이 되어 두 사람은 다투기도 했다.

남편은 그렇게 군에 들어간 이후에는 면회를 여러 차례 와달라는 편지를 보내곤 했다. 하지만 돈이 넉넉지도 않았고, 또 하루에 다녀올 거리가 안 되었기 때문에 면회를 한 차례도 가지 못했다. 이것이 새로운 갈등이 되는 듯했다. 하지만 다행히 남편은 그즈음 군을 제대할 쯤이었고, 말년휴가를 자주 나왔기 때문에 두 사람은 오해를 풀고 화해할 수 있었다.

양태숙은 대림동의 기숙사에서 지내고 있었다. 남편은 그녀의 근처에 머물기 위해 제대 후 시흥시 시흥고개 부근에서 혼자 자취를 했다. 그는 당시 전기회사에 들어가 차 운전을 했다.

남편의 구애는 계속됐지만, 두 사람의 관계는 언제까지나 데이트를 즐기는 연인 사이 이상으로는 발전하지 않았다. 그것은 양태숙이 남편과의 관계에 대해 진지하게 고민하지 않고 있었기 때문이다. 그러던 어느 날, 남편은 그만 지쳐서 가리봉동에서 데이트를 하던 날 양태숙에게 헤어지자는 통보를 해왔다. 처음에는 그것을 대수롭지 않게 여겼다. 헤어지면 헤어지는 것이지 별 다를 것은 없다 하고 생각했던 것이다. 그러나 가리봉동에서 기숙사로 돌아오는 길에 그녀는 너무 슬퍼져서 내내 울었다. 그리고는 2주 동안 많은 생각을 했는데 남편을 더 이상 볼 수 없다는 것에 죽고 싶을 정도로 큰 절망감을 느꼈다. 또 자신이 더없이 크게 타락할 것 같은 무서운 불안감에 시달렸다.

그녀는 결국 더 이상 참지 못하고, 남편을 만나러 기숙사를 나섰다. 그 런데 남편도 그녀에게 사과하고 용서를 구하기 위해 원풍모방을 찾아왔 다. 두 사람은 우연하게도 원풍모방의 정문 앞에서 맞닥뜨렸다. 대낮이 었지만 두 사람은 누가 먼저랄 것도 없이 눈물을 흘리며 서로를 껴안았 다. 그리고 토요일과 일요일을 함께 지냈다. 이때 양태숙은 스물한 살이 었다. 양태숙은 이날 원풍모방 앞에서의 포옹을 남편과의 연애 기간 중 가장 아름다운 순간으로 기억하고 있다.

이날 이후 양태숙은 쉬는 날이면 대림동 기숙사에서 나와, 남편의 자 취집에 들러 밥과 반찬을 해두고, 또 쪽지를 남겨두곤 했다. 주인집에서 는 두 사람을 연인이라고 생각지 못하고, 그저 친남매 간이라고 여겼다. 이 시절이 두 사람에게는 가장 힘든 시기였지만 가장 행복한 시기이기도 했다. 그때 남편은 직장을 잡아 일을 하고 있는 상태였는데 직장에서 받 은 월급을 고스란히 양태숙에게 가져다주었다.

그러던 어느 날이었다. 남편이 그만 연탄가스에 중독되는 사고가 일어 났다. 연탄가스에 중독된 남편을 발견한 사람은 권 모라는 동료였다. 그 는 남편과 함께 운전을 했는데, 남편이 출근하지 않자 궁금해서 찾아갔 다가 연탄가스에 중독되어 곧 죽어가는 남편을 발견했던 것이다. 남편은 연탄가스가 중독된 상태에서 어떻게든 살기 위해 방 안을 기어 나오려고 했는데, 무릎으로 방바닥을 심하게 비벼 그곳의 살점이 크게 문드러져 있었다. 그곳에는 지금까지도 깊은 흉터가 남게 되었다.

권 모라는 동료는 급한 대로 남편을 병원으로 옮겼다. 그리고 그 사실 을 양태숙에게 급히 알리기 위해 남편의 지갑에서 양태숙의 사진만 꺼내

들고는, 이름도 모르고 부서도 모른 채 그저 원풍모방에 근무한다는 사실 하나만을 가지고 무작정 원풍모방에 찾아왔다. 그는 경비실의 경비원에게 사진을 보여주며 양태숙을 찾았다. 양태숙은 자신의 연애를 원풍모방의 동료들에게 비밀로 하고 있었기 때문에 무척 당혹스러운 일이었다. 하지만 경비원이며 동료들은 아무도 연애 사실을 눈치 채지 못했다. 그것은 사진 속의 남편의 얼굴이 양태숙과 너무 닮아 친오빠로 생각했기 때문이다. 말하자면 모두가 친오빠가 연탄가스를 마시고 병원으로 옮겨진 줄 알고 있었던 것이다.

소식을 전해들은 양태숙은 곧바로 조퇴를 했다. 그리고 병원으로 달려갔다. 병석의 남편은 모든 기력을 잃은 채였고, 살을 누르면 다시 솟아오르지 않을 정도로 심각한 상태였다. 하지만 다행히 회복은 빨라 양태숙이 병간호를 다닌 지 일주일 만에 병원에서 퇴원할 수 있었다.

이후, 남편은 회사 동료가 있던 집 근처로 자취집을 옮겼다. 그런데 불행하게도 또다시 한 달 후쯤 그곳에서도 연탄가스에 중독되고 말았다. 이번 역시도 목숨이 위태로울 정도였다. 회복도 쉽지 않았다. 결국 그녀는 위독한 남편을 돌보아야 했고, 그것이 계기가 되어 원풍모방의 기숙사를 나와 대림동에 방을 얻고 남편과 함께 기거하게 되었다. 스물두 살 가을 무렵이었다. 두 사람은 그해 가을 무렵 살림을 차린 것이다.

양태숙은 이것을 가족들에게까지 숨겼는데, 어머니까지 속이는 것은 마음이 불편해 어머니에게만은 사실을 고백했다. 어머니는 두 사람의 교제를 완강히 반대했다. 두 사람이 너무 어렸고 남편의 직장도 불투명했기 때문이다. 하지만 양태숙은 자신의 고집을 꺾지 않고 남편의 곁을 지켰다.

깡패 같은 계집애들

양태숙은 삼이륙 멤버들 외에는 원풍의 다른 동료들에게도 살림 차린 것을 비밀로 했다. 여러 가지 이유가 있었지만, 가장 직접적으로 원풍의 9·27사건 속에서 대의원의 신분이었던 것과 무관하지 않았다. 사실 양태숙은 남편과 연애를 할 당시에도 대의원 신분이라는 것이 암암리에 부담이었다. 대의원 활동은 잘 하지 않고 연애에만 빠져 산다는 오해를 살까 두렵고, 또 미안했기 때문이다. 그런데 양태숙이 남편과 살림을 차리기로 할 무렵, 공교롭게도 원풍모방은 9·27사건이 발생하여 강력한 결집과 치열한 투쟁이 그 어느 때보다도 절실한 시기였다. 그래서 양태숙은 차마 남편과 살림을 차렸다는 말을 꺼낼 수가 없었다. 실제로 그녀는 10월 5일 전후해서 살림을 차리고 실질적인 결혼 생활에 들어갔는데, 그때가 원풍모방노조로서는 상황이 가장 긴박한 시기였다. 양태숙은 9·27사건이 일어난 후, 여러 시위에 참여하기도 하고 남부경찰서에 끌려들어가 구류를 살면서도 이것이 늘 마음의 가시였다.

그녀의 비밀스런 동거가 동료들에게 밝혀진 것은 아이러니하게도 9·27사건 때문이었다. 남부경찰서에 끌려갔다가 출소한 친구들이 살림집을 드나들고 남편이 양태숙을 따라 데모에 나서면서 주변 사람들에게까지 모두 알려지게 되었던 것이다. 양태숙이 집을 비우면 의레히 동료들이 남편의 밥을 차려주기까지 했다.

원풍의 동료들에게 동거가 알려졌고 실질적인 신혼 생활을 하고 있었지만, 결혼식을 올린다는 생각을 해본 적은 없었다. 남편이나 그녀나 벌어둔 것이 없었고 어린 데다가, 원풍의 상황도 좋지 않았기 때문이다. 또 집안으로 봐서는 양태숙 위로 오빠 둘도 결혼을 하지 못한 상태였다. 그러나 9·27 사건이 터지면서 상황은 결혼식을 진지하게 고민하지 않으면 안 되는 상황으로 변해갔다.

양태숙이 돈을 자주 꾸러 다니던 오촌 아저씨가 강화면의 부면장으로 재직하고 있었다. 그런데 9·27사건이 터지자 정부에서는 모든 행정력을 동원하여 원풍 사태를 매듭지으라는 긴급명령을 각 경찰서와 행정관서에 하달했다. 오촌 아저씨는 아버지를 여러 모로 들볶아 어떻게든 양태숙의 사표를 받아내려고 했다.

결국 오촌 아저씨와 아버지는 서울까지 직접 올라와 양태숙에게 사표를 쓰게 하고 퇴직금을 받아 곧바로 그녀를 집으로 끌고 내려갔다. 그리고 강압적으로 결혼을 시키려고 했다. 양태숙은 거기에 반기를 들려고 사귀는 사람이 있다, 결혼은 나중에 해도 된다고 말을 했는데, 그것이 오히려 불난 곳에 기름을 붓는 격이 되고 말았다. 사귀는 사람이 있다면 더더욱 결혼을 해야 한다고 독촉했던 것이다. 결국 12월 29일, 생각지도 않던 결혼을 하게 된 것이다.

결혼식은 청량리의 진주예식장에서 했다. 주례는 마을의 주례를 전담하던 한 어른이 보았다. 원풍노조 대의원들을 비롯한 동료들도 축하하기 위해 결혼식에 참석했다. 그런데 그들은 원풍모방 사태로 힘든 시절을 보내고 있었기 때문에 대부분 청바지에 점퍼 차림이었다. 또 사정이 어려워 축의금도 내지 못했다. 큰오빠는 양태숙의 손님들이 바지에다 점퍼를 입고, 제대로 차려입은 애들은 하나도 없고, 부조도 안 하고, 밥만 축내고 돌아가고, 모두 다 깡패 같은 계집애들이라고 양태숙에게 구박 아닌 구박을 했다. 하지만 양태숙은 어려운 시절에 자신만이 결혼을 하고, 또 자신만이 현장에서 빠져나온 듯해 미안할 뿐이었다.

어려운 신혼 생활

결혼 생활은 처음부터 경제적으로 순탄치가 않았다. 양태숙도 남편도 직장 생활이 짧았기 때문에 돈을 모아둔 것이 없었던 것이다. 큰언니에게 지난날 월급 가져다준 돈을 요구했던 것도 그런 이유 때문이었다. 양태숙이 그렇게 요구할 수 있었던 것은 큰오빠가 막 결혼을 해 특용작물을 재배했고 작게나마 양조장도 운영해 친정집의 살림이 전보다는 훨씬 나아졌기 때문이다. 그런데 큰오빠는 남동생의 학비를 걱정하며 그 돈을 돌려주지 않았고, 의견을 같이했던 언니와 양태숙이 심한 갈등을 빚었다.

시댁 쪽은 양태숙의 집안보다 훨씬 더 어려워 아무것도 기대할 수 없었다. 오히려 무엇인가를 돕지 않으면 안 될 정도였다. 시아버지는 어떤 면에서 양태숙의 아버지와 비슷한 부류의 사람으로, 마음은 따뜻하고 순하지만 생활력은 전혀 없는 사람이었다. 그런 까닭에 가계는 기울 대로 기울어 있었다. 양태숙이 처음 남편을 따라 시댁에 갔을 때, 멀리서 보아도 집이 너무 허름해 집에 들어서기도 전에 그 집이 무척 가난하는 것을 알 수 있을 정도였다.

살림살이도 부실하기 짝이 없었다. 난로 하나가 없었고, 먹는 것도 말이 아니었다. 농사를 지을 의욕도 없어 텃밭은 그대로 방치되고 있었다. 아주버니는 알코올중독자에 떠돌이였고 남편의 누나는 연락이 두절된 상태에서 몇 년에 한 번 친정에 다녀갈 뿐이었다. 시누이는 초등학교 4학년으로 철부지였다.

이렇듯 양가의 도움을 기대할 수도 없고 두 사람도 차마 경제적인 준비를 하지 못했기 때문에 신혼 생활부터가 빡빡하기만 했다. 경주로 신혼여행을 다녀온 후에, 양태숙은 축의금 일부와 혼수품을 마련해야 할 결혼 비용 등을 합쳐 쌍문동 쪽에 옷 가게를 차렸다. 그리고 종로5가 동대문 쪽에서 옷을 떼다가 판매했다. 친척 중에 옷 가게를 하는 사람이 있어, 그것을 좇아한 것이다. 남편은 그때부터 중장비 기사로 나서기 시작했다.

그녀는 장사에 아무 경험이 없었기 때문에 옷 가게는 잘 되지 않았다. 마음고생이 심해 원형탈모가 생기기도 했다. 결국 일 년 반 만에 옷 가게를 접을 수밖에 없었다.

그녀는 그즈음 첫 딸아이를 임신 중이었다. 작은오빠는 방위를 마치고 야채와 과일 장사를 하고 있었다. 고향에서 생산되는 야채와 과일 등을 트럭에 싣고 서울에 올라와 경동시장에 판매했던 것이다. 저녁 무렵에 서울에 도착해서 판매가 끝나면 거의가 새벽이었으므로 딱히 갈 곳이 없어 여동생인 양태숙의 집에 신세를 지곤 했다. 작은오빠는 여동생이 임신 중인 것을 알고 있었기 때문에 자신이 가져온 고향의 과일을 전부 판매하지 않고 조금 남겨두었다가, 그것을 양태숙의 집에 가져오곤 했다. 또 어머니가 딸을 위해 마련해준 반찬이며, 참기름, 고추장 등을 가져오기도 했다. 그 덕에 양태숙은 임신 중에 자신이 좋아하는 반찬이며 과일을 실컷 먹을 수 있었다. 양태숙이 첫 딸아이를 출산했을 때 아기가 유독 피부가 좋고, 커서도 피부가 좋았는데, 양태숙은 그것을 작은오빠가 가져온 과일들과 어머니의 반찬 때문이라고 생각했다.

양태숙이 옷 가게를 그만두었지만, 다행히 남편의 일은 잘 풀려 생활은 그리 어렵지 않았다. 남편은 전봇대를 세울 때 사용되는 전주오가차라는 중장비를 다뤘는데, 개발 붐과 맞물려 호황기를 맞고 있었던 것이다. 남편은 본래 성실하고 꼼꼼한 데다가 어렵게 자라 가난을 벗어나야 한다는 강박관념이 있었기 때문에 밤낮없이 일에 매달렸다. 그 결과 중장비를 조금씩 늘려가 몇 년 후에는 중장비 임대업까지 겸할 수 있었다. 그런데, 이때부터는 수금이라든가 소득 신고, 기사들의 배차나 월급 등 돈에 대한 체계적인 관리가 필요했다. 양태숙이 이것을 담당해야 했다. 남편의 사업에 일종의 경리 업무를 담당했던 것이다.

남편의 사업은 부도난 사업체에서 돈을 떼인다거나, 수금이 약속한 기일에 이루어지지 않는 등 이런저런 어려움이 있었다. 그러나 그러한 난제에도 불구하고 사업은 줄곧 확장되었다. 그때부터는 남부럽지 않은 생활의 안정을 꾀할 수 있었다. 그러나 그만큼 양태숙은 공허해져갔다.

그녀는 학교에 들어간 아이들의 뒷바라지를 하고 살림을 꾸리는가 하면, 남편을 도와 경리 업무도 봐야 했기 때문에 자신을 돌아볼 여유가 없었다. 그런 상황 속에서도 남편은 늘 일만 생각하고, 또 일에 파묻혀 지냈기 때문에 심적 상태를 토로하거나 이런저런 이야기를 나눌 새가 없었다. 양태숙도 성실한 사람에게 괜한 걱정을 끼치는 것은 아닌가 조심스러워 그저 자신 혼자서 감당하려고 했다. 결국 그것이 화근이 되어 서른 초반쯤 심한 우울증을 앓기 시작했다. 그녀는 아침에 학교에 가는 아이들의 식사를 차리기도 힘들 정도였다.

이때 그녀에게 큰 힘이 되었던 것은 신앙생활이었다. 그녀의 옆집에 살던 기독교도인 아주머니를 통해서 기독교를 접하고 받아들였던 것이다. 남편은 무신론자였기 때문에 이것을 못마땅해했다. 그래서 교회에 가는 것을 반대하고, 또 부부싸움을 할 때면 그것을 구실 삼아 잔소리를 하기도 했다. 그러나 그 당시에는 그것이 유일한 구원이었기 때문에 그녀는 열심히 교회에 다녔다.

가족들의 이야기

양태숙은 남편과의 사이에 세 딸을 두었다. 첫째 딸은 일찍 시집을 갔고, 둘째 딸은 대학에 다니고 있다. 셋째 딸은 마흔두 살에 낳은 늦둥이로, 지금 초등학교 4학년에 다니고 있다. 본래 양태숙은 아들을 하나 낳기를 원했으나 뜻대로 되지 않았다.

양태숙은 자신의 인생에서 네 번의 시기에 큰 의미를 두고 있다. 그중 하나는 원풍모방과의 인연이다. 나머지 세 번은 모두 가족과 관계된 것으로, 첫 번째는 첫딸이 임신을 하고 결혼을 한 것이다. 두 번째는 조카인 오석이의 양육이다. 세 번째는 막둥이인 막내딸을 임신하고 출산한 것이다. 어떤 것은 그녀에게 큰 기쁨이었고 어떤 것은 큰 아픔이었다. 그러나 어느 쪽이든 그녀가 인생을 더 깊이 이해하는 계기가 되었다. 원풍과의 인연을 통해서도 그랬듯이, 가족들을 통해서도 인간적으로 더욱 성숙할 수 있었던 것이다.

가족과 관련된 세 번의 큰 시기를 살펴보면 이렇다.

가장 먼저는 큰딸의 결혼이다. 큰딸은 스물두 살 되던 해에 결혼했다. 당시로서는 무척 이른 나이였는데, 여기에는 그만한 이유가 있었다.

당시 큰딸은 대학에 다니고 있었다. 그런데 현재의 사위를 만나 연애를 하는 도중 그만 아이를 임신하고 말았다. 큰딸은 그것을 오랫동안 숨기고 있다가 양태숙과 남편 앞으로 편지를 써놓고 어느 날 가출했다. 큰딸이 가출을 할 수 있었던 것은, 남편을 닮아 성실하고 꼼꼼해서 어린 시절부터 받은 용돈을 함부로 쓰지 않고 저축을 했는데, 그 돈이 천만 원가량 있었기 때문이었다. 이 가출 계획은 큰딸과 사위가 계획한 것이었다. 임신한 것에 혼만 나고 결혼은 반대에 부딪칠까 두려워 일종의 배수진을

친 것이다.

큰딸의 편지로 집안은 발칵 뒤집혔다. 그 일로 양태숙도, 또 남편도 놀랐을 뿐만 아니라 크게 다투기까지 했다. 그러나 언제까지 놀란 가슴으로 상황을 두 손 놓고 바라볼 수만은 없었다. 양태숙은 어떻게든 사태를 매듭지어야 했기 때문에, 일단 딸과 사위를 집으로 불러들였다.

양태숙은 두 사람이 아직 어리기 때문에 딸의 출산이나 결혼에 대해서 부정적이었다. 그러나 딸의 고집은 완강했다. 아이를 낳겠다는 것이다. 결국 양태숙과 남편은 사위의 집을 찾아갔다. 그리고 서둘러 결혼 날짜를 잡았다. 딸의 결혼은 그렇게 이루어진 것이다.

두 번째는 오석이의 양육이다. 양태숙의 아주버니는 젊은 시절부터 정신적 방황이 심했다. 그것이 훗날까지도 계속되어 결혼할 때까지도 알코올중독의 늪에서 벗어나지 못하고 있었다. 엎친 데 덮친 격으로 큰동서도 약간의 정신지체가 있었다. 평소에는 평범한 여자이지만, 예닐곱 살 아이처럼 행동했다.

이런 상황이다 보니, 두 사람의 결혼은 그 이후에도 얼마만큼은 불안을 내포하고 있었다. 그래서 양태숙은 자신의 집 옆에 아주버니의 집을 마련해주고, 그 집의 살림살이를 들여다보곤 했다. 그런데, 그런 와중에 조카가 태어났다. 바로 오석이었다.

처음 양태숙은 오석의 양육을 간접적으로 돕곤 했다. 생활비 정도를 보태주고 간혹 아주버니의 집에 들러 살림살이와 생활에 문제가 없나, 또 오석이는 잘 크나 하고 들여다보는 것이 전부였다. 그런데 그때마다 목격하는 것은 오석이가 방치되다시피 길러지고 있다는 것이었다. 아주버니 집을 더 자주 들여다봐야 했지만, 여건상 한계에 다다를 수밖에 없었다. 결국 그녀는 남편과 상의하여 어린 오석이를 자신의 집으로 데려왔다.

양태숙은 오석이를 기르면서, 오석이의 가족 관계와 장래를 생각하며 알게 모르게 속앓이를 많이 했다. 오석이의 문제를 두고 남편과 깊이 이야기해보고 싶었지만 남편은 항상 일에 바빴다. 또 형 사정이 어려우면 동생이 조카를 키울 수 있는 것 아니냐는 식으로 모든 상황을 큰 문제없이 받아들이고 있었다. 그 때문에 양태숙은 한때 남편을 원망하기도 했다. 하지만 그것 역시도 자신이 감내해야 할 몫이라고 생각하고, 오석이를 아들 삼아 키우기로 했다.

그렇게 세월이 흘렀다. 남편의 사업이 번창해 집을 새로 짓게 되었다. 양태숙과 남편은 그 기념으로 직원들을 초대해 집들이를 했다. 집들이는 즐겁고 흥겨운 분위기였다. 그러던 중에, 집들이에 온 직원들이 어린 오석이에게 너희 아빠 어딨어? 하고 농담 삼아 물었다. 그것은 양태숙과 그녀의 남편이 오석이를 아들처럼 기르고 있다는 것을 알고 있었기 때문이다. 그래서 실제로 그들은 양태석의 남편을 가리키며 아빠지? 하고 얼래듯이 물었다. 그런데 아이는 "아니에요. 삭은아빠예요. 우리 아빠는 따로 있어요" 하고 말하는 것이었다.

양태숙은 그때 처음으로 이상하고도 섭섭한 감정을 느꼈다. 하지만 그것을 내색할 필요도 없고, 또 내색하는 것이 현명하다고 생각지도 않았기 때문에 누구에게도 그것을 말해본 적이 없었다. 그녀에게는 오석이가 좋은 청년으로 자라주는 것만이 중요했던 것이다.

마지막 세 번째는 막내딸의 임신과 출산이다. 양태숙은 두 딸과 오석이를 기르는 것만으로도 충분하다고 생각했다. 하지만 남편은 아이 하나를, 더 정확히 말하면 아들을 하나 더 낳았으면 하고 바랐다. 처음에는 그것을 모른 척했다. 하지만 날이 갈수록 남편은 그것을 간절히 원했다. 만약 그 소망을 들어주지 않는다면 밖에서 낳아올 기세였다. 고민 끝에 아들이든 딸이든 자식을 하나 더 낳기로 했다. 그러나 어찌된 까닭인지 그것은 오랫동안 이루어지지 않았다. 그러다가 마흔이 넘고, 거의 포기할 무렵, 임신을 했다. 지금 초등학교에 다니는 늦둥이가 들어선 것이다.

남편은 무척 기뻐했다. 하지만 양태숙은 마흔이 넘어 임신을 한 것이 당혹스럽기도 하고 한편으로는 민망하기도 했다. 특히 고등학교와 중학교에 다니는 두 딸의 눈치를 보지 않을 수 없었다. 두 딸아이가 엄마의 임신을 부끄러워하면 어떡하나 하는 생각이 있었던 것이다. 그래서 어느 날엔가 슬쩍 큰딸에게 자신이 임신한 사실을 알렸는데, 큰딸은 무척 기뻐하면서 아무렇지도 않게 그 사실을 받아들였다. 이것이 양태숙에게는 큰 용기가 되었다.

임신한 사실을 알게 된 후, 남편은 전에 없이 가정적인 가장이 되었다. 마치 아내의 첫 임신 사실을 알게 된 신혼 시절의 남편처럼 들뜨고 즐거워하면서 양태숙을 위해 무엇이든지 해주려고 했다. 양태숙은 그런 남편과 보내는 시간이 행복했다.

아이들은 아이들대로, 임신한 엄마를 이해하려고 노력했다. 그래서 양태숙이 피곤해하면 자기들끼리 장을 보고 음식을 차려 식사를 준비하곤 했다.

이런 가족들의 보살핌과 응원 속에서 드디어 산달이 되었다. 남편의 기대가 있었기 때문에 양태숙은 자신도 은근히 막내가 아들이기를 원했다. 하지만 낳고 보니 딸이었다. 양태숙은 그 사실을 알고 남편이 서운해

하면 어쩌나 하고 걱정을 했다. 그러나 남편은 양태숙의 걱정이 쓸데없는 기우였다는 듯이 기뻐했다. 그 후에도 남편은 첫째, 둘째 딸과는 또 다른 면에서 늦둥이를 무척 아끼고 사랑스러워했다. 당시 고3, 중3이던 두 딸들도 늦둥이를 아껴서 양태숙이 바쁜 날이면 자신들이 막내를 돌보곤 했다. 늦둥이 딸은 엄마인 양태숙뿐만 아니라 모든 가족들의 애정 속에서 성장한 셈이다.

에필로그, 그리고 '울타리'

양태숙은 원풍노조에서의 활동을 통해 많은 것을 얻을 수 있었다. 원풍노조 활동을 하면서 사랑을 했고, 남편을 만났고, 평생 갈 친구들을 얻었다. 무엇보다도 원풍노조 활동을 통해 사람과 노동의 가치를 알게 되었다. 그래서 그녀는 원풍노조의 일이라면 집안의 크고 작은 일을 제쳐두고서라도 적극적으로 참여했다. 그런데 그런 그녀가 딱 한 번 활동에 회의를 느낀 적이 있다. 그 사정은 이랬다.

2000년도에 정부는 '민주화운동 관련자 명예회복 및 보상에 관한 법률'을 제성했다. 이때 원풍노조도 몇 차에 걸쳐 157명이 명예회복신청서를 접수했고 이중 156명이 민주화운동 관련 공로자로 인정되었다. 우편으로 민주화운동 명예회복 인증서가 왔을 때 난생처음 국가로부터 국민의 자격을 인정받은 듯 기분이 좋았다.

민주노동조합을 만들어 민주적으로 운영했고 노동조합 덕에 더 열심히 일했고 행복했는데, 국가가 총동원되어 그 행복한 꿈을 파괴하고 블랙리스트를 만들어 취업도 못하게 하는 것을 겪으며 양태숙은 국가는 노동자 편이 아니구나, 하고 생각했다. 그런데 많은 세월이 흘러 종이 한 장이지만 국가가 잘못을 시인한 셈이고 우리의 활동이 정당했을 뿐 아니라 민주주의를 성장시킨 공로자로 인정한 것이니 얼마나 뿌듯한지 몰랐다.

광주의 한 친구는 가족들이 그때 비로소 그 친구가 원풍에 다닌 것을 알았다고 했다. 전남대학교에 다니는 딸이 엄마의 명예회복 인증서를 보고 "왜 엄마는 그렇게 훌륭한 일을 하고도 여태 그 사실을 숨겼느냐"고 안타까워하면서 자랑스러워했다고 했다. 그동안 아내이며 엄마의 삶을 지지하며 지켜봐왔던 황영애 언니의 남편과 자녀들은 끌어안고 기뻐했고 그 증서를 액자틀에 끼워 거실 벽에 걸었다고도 했다. 충청도에서 식당을 하는 선호 언니는 어느 날 지역의 노동운동하는 사람들이 우연히 그 증서를 보고 원풍노조 출신임을 알게 된 후 "아이고, 누님" 하고 반색을 하며 "전설 속의 누님" 댁이라고 손님들을 몰고 오기도 했다고 들었다.

때로는 지독하게 당했던 기억 때문에, 또 어떤 경우는 남편이나 시댁 식구의 편견이 너무 심해서 피해자이면서 마치 죄인인 것처럼 숨긴 경우도 적지 않았던 것이다. 그러나 아마 명예회복 인증의 내용이 종이쪽지 하나뿐이었다면 영원히 숨기고 신청을 하지 않았을 사람들도 꽤 있었을 것이다. 그동안 감추고 있던 사람들도 신청 서류를 내게 된 것은 민주정권이 들어섰으니 광주항쟁의 피해자들에게 실시된 것처럼 보상도 이루어질 것이라는 기대가 함께했기 때문이다.

그런데 그 기대는 매우 비합리적인 이유로 양태숙을 비롯한 일부 조합원들을 또 한 번 좌절하게 했다. 2005년도에 정부가 민주화운동 인정자들 중 부상자들이나 구금자들에 한해 약간의 보상금을 지급한 후 확대하지 않았고 양태숙 등은 국가권력이 개입하여 해고한 노동자들에게도 보상을 해야 한다는 활동을 전개했다. '민주화운동 관련자 명예회복에 관한 법률 개정운동'이었다. 청원을 하고 집회를 하고 국회의원들과의 토론회가 열리는 동안 양태숙은 만사를 제치고 참석했다. 1982년 해고된 이후 단 한 번도 원풍 모임에 빠진 적이 없는 양태숙이었기에 이 일에도 집안일을 뒤로 미루면서까지 최선을 다했다. 아이 학교 일에는 빠져도 이런 활동에는 빠지지 않았다. 반드시 실질적 보상이 이루어져야 묵은 체증이 내려갈 것 같고 인정의 구체적 증거를 확인할 수 있을 것 같았다.

게다가 2007년 정부는 4인 가족 기준 가족 수입 합산 연소득 3600만 원 이하의 저소득자에게만 생계지원금 형식으로 일정액을 차등 지급한다는 것으로 결론을 내리고 말았다. 어이가 없었다. 해고된 것은 결혼도 하기 전의 활동이고 그 문제에 관한 보상이어야지 남편의 소득을 적용하여 적선하듯 이루어지는 지원금이라는 이상한 이름은 보상이 아니었다.

남편 소득이 있는 양태숙은 닭 쫓던 개 지붕 쳐다보듯 허탈했고 무엇보다 그 기준에 분통이 터졌다. 이건 아니다 싶어 더 가열차게 싸워야 한다고 생각했지만 대통령령으로 결정된 내용을 바꾸기는 현실적으로 많은 어려움이 있었다.

원풍노조에서는 추후 헌법소원 등 제2의 활동을 추진하기로 하고 생계지원금 신청 서류를 접수했지만 다른 국가유공자와 달리 그 어떤 종류의 보상 체계도 없이 달랑 증서 한 장뿐인 결론에 양태숙은 몹시 허탈했던 것이다. 물론 '불순 세력'이니, '빨갱이'니 하는 부당한 멍에에서 '민주화운동가'로 인정되었다는 것은 큰 의미가 있지만 국가권력이 생존권마저 박탈한 것을 인정하면서 그 많은 세월에 대한 보상이 없다는 것은, 국가가 힘없는 노동자들을 또 한 번 속이는 것 같고 차별적 발상으로 갈등을 조장하는 것만 같았다. 더 싸워야 하는데 일단 수용한 상황이

야속하기까지 했다. 그나마 원풍노조 사람들은 가족 합산 연수익 3600만 원의 조건에도 들지 못하는 어려운 조합원들이 많았고 조금이나마 생계에 보탬이 되었으니 그것으로 위로를 할 수밖에 없었다.

양태숙이 오랜 시간이 지난 뒤에도 원풍노조의 활동을 해나갈 수 있는 것은 무엇보다도 남편의 든든한 지원 덕분이다. 남편은 연애 시절부터 양태숙이 원풍노조에서 활동하는 것을 지켜봐왔기 때문에 그것을 이해하고 또 지지하는 것이다. 물론, 남편이 장비 임대업을 시작하고 자신이 경영을 해야 하는 입장이 되고 나서는 입장이 조금 바뀐 것이 있고, 그래서 미세한 갈등을 일으키기도 한다. 특히 남편은 직장을 오랫동안 다녀본 경험이 없고 노조 활동을 해본 경험이 없을 뿐만 아니라 고생 끝에 자수성가를 한 입장이기 때문에 함께 일하는 기사들에 대해서 힘들게 고생해야 성공한다는 논리를 가지고 있다. 이에 반해 양태숙은 과거 원풍노조에서 노동자들이 어떤 입장에 처해 있는지를 알기 때문에 함께 일하는 기사들의 입장을 배려하는 편이다. 양태숙은 남편과의 갈등을 피하기 위해서 남편 몰래 기사들의 어려운 사정을 헤아리고 또 도와왔다.

원풍노조에서는 소그룹별로 친목 모임을 만들어 관계를 유지하고 있다. 양태숙도 '울타리'라는 친목 모임을 만들어 활동하고 있다. 이 모임의 멤버들은 원풍모방 시절 개미그룹의 멤버들로서 수정부에서 함께 근무했던 동료들이다. 모임은 통상 두 달에 한 번 정도 이루어진다. 단순히 원풍 조합원들만 참여하는 것이 아니라 가족들 전체가 참여한다. 최근에는 마석 수동면의 물안개유원지에서 가족 동반 모임을 가졌다.

양태숙은 이 모임을 어느 다른 모임보다도 귀중하게 생각하고 있다. 그것은 우선 이 모임의 멤버들이 오랫동안 함께해왔고, 그만큼 신뢰가 두

텁기 때문이다. 멤버들 간에는 흉허물을 보아온 터라 서로 아무런 비밀이 없을 정도이다. 남편들 간에도 신뢰가 두텁다. 그러나 이보다 더 중요한 것은, 이런 모임을 통해 원풍노조와 자신의 관계가 지속되고 있다고 믿고 있기 때문이다. 양태숙은 이런 소모임을 통해서 원풍노조가 지난 역사로 묻히는 것이 아니라 현재에도 살아 있는 것이라고 믿는 것이다.

못다 이룬 꿈도 아름답다

아직 끝나지 않은 꿈, 원풍모방노조 7인의 인생극장

초판 1쇄 발행 | 2010년 10월 9일
초판 2쇄 발행 | 2013년 2월 27일

기획 | 원풍모방노동운동사발간위원회 · 김남일
글쓴이 | 김영주 · 김이정 · 이재웅 · 장남수
펴낸이 | 황규관
편집장 | 김영숙
편집 | 노윤영 · 윤선미
총무 | 김은경

펴낸곳 | 도서출판 삶창
출판등록 | 2010년 11월 30일 제 2010-000168호
주소 | 서울시 마포구 서교동 355-22 우암빌딩 4층(121-838)
전화 | 02) 848-3097 | 팩스 | 02) 848-3094
홈페이지 | www.samchang.or.kr

ⓒ원풍모방노동운동사발간위원회, 2010
ISBN 89-90492-87-6 03330